经典战史回眸 二战系列

韩磊 著

决死天空
二战末期德国昼间空战

WUHAN UNIVERSITY PRESS

武汉大学出版社

图书在版编目(CIP)数据

决死天空:二战末期德国昼间空战/韩磊著. —武汉:武汉大学出版社,2015.7

经典战史回眸·二战系列
　ISBN 978-7-307-16385-0

　Ⅰ.决…　Ⅱ.韩…　Ⅲ.第二次世界大战—空战—史料—德国　Ⅳ.E516.9

中国版本图书馆 CIP 数据核字(2015)第 163188 号

本书原由知兵堂文化传媒有限公司以繁体字出版。经由知兵堂文化传媒有限公司授权本社在中国大陆地区出版并发行简体字版。

责任编辑:王军风　　责任校对:黄添生　　版式设计:马　佳

出版发行:武汉大学出版社　　(430072　武昌　珞珈山)
　　　　　(电子邮件:cbs22@whu.edu.cn　网址:www.wdp.com.cn)
印刷:武汉中科兴业印务有限公司
开本:720×1000　1/16　印张:17　字数:326 千字
版次:2015 年 7 月第 1 版　　2015 年 7 月第 1 次印刷
ISBN 978-7-307-16385-0　　定价:40.00 元

版权所有,不得翻印;凡购我社的图书,如有质量问题,请与当地图书销售部门联系调换。

前 言

　　1944年，德国空军在东西两条战线上已经处于无可挽回的劣势，最终从弱势走向最后的崩溃。一直以来很多关于德国空军的资料一般都未能细致介绍1944年末至二战结束这段时间的情况。例如，可能很多读者都听说过或者阅读过《攻击高度4000》这本从德国空军角度讲述战争进程的书籍，其中的资料到1944年底之前戛然而止。由于关于德国空军最后覆灭阶段的资料大都比较零散，而且各种资料文件的流失也很多，因此不少作战细节都分散在德军各个不同联队战史或者其他一些相关著作之中，因此对于中文二战书籍而言，这段历史从没有被细细挖掘过。事实上，在失败已经成为定局的情况下，德国空军并没有放弃最后的垂死挣扎，他们和以美国陆航为主的盟军空中力量的昼间殊死角力直到战争的最后阶段依然是规模浩大而又异常惨烈的。本书将分为两大部分，分别描述德军普通昼间战斗机部队和喷气式战斗机部队与盟军空中力量之间的残酷空战，希望尽可能全面而细致地描述德国空军昼间战斗机部队和盟军在战争最后阶段的作战情况。

目录 CONTENTS

引　言		001
第一章	德国空军的突击重骑——突击大队	006
第二章	覆灭上演——德国空军昼间战斗机部队11月作战全记录	052
第三章	步入深渊——德国空军昼间战斗机部队12月作战全记录	079
第四章	最后的新年——1945年1月德军昼间战斗机部队作战记录	109
第五章	覆灭接力棒——1945年2月与3月德军昼间战斗机部队作战记录	121
第六章	最后的疯狂落幕——以"自杀"的方式为帝国殉葬	132
第七章	像天使一样飞翔——德军喷气式及火箭战斗机部队	145
第八章	闪电轰炸机？KG 51的Me 262	153
第九章	真正的Me 262战斗机部队——诺沃特尼大队	163
第十章	Me 262战斗机联队的诞生——KG（J）54和JG 7	177
第十一章	闪电彗星——Me 163和JG 400	188
第十二章	艰难的成长——德军喷气战斗机部队（1945年1—2月）	202
第十三章	He 162——JG 1在战争中的最后岁月	215
第十四章	最后的主角——德军喷气战斗机部队（1945年3月）	227
第十五章	步入"瓦尔哈拉"——最后一个4月	244
第十六章	尾声——最后一个星期	263
参考书目		265

引 言

1944年中前期德国本土昼间战斗机部队防空作战简述

1943年，随着美国陆航的加入，盟军对德战略空袭力量变得更加庞大，可以昼夜不停地对德国本土进行猛烈空袭，卡萨布兰卡会议确定的盟军战略空袭打击目标首要为德军潜艇基地和生产厂，其后依次为飞机工业、交通、燃料工业、轴承以及军事工业。美军驻欧重型轰炸机部队从此开始茁壮成长，不久他们的护航战斗机部队也开始组建壮大，随着作战范围的不断扩大，这股力量对德国空军构成了巨大威胁。而德国本土防空力量在1943年初期还很薄弱，除了JG 2 "里希特霍芬"和JG 26 "施拉格特"这两个常驻西线的"海峡联队"之外，成规模的本土防空部队只有卡姆胡贝尔将军指挥的主要由夜间战斗机部队组成的第12航空军以及相应的高炮部队。此后一些重要的昼间战斗机部队才陆续调回德国本土，到1943年9、10月间施密特少将（很快便晋升为中将）接替卡姆胡贝尔指挥第12航空军，并把航空军改名为第1战斗机军。1943年底至1944年初，帝国航空队正式成立，指挥官施图姆普夫上将，全面负责德国本土防空，指挥部署在本土的所有昼/夜间战斗机部队。在盟军方面，虽然轰炸机部队遭受了一些惨重损失（例如著名的施威因福特上空之战等），但是他们的作战规模和强度依然持续上升。

进入1944年后，盟军对德国本土的昼夜

■ 施密特中将，他是一战的老兵，1935年德国空军组建期间进入空军总参谋部，1939年晋升为上校，担任空军总参谋部下属通信部门负责人，1942—1943年曾作为"赫尔曼·戈林"师指挥官参加北非作战，在此期间获得骑士勋章。1943年秋季开始担任第一战斗机军指挥官，负责德国本土防空。1945年2月开始负责西部空军指挥部。战后赋闲，殁于1956年。

决死天空　二战末期德国昼间空战

■ 1架被击落的美军陆航的重型轰炸机，摔到地面燃起熊熊大火，以后将会有越来越多的美军轰炸机光临德国，当然不是去做友好访问……

不间断空袭更为猛烈，尤其重要的一点是美军护航战斗机的航程问题最终得到了解决，昼间轰炸机部队开始得到战斗机部队的全程护航。美军方面在1944年初任命斯巴兹将军为"驻欧美国陆航战略空袭力量"最高指挥官，指挥部署在英格兰（第8航空队）和意大利（第15航空队）的战略轰炸机部队。到2月底盟军开始了被称为"伟大一周"（也称为大礼拜空袭）的空袭计划，猛烈攻击了德国的航空军工企业。从德军军工生产状况来看，大礼拜作战起到了降低德国飞机产量增加率的作用，而此次作战更重要的意义在于：美国陆航消耗了德国大量有经验的飞行员，开始动摇德国空军战斗机部队的基础。根据美国陆航的记录，在2月份，德国空军损失了33%的单引擎战斗机，以及20%的战斗机飞行员。此后到4月份，陆航的一系列空袭行动虽然没有彻底摧毁德国的工业，但是继续消灭了德国大量有经验的飞行员，单单在1944年头4个月德国就损失了1600余名战斗机飞行员。对于德国空军更为致命的是：他们得到补充的飞行员素质大大低于美国补充的飞行员。从此开始，德军战斗机部队愈发无力阻挡满天的盟军重型轰炸机；夜间战斗机部队的情况相对好于昼间部队，他们在3月31日纽伦堡上空还创造了最佳战绩——击落将近100架英军轰炸机。而面对美国陆航白天的凶猛攻势，羸弱的昼间战斗机部队几乎招架不住。到5月份，情况依然未见好转，德军战斗机飞行员甚至被评价为"胆怯无用"，事实上根据第1战斗机军的记录，他们在这个月击落了530架美军轰炸机，自己付出了384架战斗机的代价，而根据出击次数计算的战损率则达到了10.7%。6月伊始，德国本土突然一下子变得寂静很多，原因很简单，盟军空前的诺曼底登陆就在这个月上演，其空中力量的主要注意力自然都聚焦到了法国空域，但是处于调整状态的德国空军在盟军优势空中力量的打击下仍然付出了惨重代价。到6月下旬，美军第8航空队的庞大轰炸机群继续猛烈轰炸德国的燃料工业目标，这一系列猛烈空袭对德国的打击是非常显著的，尤其对于德国空军

引言

而言。随后由此引发的燃料危机更是雪上加霜，飞行员训练、油料供应、战损这一系列互相影响的因素连起来成为套在德国空军头上的紧箍咒，牢牢钳制着他们直到最后的崩溃。美军以P-47和P-51型战斗机为代表的远程战斗机的大量投入作战是另一个对德国空军最终覆灭具有决定性意义的因素；到1944年中期以后，这些铺天盖地的护航战斗机群更是获得了更大的作战行动自主权，除了护卫轰炸机群，他们也可以根据实际情况自我进行其他攻击作战，而主要目标就是消灭德军战斗机部队。反观德国空军，戈林早在1943年秋天就提出空军主要目标不是美军战斗机，而是轰炸机。于是那些新的战斗机飞行员的训练重点开始集中在如何攻击轰炸机群上，当他们不得不面对同样庞大的美军野马战斗机群的时候，唯一清晰可见的结果就是损失的大幅度上升。到1944年秋季，美德双方的空中损失比例更加失调，考虑双方战机数量和出击次数的基数差别，美军的总体战损率一般在1%以下，而德军则达到10%－20%。此刻盟军空袭的目标重点还包括了德国的

■ 美军以P-47（上）和P-51（下）型战斗机为代表的远程战斗机的大量投入作战是另一个对德国空军最终覆灭具有决定性意义的因素。

交通体系以及空军机场，其中一个目的是为9月中旬进行的"市场－花园"空降作战作准备。9月12日，德国空军部署在德国中部完成出击准备的作战力量大约为400架战斗机，而美军的力量达到12000余架，其中包括4200余架战斗机，考虑到德军在恶劣天气条件下出击较少，美军的总出击次数更是远远超过德军。德军本土防空部队这个月的记录为击落美机371架，自己损失307架，而由此计算整个9月美军的战损率大约为0.7%，而德军则达到了14.5%。10月初，德国空军本土防空部队可以出击的战斗机数量只有347架，虽然这其中不包括正在进行休整的战斗机部队，但是这个力量对于德国本土防空态势而言是远远不足的，德国方面终于真正意识到问题的严峻，开始逐步加强本土防空力量。到10月底，德军本土可出动战斗机数量增加了1倍，第1战斗机军的力量开始逐步增强，同时德国空军新装备、新战术和新部队也都在这段时间接连登上前线的舞台，从突击加强型福克沃尔夫，Me 163火箭战斗机到Me 262喷气式战斗机，从转为夜间任务的野猪联队，新组建的突击大队和喷气战斗机部队直到最后的撞击大队，常规战斗机联队也越来越多地回到本土，而以加兰德将军为首的战斗机部队最高指挥层也开始酝酿进行一

德国空军地面防空部队的1门立下赫赫功勋的高射炮，炮管上的标志显示其击落了24架盟军轰炸机。

场"帝国反击战"——代号"重击"的大规模本土防空作战计划，这些逐步聚集起来的庞大战斗机力量意味着德国本土上空更为惨烈的空中大决斗即将上演。

在真正进入1944年11月开始愈演愈烈的德国昼间血腥空战之前，德军几支1944年中前期才正式诞生的特殊战斗机部队也值得我们仔细关注。从他们诞生到战争结束，尽管对于德国昼间防空作战的全局并不能起到决定性的作用，也根本无力阻止德国空军最终的覆灭，但是他们却共同构成德国本土防空最后阶段中不可或缺的一部分；"突击重骑"、"雨燕"和"彗星"部队都曾闪亮在阴霾笼罩的德国上空，而关于他们的战史长期以来也为我们所忽视。下面就用"突击重骑"——德国空军突击大队作为接下来开幕的第一章，而"雨燕"（Me 262）和"彗星"（Me 163）等联队将在后续的章节中出现。

德国空军新计划——"重击"计划

时任德军战斗机部队总监的加兰德将军于1944年秋季提出的一个庞大的作战计划。希望动用2000—3000架战斗机全线出击,通过几个波次的大规模攻击,全力重创美军的轰炸机群。加兰德将军在其回忆录中这样描述他设计的"重击"作战计划:"该计划需要本土防空区域所有的战斗机部队参加,第1战斗机军下属的10余个战斗机单位将作为主力。具体作战计划如下:1.第1战斗机军下属2000架左右战斗机首先升空进攻来袭的美军轰炸机群,进行第1次拦截;2.在美军机群来袭和返航路线上则由西部空军指挥部下属大约150架战斗机负责进行截击作战;3.大约500架战斗机进行第二次截击作战;4.部署在瑞士和瑞典空域的大约100架夜间战斗机攻击那些被打散的美军轰炸机;5.希望以400架战斗机和100—150名飞行员的代价换取美军400—500架轰炸机的损失。"如果这个计划得以实现的话,那么将成为二战期间规模最大的空战。加兰德希望这个计划能成为扭转德国本土防空作战不利局面的钥匙,但是这个计划对于各种客观条件的依赖性太强,例如对美军空袭行动的预判和天气状况更是成败的关键。最终这个计划没能够实现,但是德国空军以此为目的在1944年秋季以后就开始聚集起庞大的战斗机力量,到11月中旬,德国空军本土战斗机力量最高达到了约18个联队3000余架战斗机,但是这支庞大的力量,大部分最终还是在希特勒命令下被投放到了西线的突出部战役。后来这些部队又成为1945年新年伊始,另一个重大作战计划"底板行动"的主力,步入另外一个死亡出击,其间又只剩下JG 300/301这两个联队继续全职防守德国本土空域。

| 决死天空 | 二战末期德国昼间空战

第一章 德国空军的突击重骑——突击大队

热爱生活

亲吻爱人

奉献我们突击飞行员的热心

当死神向我们致意的时候

没有一丝恐惧

这是突击飞行员的命运

——突击飞行员祝酒歌

1944年5月一个晴朗的清晨,这对于萨尔茨威德尔机场上一支德国空军的新生部队而言是极其重要的时刻。他们——第一个突击大队Ⅳ./JG 3"乌德特"(关于一些部队符号缩写,例如Ⅳ./JG 3表示第3战斗机联队4大队。阿拉伯数字前移则专门表示中队,例如5./JG 3则表示第3战斗机联队5中队。以此

■ Ⅳ./JG 3"乌德特"突击大队的徽标。

■ 突击大队飞行员的一幅照片,拍摄时间是1944年7月,这是驻扎在伊尔斯海姆基地的Ⅳ./JG 3"乌德特"突击大队第10中队的飞行员们。

第一章 德国空军的突击重骑——突击大队

类推)将在这个早晨进行宣誓典礼。第1战斗机军指挥官施密特中将专程赶来参加典礼,这对于一支大队级别的部队而言是非同寻常的荣耀。大队长莫里茨上尉上前迎接将军,握手的同时用响亮的声音报告:"'乌德特'联队突击大队宣誓典礼准备就绪!"一身戎装,外披黑色风衣,领口缀着骑士勋章的施密特将军点点头,随后他那深邃的眼睛缓缓扫过上尉身后一排排肃然挺立的士兵,站在队列前几排的是68位飞行员,他们身后的方阵则由将近500名地勤人员组成,队伍右侧昂然举着"乌德特"联队队旗的飞行员旗手是一位年轻的技术军士,领口挂着骑士勋章,站立在他身后的2位护旗手则是挂着金质德意志十字勋章的少尉飞行员。宣誓完成后,施密特将军和所有飞行员一一握手致意。简短的典礼结束后,这些自愿报名加入突击部队的飞行员们就将正式以一种前所未有的决死集体战术来迎击庞大的美军机群,防卫摇摇欲坠的德意志领空。

第1突击中队

"我完全自愿加入突击中队,我完全清楚并且理解中队的作战战术以及目标:

1. 严格编队飞行接近敌轰炸机群;

2. 在接近过程中一旦出现损失,(损失

■ 德军飞行员正在研究美军B-17轰炸机这种"火刺猬"的自卫火力范围,以寻找有效的攻击手段。

队友的)空位立刻由其他人补上,在领队长机带领下继续保持密集队形;

3. 在极近的距离开火射击,如果(因为各种原因)无法射击,撞击是最后的选择;

4. 突击飞行员在确认击落轰炸机以前不得离开战场。

我自愿执行上述突击战术,击落敌轰炸机后方才降落。如果我没有完成上述任务要求,我将接受军事法庭审判或者即刻被开除出突击中队。"

——突击中队志愿飞行员誓词

所谓突击大队(含数个突击中队)是德国空军面对越来越严峻的本土防空形势下,于1944年中期开始组建,专门用来对付美军重型轰炸机部队的战斗机部队。盟军越来越猛烈的空袭是德国空军新战术的催化剂,这些

决死天空 二战末期德国昼间空战

战斗机部队除了增强自身力量(包括装备,数量等)之外,必须设想一些新的"革命性"战术来应对严酷的空战形势。和美军1年多的空战历程,使德军逐步总结出很多作战经验。其中,在面对美军坚固且火力凶猛的重型轰炸机群时,德国空军尝试了很多不同的战术和装备。例如给Fw 190装备210毫米火箭,在轰炸机群上方投炸弹等等,可谓绞尽脑汁。为了应付严峻的战争态势,此时在德军其他军种都早已经组成专门的"突击"部队,例如海军的突击编队,陆军的突击师等,尤其陆军的这些突击部队往往在重要战役最关键最艰苦也最惨烈的时刻被投入战场,期望凭借他们的勇气和战斗力取得决定性胜利。到最后甚至连老弱残兵的国民部队也被称为"国民突击"师,可见这个"突击"概念在德军已经深入人心,这次轮到空军来接过"近战突击"的旗帜了。当突击部队开始招收战斗机飞行员的时候,得到的反响是极其热烈的,很多年轻飞行员都以加入这样的"优秀"部队为荣。突击部队招收飞行员有两个重要的思想前提:第一就是无畏的近距离突击作战思想,进攻由编队集体完成,突击飞行员必须遵守严格的战术纪律;第二是强调自愿为基本准则,突击大队飞行员必须是自愿加入的志愿者。虽然突击大队战术危险性大于普通战斗机部队,撞击可能性越来越大,并且最终成为撞击部队正式诞生前的雏形,但是从实际战术而言突击大队并不属于自杀性攻击部队,而是对技术和战术水平要求相当高的一种特殊空中战术部队。

谈到德国空军的突击大队,首先要从其

■ 1944年开始,美军对德军本土愈发猛烈的白昼轰炸让德国人意识到本土防空形势的严峻,必须改变拦截战术,才能更有效地打击盟军轰炸机群。

第一章 德国空军的突击重骑——突击大队

战术萌芽开始。曾经担任第2战斗机军参谋部军官的汉斯·冯·考纳茨基少校是这种战术最早的创始人,他第一个正式提出了突击战术设想,甚至也提出了此后由野猪联队创始人赫尔曼最终付诸实行,并带有自杀性质的撞击战术。考纳茨基是一位带有传奇色彩的元老级战斗机飞行员,1906年出生于将门,1928年加入德国陆军,随后志愿参加飞行训练。1934年春天他毕业于威尔纳奥恒战斗机飞行员学校,成为一名中尉,他的第一个正式职务是Ⅰ./JG 132的副官,这是新组建的德国空军的第1个战斗机大队,而该大队大队长就是当时还只是少校的格莱姆(后为二战德国空军最后一位总司令,虽然任期不过短短几天)。此后1936年晋升为上尉的考纳茨基还曾于1939年负责组建Ⅱ./JG 52,1940年他返回威尔纳奥恒,加入第1战斗机飞行员学校担任教官;1941年,他迎娶了格隆特曼小姐,这个女孩之所以值得一提是因为她同样出身将门,还是当时德军空军总司令戈林元帅的一位秘书。于是考纳茨基和戈林的关系也就非同一般,连他开的豪华私家车都是帝国元帅的礼物。然而这场婚姻却很短暂也很悲惨,大约2年后格隆特曼在柏林丧生于盟军空袭,这个私人生活上的沉重打击大大影响了考纳茨基的性格,让他变得更为果敢和强硬,这也是他此后设计出非常危险而又极其血腥的突击战术的一个重要原因;1943年9月24日,考纳茨基加入战斗机总监加兰德将军的参谋部,而作为突击战术奠基人的他,最终命运就是阵亡在突击编队领头长机位置上。

1943年秋季,面对美国陆航重型轰炸机编队在昼间越来越大的威胁,加兰德将军同意由考纳茨基负责在JG 1建立第一个实验性质的突击中队,考纳茨基的作战思想核心就是集中力量重击美军机群,迫使他们在遭到惨重损失后退却。空中突击作战对于飞行员素质要求很高,尤其对于要组建的第一个试验中队而言显得更为重要,因此考纳茨基十分重视对于志愿者的选拔,他亲自在柏林的办公室一一面试志愿者,选定他手下的第一批飞行员。新加入的年轻志愿飞行员对于这位空军中的"高龄"少校十分尊重,把这位平时和蔼而又举止高贵的绅士军官当作父亲一样看待,而这位突击中队的"父亲"也竭

■ 汉斯·冯·考纳茨基。

决死天空 二战末期德国昼间空战

■ 埃尔温·巴卡斯拉少校。

尽全力地照顾中队的方方面面。1943年10月11日,这个试验突击中队(第1突击中队)第一次出现在第1战斗军的作战日志之中。第一批16名由考纳茨基亲自挑选的志愿飞行员奉命前往阿赫玛基地(读者们请记住这个基地的名字,这里也将是德军喷气式战斗机部队的摇篮之一),他们来自各个不同的战斗机或者轰炸机联队。随后新生力量陆续加入,到1943年11月间,该中队飞行员达到30余名,该月17日,戈林元帅亲自视察了阿赫玛基地。此刻对于这个新生的突击中队而言,除了考纳茨基少校(后晋升中校)这位负责人之外,另一位重要的军官就是埃尔温·巴卡斯拉少校,这位比考纳茨基小4岁的飞行军官作为老一代飞行员此刻依然活跃在战斗第一线,先后隶属JG 52和JG 77,参加了苏联和北非的作战。

于是实验中队拥有了2名少校级别军官,这样的军官配置在德国空军是很难想象的,这个中队的特殊性显而易见。

1944年1月,第1突击中队完成基本的作战准备后被调往多特蒙德,加入驻扎在那里的Ⅰ./JG 1。此刻突击中队实力大约为14架Fw 190A-6,其中11架可以出击。最初他们遇到了各种各样的麻烦,从技术装备到战术实行都问题重重,根本没有什么值得一提的战绩,例如他们加入Ⅰ./JG 1后的第一次出击就因为没能找到美军机群而无功而返。此后的作战情况表明,虽然突击中队可以集中火力攻击,但是有时候也无法打散美军重型轰炸机坚强的盒子编队。

突击中队这段时间的试验为突击战术积累了重要的经验,并且对装备的改装提供了重要参照,随着新毕业于技术学校的技术人员的陆续到来,中队后勤维护问题也大大改善。1944年1月30日,巴卡斯拉少校击落了属于突击中队战果的第一架美军轰炸机(正式的中队官方记录,但事实上一直有争议,一种说法是最早的战果出现在1月11日,据说当天该中队击落了3架B-17),而瓦费尔德候补军士则是突击中队第一位报告撞击美军轰炸机(B-24)的飞行员,他在撞击后幸运地毫发无损地活了下来,并且继续参加一线作战。此外当天突击中队还有1名飞行员宣称击落1架B-24,而突击中队为此付出的代价是4架战斗机。随后在2月份,更多经验丰富的飞行员陆续加入突击中队。曾经先后在JG 27和JG 77

第一章 德国空军的突击重骑——突击大队

■ 威尔纳·戈斯少尉,1944年1月加入突击中队,是该中队1名重要的飞行军官。

服役的弗朗茨少尉这样回忆道:"……我自己坐火车来到了多特蒙德,随后我第一次见到了冯·考纳茨基少校,他是一位非常和蔼的军官,他建议我再次仔细考虑加入突击中队的决定……我们经常以V字编队出击,因为健康原因冯·考纳茨基少校的实战出击次数有限,我们大部分任务的领队军官是威尔纳·戈斯少尉,德国空军中一位著名的重型轰炸机杀手。"这个月突击中队实际出击作战次数有限,战果也很少,2月26日,中队转场到萨尔茨威德基地,开始和驻扎在该基地的穆勒少校的IV./JG 3(这也为组建第一个突击大队开始做准备)协同作战。突击中队在3月份以后的作战中开始逐渐显现出威力,突击部队的战术逐步成熟。3月4日,美军第8航空队下属第1和3航空师出动502架B-17空袭柏林,突击中队于中午12时30分左右升空迎战,已经升为技术军士的瓦费尔德再次宣称击落1架重型轰炸机,还有1名突击中队成员也宣称击落1架B-17,而他们则有1架Fw 190被击落。3月6日,面对第8航空队出动的拥有800余架战斗机护航的504架B-17和226架B-24,德国空军也出动了大约19个战斗机和驱逐机大队迎击,突击中队也在作战行列。这天的血战结果对双方而言都是十分悲惨的,德军损失了至少87架单发和双发战斗机,36名飞行员阵亡,27人负伤;而美军方面有53架B-17和16架B-24没有返航(其中有多少是被高炮击落的难以查清),大量返航的轰炸机也伤痕累累,不少就此报废!突击中队总计宣称击落[①]6架B-17,击伤[②]1架,其中戈斯少尉1个人宣称击

[①] "击落",正式击落记录,德军昼间飞行员正式击落1架4发轰炸机可获得3点战绩,击落双发敌机获得2点战绩,击落单发敌机则得到1点战绩。

[②] "击伤",这种记录区别于"击落",它表示将某架轰炸机严重击伤,或者使其脱离原来的编队,意味着这架轰炸机无法参与空袭或者不能正常返航。从德军飞行员的成绩记录来看,击伤1架4发重型轰炸机可获得2点战绩,击伤双发飞机可获1点战绩。

决死天空 二战末期德国昼间空战

美军轰炸机群通常使用的盒子编队

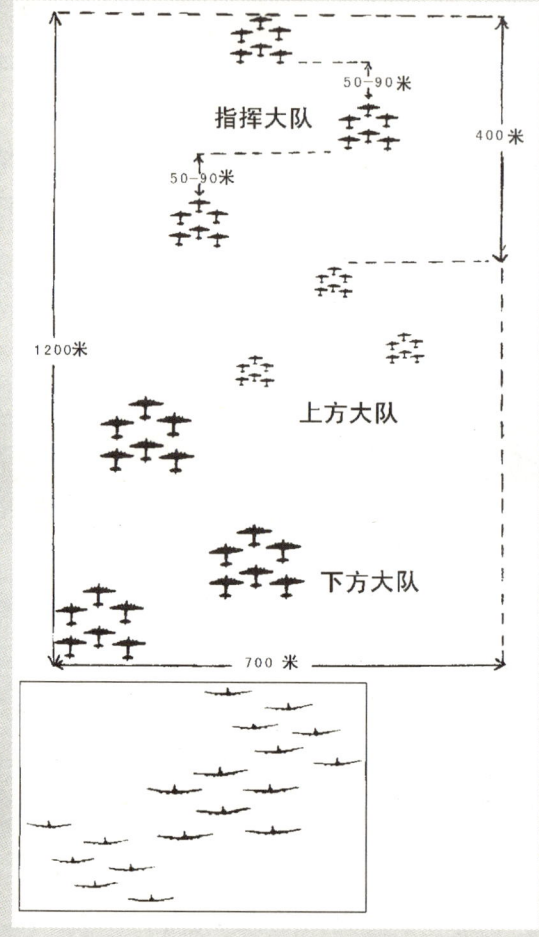

在1943年春季,李梅(时任美国陆航第305轰炸大队指挥官)和第306轰炸大队的指挥官阿姆斯特朗开发出一种新型的重型轰炸机战斗队形,起名为"战斗盒子"。每3个大队组成一个战斗盒,其编队示例如下:上方大队(位置最高的中队高度大约8630米,最低中队8530米)和下方大队(位置最高的中队高度大约8030米,最低中队7925米)各飞在中间大队上下稍微偏右和偏左处,中间大队(又称为指挥大队,整个大队高度范围大约在8225—8330米之间)则飞在其余两个大队前方一点点。从侧面看,每个大队各自形成一个V字形,而从上方和下方看,每架飞机相互错开,没有任何1架飞机位于另1架正上方或正下方。整个联队(3个大队)编队总长大约550米,宽1600米,高大约800米,而各个联队之间的距离则大约在10公里。当重型轰炸机编队即将达到目标空域时,盒子编队会临时解散,各机靠近平行飞行以保证轰炸精度和密度。这种编队战术一定程度上削弱了单机的机动能力,但是由此带来的重要战术优点在于:所有飞机的机枪射界都不受己方干扰,不会发生在激烈战斗中射击角度被阻挡或者误击的问题。在整个飞行编队中,后方和下方最容易受到攻击,其中位于编队下方的位置更被称为"棺材铺"。一般各大队位置事先通过抽签决定,或者由最迟到达预先集结点的大队飞"棺材铺"。而从另一个方面看,这样坚固而又火力凶猛的盒子编队更是成为德军战斗机飞行员的梦魇,德军一直在尝试如何打散这样牢固的重型轰炸机编队,突击战术成为其中最可行的一种战术。

落了2架！而他们的损失较轻，只有2架被击落。此后在3月23日，突击中队继续和Ⅳ./JG 3联合出击，当天美军出动了700余架重型轰炸机。这天考纳茨基少校亲自带队升空，他自己击伤1架B-17，而他的属下总计宣称击落了4架B-17、击伤1架，但是这天突击中队的损失较大，5架战斗机被击落，3名飞行员确认阵亡，其中包括那位曾经撞击重型轰炸机的瓦费尔德技术军士。

4月8日，突击中队宣称击落2架B-24和1架B-17，却为此付出了3名飞行员阵亡和1人负伤的代价。随后在11日这天，突击中队和Ⅳ./JG 3一同出击，再次重创美军重型轰炸机部队，他们总计宣称击落5架B-24和1架B-17，击伤2架B-24。美军第3航空师这样记录："突然，我们遭到大约30－35架Fw 190和Bf 109的猛烈（迎头）攻击，至少15架被击落。"当天德军第1战斗机军的总体损失为19架战斗机，13名飞行员阵亡，美军的损失依然高昂：12架B-24和33架B-17没有返航，还有11架受重伤，相比之下，突击中队当天的损失则很轻微：2架Fw 190。这次战例充分体现了突击战术对于此刻德国本土防空的意义，而美军对于这种猛烈的进攻战术显然还缺乏有效的防御手段，仅靠轰炸机自身的自卫机枪显然难以抵挡德军飞机的攻击。紧接着在13日，突击中队再次宣称在极短的时间内击落击伤5架B-17，只付出了1架战斗机的代价。美军第8航空队对此有这样的记录："……第1航空师的3个轰炸机大队遭到了敌军的猛烈攻击……一个（上部）轰炸机大队在短短3分钟之内就有8架B-17被击落……"随着中队级别的实验性工作的完成，1944年4月15日，加兰德将军亲自前往萨尔茨威德基地

■ 萨尔茨威德基地，在照片中可以清晰地看到突击中队的"白色12号"机，左侧后方则是JG 3的一架Bf 109G-6。

决死天空 二战末期德国昼间空战

拜访了这个试验性质的突击中队,在向他们表示慰问和祝贺的同时,也宣布将在IV./JG 3基础上组建正式的突击大队,开始推广突击战术。同驻一个基地的突击中队和IV./JG 3在这段时间继续联合作战,他们也渐渐发现美军护航战术在逐步改进,尤其是护航战斗机编队的防卫部署和作战更加合理。在4月22日这天,和突击中队一同出击的IV./JG 3在20分钟内击落4架B-17。4月29日对于突击中队和IV./JG 3而言是个重要的日子,他们宣

■ (上)突击中队的1架Fw 190A-7"白色12号",左侧中间的盾形标记就是突击中队的标志。
■ (下)突击中队的装甲型Fw 190A-6机群,黑白相间的机尾标志是突击中队的特有涂装。

第一章 德国空军的突击重骑——突击大队

■（上）1944年4月29日，第1突击中队的最后一张合影，照片中的15人只有3人在战争结束后还活着。
■（下）4月29日在布隆斯威克东北部的战斗中第一次击落敌机的奥斯卡·博施候补军士。

称获得了大量战果，其中Ⅳ./JG 3宣称击落了9架B-17和5架B-24，而突击中队也捕获了一个美军轰炸机编队，在他们近乎野蛮的突击下，措手不及的美军机群遭到了惨重打击，该中队宣称击落13架B-17。当天美军368架B-17和210架B-24的目标是德国首都柏林，护航的战斗机达到了800余架，德军第1战斗机军出动了275架单发和双发战斗机迎击。突击中队采取的还是集体追尾攻击战术，该中队当天获得击落重型轰炸机战果的飞行员之一奥斯卡·博施候补军士是刚刚加入突击中队的新手，他回忆道："……4月29日这天是我加入突击中队后改飞Fw 190A-7的第五次正式飞行……美军护航战斗机的反应比较迟钝，使得我们有充分的时间切入轰炸机群……我们和往常一样密集编队，因为一旦你落单了，那么火刺猬一般的自卫火力都会冲着你而来，而我们密集编队突击的话，就会对美军机枪手们产生巨大的心理压力……你首先需要敲掉机尾枪塔，然后攻击机翼和油箱位置，实际作战时这一切发生得非常快，你必须全神贯注，尽量利用有限的时间(即所谓射击窗口)全力射击。你要做的是尽量克服心理障碍冲过去，当你冲到轰炸机群中间时，你反而是安全的，因为美军为了避免误伤，都会尽量避免向编队中心区域开火。"这是突击中队建立以来最为成功的一天，多名飞行员获得战果，其中戈斯少尉得到了他的第7和第8架(击伤)重型轰炸机战绩。美军第8航空队对这次惨重打击也有相关记录："我们一个轰炸机编队遭到了大约100余架德军战斗机的攻击，他们分波次从我们的前方和后方开始进攻，持续了大约20分钟，18架轰炸机被击落。"美军当天为了空袭柏林总共损失了38架B-17和25架B-24！18名机组人员阵亡，606人失踪！突击中队在攻击完成后有4架战斗机受伤，其中包括博施候补军士："我第一次击落了重型轰炸机，但是油料也已耗尽，我只能选择迫降到一个小机场，它的跑道对于Fw 190而言实在太短了，飞机冲了出去，我也因此受伤。"就也在这一天，德军空军司令部下达了正式组建突击大队的命令："Ⅳ./JG 3立即改编为Ⅳ./JG 3突击大队，原突击中队解散，编入突击大队(成为第11中队)。"

突击中队在其大约6个月的作战中总计有11名飞行员阵亡，3人负伤，而剩下的那些飞行员很多都在以后的作战中陆续阵亡。突击中队创始人冯·考纳茨基少校此后将成为新的Ⅱ./JG 4突击大队指挥官，一些原突击中队成员也追随他加入了这个突击大队。

Ⅳ./JG 3"乌德特"和 JG 300"野猪"

1944年5月，德国空军第一个突击大队Ⅳ./JG 3"乌德特"正式改建完成，此时该大队指挥官已经换成了莫里茨上尉，他是一位经验丰富的优秀飞行员，早在1940年就曾经在斯塔旺格海域击沉1艘英军潜艇。莫里茨上尉先后在JG 1和JG 51这两个战斗机联队服役，后被调入JG 3联队指挥部。JG 3这个战绩突出的战斗机联队从入侵苏联的计划开始就一直在东线和苏联空军作战，1943年6月德国本土防空形势已经到了极其危急的时刻，于是JG 3就被抽调回德国本土，最初划归卡姆胡贝尔将军的第12航空军指挥。当莫里茨上尉接手Ⅳ./JG 3"乌德特"突击大队后就向加兰德将军报告，原来受人尊敬的突击中队元老冯·考纳茨基和巴卡斯拉这两位少校的年纪太大，已经不适合作为战斗机飞行员继续在残酷的第一线战斗，新的突击中队长应该由青年军官来接替。于是威尔纳·戈斯少尉就成为该突击大队新的11中队(基干就是原第1突击中队)中队长。

Ⅳ./JG 3的第一次作战是在5月4日，作战空域在马格德堡附近，其下属10中队首开纪录，击伤1架B-17。5月8日，Ⅳ./JG 3正式采用突击战术作战,8时40分,莫里茨上尉指挥Bf 109和Fw 190的混合编队从萨尔茨威德基地升空迎击美军轰炸机群。当天根据德军地面指挥系统报告,美军500余架B-17轰炸机飞往柏林,还有几个盒子编队的B-24则飞往布隆斯威克。10时,已经在空中编队飞行的突击大队飞行员目视发现几个B-24盒子编队,美军护航战斗机群紧贴着这几个编队。于是突击大队并不和护航战斗机群多纠缠,而是径直突向美军轰炸机编队,措手不及的美军机群显然对德军这种凶猛的战术缺乏心理准备和应对经验,护航战斗机们也没能及时作出反应。于是,突击大队的战斗机很快就成功突入美军轰炸机群,开始一次接着一次猛烈攻击那些巨大的轰炸机,最终他们宣称击落击伤19架B-24,美军第2航空师当天记录损失了11架B-24。还有7架返航后因为严重受损而报废,和德军记录之间的差别除了德军的战果判断不准确以外,很可能还包括这些重伤但是最终成功返回基地的轰炸机。IV./JG 3的10中队长汉斯·威克击落了2架B-24,并且击伤了1架B-17,以原突击中队为核心的11中队则是大队中获得战绩最多的中队,他们包办了9架战绩。美军当天作战的记录表明,他们遭到了大约75架德军战斗机的集体迎头攻击,这些德军飞行员技术优秀,纪律严格,攻击性极强,往往接近到很近的距离才开火,甚至有1架轰炸机就是被德军战斗机撞毁的。

■ 在IV./JG 3即将改编为德国空军的第一个突击大队前接管IV./JG3的威廉·莫里茨上尉(中间身着皮夹克者)正在与2./JG 51中队的队长霍斯特·哈塞中尉(背对镜头者)交谈。

决死天空 二战末期德国昼间空战

在5月间，Ⅳ./JG 3陆续获得新的约45架Fw 190A-8，替换此刻大队还有剩余的部分Bf 109。在此期间，汉斯·拉希讷中尉的12中队的Fw 190继续尝试安装210毫米火箭进行拦截作战，但是经过一些训练后，这个设想再次被证明是不可行的，而12中队在训练中还损失了1架重装Fw 190A-8/R2，很可能是被皇家空军的蚊式远程战斗机击落的。在5月中旬的其他几次拦截作战中，Ⅳ./JG 3继续获得不错的战绩，但是在换装Fw 190期间，大队的实战状况下降明显，5月下旬的战绩严重滑落，不过随后的实战将继续证明，此刻的突击战术是非常有效的针对重型轰炸机机群的拦截战术。5月29日这天有一个故事值得细细描述：Ⅳ./JG 3的飞行员在天上成功"俘获"1架美军的B-17！这架B-17G（编号42-31924）属于美军第95轰炸机大队344中队，飞行员是诺曼·A.乌尔李希少尉，当时他的轰炸机遭到了1架Fw 190的攻击，他回忆道："我先是看到了2架Fw 190，其中1架似乎也看到了我们，就冲了过来攻击……我甚至能感受到机身被

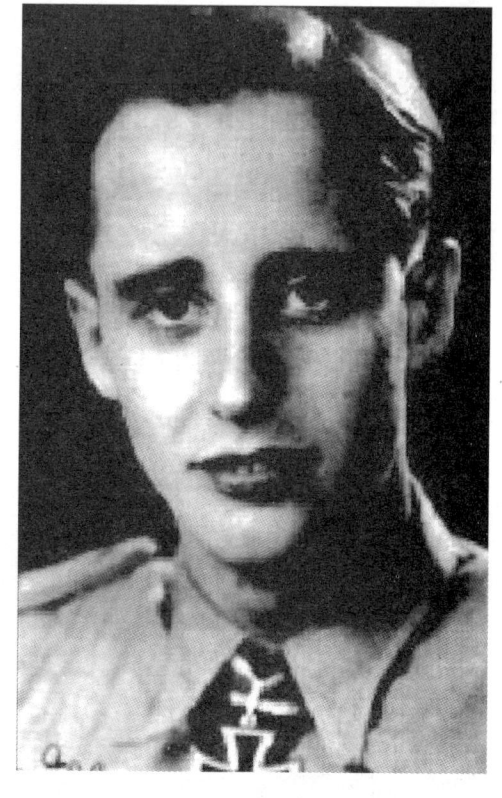

■ Ⅳ./JG 3第10中队长汉斯·威克，他到战争结束时共确认击落盟军22架重型轰炸机。

命中的震动，不过我看到这架Fw 190也被命中了，飞往一侧，不久后冒出了浓烟。"Fw 190同样也严重击伤了乌尔李希少尉的飞行堡垒，这架B-17的机头被击中，无线电设备被毁，机身左侧机枪位被命中，2号发动机停机，这架巨大的B-17此刻已经摇摇欲坠，高度也已经下降到了1000米以下。差不多这时候，正好有2架属于Ⅳ./JG 3的正在返航回萨尔茨威德基地的Fw 190经过，其中1名飞

■ 地勤人员正在给1架Fw 190安装210毫米火箭。

第一章 德国空军的突击重骑——突击大队

行员施密特候补军士是原突击中队成员,在5月8日那天曾经宣称击落3架美机。施密特首先发现了这架摇摇晃晃的B-17,于是他开始接近这架庞然大物,想看看情况究竟怎样。乌尔李希少尉继续道:"那架福克沃尔夫在我们机舱的右侧飞行,我看到他开始转向,似乎准备攻击我们。我脑袋嗡的一下,心想这下我们完了,我们这架伤痕累累的轰炸机已经没有任何还手之力了。我想我们肯定会被打下来,就在此刻我突然想起个办法,我命令我的副手乔治放下起落架,表示我们投降。此时第二架Fw 190也已经冲过来准备攻击我们的侧面,就在这生死存亡之际,这架Fw 190似乎突然明白我们的意思了,他摇了摇机翼,并没有开火射击。随后他向着我们飞来,一直接近到很近的距离,我感觉几乎都能摸到他了。随后这2架Fw 190就绕着我们飞行,似乎想引导我们降落。我可以看到飞行员在机舱内向我们招手示意,我们也举手回应着。"当这架重伤的B-17迫降到了一个农场上后,施密特他们则返回了萨尔茨威德基地,后来施密特还专门开车跑到这些幸存的美军机组人员面前打招呼:"这还算是一场绅士间的战斗。"施密特此后于1944年8月3日在和美军B-24机群的战斗中被自卫机枪命中,下落不明,最后德军登记为失踪。

在这段时间,对于需要协同配合的突击战术而言极为重要的联队级别部队也正式成立了,指挥官就是德国空军战斗机部队末期作战的一位重要的前线指挥官达尔少校。

■ 阿道夫·加兰德中将,1941年11月至1945年初担任战斗机部队总监,德军第二位钻石双剑橡叶骑士。1942年11月,30岁的加兰德晋升为少将,成为当时德军中最年轻的将军。他是德国本土防空作战中最重要的将领之一。

1944年5月20日,时任Ⅲ./JG 3"乌德特"大队长的达尔少校奉命前往战斗机总监加兰德将军处报到(Ⅲ./JG 3是这段时期本土防空中战绩很不错的1个大队)。加兰德命令达尔接手组建并且指挥特殊任务联队,这个成立于4月的特殊联队部署在纽伦堡-安斯巴赫区域,达尔少校此刻的一个核心任务就是组建以突击大队为核心的突击战术编队,建立起一套完整的突击作战体系。此刻该联队下属主要为Ⅲ./JG 3以及原来就部署在南部空域的一些战斗机大队(Ⅰ./JG 5、Ⅱ./JG 53、Ⅱ./JG 27、Ⅲ./JG 54)。5月23日,达尔少校第一

决死天空 二战末期德国昼间空战

次作为联队指挥官率队升空作战,此后他们一直连续作战直到盟军诺曼底登陆期间才得到了片刻喘息,5月27日,他的联队损失了一位重要的大队指挥官Ⅰ./JG 5"冰海联队"大队长卡格尼克少校。

盟军登陆后,德国空军大量战斗机部队被抽调到法国(西线)战区,其中包括JG 1的3个大队(包括JG 51的7中队和JG 77的9中队);JG 11的3个大队;JG 27的Ⅰ、Ⅲ、Ⅳ三个大队;Ⅲ./JG 54;JG 77的Ⅰ、Ⅱ两个大队;JG 3"乌德特"下属Ⅱ、Ⅲ两个大队连同第一个突击大队Ⅳ./JG 3。这个突击大队此刻的任务竟然转为战斗轰炸和低空对地支援!达尔少校的特殊任务联队剩下的2个大队——Ⅰ./JG 5和Ⅱ./JG 53——随后也被陆续调往西线,达尔少校很快成为了光杆司令。毫无疑问,专门对付重型轰炸机的突击大队无论从装备、战术还是飞行员训练等各个方面都极不适应诺曼底前线的这些近地支援任务,实战效果非常有限,而损失却十分惨重。于是这个大队在被部署到西线3个星期后最终被调回本土编入达尔少校的特殊任务联队。在西线的德军其他战斗机部队也相继遭到毁灭性打击,例如JG 1和JG 2到8月份就不得不撤回德国本土休整补充,Ⅰ./JG 5、JG 4、Ⅱ./JG 11、Ⅱ./JG 53等单位也都遭到了惨重损失。

此刻达尔少校的特殊联队下属除了新加入的Ⅳ./JG 3"乌德特"之外,还有新加入的来自于JG 300"野猪"联队的2个大队,这个特殊任务联队也再次充实起来,成为此刻德

■ 佩戴橡叶骑士勋章的达尔。达尔是德国空军突击大队战术最重要的指挥官之一。他最初加入的是陆军,后于1938年以步兵军官身份自愿报名加入空军,接受飞行员训练,经过4个月速成培训后成为基础飞行教官,随后再次自愿报名参加战斗机飞行员训练后加入JG 3。此后他先后作为中队副官和中队长在东线以及马耳他地区作战,获得51个战绩。1943年他转入德国本土防空作战,1944年2月由于率领Ⅲ./JG 3在本土防空作战中的优异表现获颁骑士勋章。1944年中期,他接手组建并且指挥特殊任务联队,随后率领Ⅳ./JG 3和JG 300组成突击编队参加本土防空作战。达尔少校于1944年11月晋升为中校,1945年1月被任命为昼间战斗机总监,1945年4月晋升为上校,个人最后获得128个击落记录,其中包括36架4发重型轰炸机,被认为是德国空军昼间战斗机部队头号轰炸机杀手。战争结束后达尔进入美军战俘营,同年被释放回家,后在德国工业界继续其新的职业生涯。

第一章 德国空军的突击重骑——突击大队

■ 左起：格哈德·菲维克斯中士，赫尔曼·瓦费尔德候补军士，埃尔温·巴卡斯拉少校（他身着缴获的美军飞行员的制式皮夹克），技术军士维尔纳·派内曼的合影。

国昼间本土防空的主力。不久以后这个特殊联队就正式和JG 300合并，依然采用JG 300的番号（根据JG 300战史，达尔少校正式担任JG 300联队长的时间是6月27日）。Ⅰ./JG 300装备Bf 109作为护航战斗机大队，Ⅱ./JG 300则和Ⅳ./JG 3"乌德特"突击大队一同负责攻击轰炸机群。此时Ⅲ./JG 300依然继续作为夜间战斗机部队部署在柏林附近，负责防卫首都夜空，这个大队直到10月份才正式回到母联队[1]。在此期间达尔少校的联队指挥部换装了Fw 190，达尔少校本人于7月1日第一次改飞Fw 190。JG 300的飞行员大部分都是本土防空战中经验丰富的老鸟，在盟军战略空袭

主力从诺曼底战区转回德国空域前这短短的时间内很快完成了突击战术编队的训练和组织工作，形成了实战能力。"乌德特"突击大队于7月4日第一次正式作为JG 300一部分参加拦截美军轰炸机群的实战，随后Ⅱ./JG 300也将很快正式改编为第二个突击大队，大队长为皮特斯上尉，第三个也是最后一个突击大队则改编于Ⅱ./JG 4，指挥官就是突击部队创始人之一的元老战斗机飞行员冯·考纳茨基少校。

突击大队战术

"重装"突击大队的战术如同重骑兵突击一般，目标紧盯美军的重型轰炸机机群，而不去顾及护航战斗机的威胁，希望能在陷入空战格斗之前通过编队突击尽可能重创美军轰炸机群。他们认为有效攻击轰炸机群最重要的就是要有效冲散他们的盒形编队，并且提高射击命中率以及密度，在一次攻击中

---

[1] 从JG 300战史的作战记录来看，Ⅲ大队在这段时间除了担负夜间任务，尤其是对抗英国皇家空军的蚊式外，全大队同样也多次升空执行昼间作战任务，并且取得相当数量的重型轰炸机战果。考虑到本章的主角突击大队，因此Ⅲ大队的具体作战情况将不再详述。

决死天空　二战末期德国昼间空战

最大限度地发扬火力。突击大队一般采用楔形编队，大队指挥官飞在编队领头位置，是整个突击编队的控制灵魂，决定编队的突击方向、距离和开火时机。突击大队在实际作战中严格强调编队纪律，飞行间距很小，对美军轰炸机群主要采用两种方向突击：迎头攻击以及后部突击，不考虑侧向攻击，因为这个方向上的命中率很低。加兰德将军提交的关于如何有效攻击重型轰炸机的报告中就曾经有以下说明："从尾部攻击重型轰炸机编队危险性很高，重点攻击点应选在轰炸机油箱或者发动机；侧面攻击重型轰炸机对于飞行以及射击技术要求很高；迎头攻击效果最好，而一个重要的关键难点在于攻击后的及时脱离；威力巨大的机载武器是有效攻击重型轰炸机编队必不可少的工具，借助猛烈的火力可以有效压制重型轰炸机编队的自卫火力并且打散编队。"

采用迎头攻击时，突击编队先同向赶超

■ 这种楔形队形的编队可使战机突入美军轰炸机群中，并打乱其队形以便在随后的空战中逐个歼灭。

轰炸机群飞行，超越2－3公里以后集体转向迎头突击轰炸机群，直到距离500米左右才集体开火，随后在极短时间内爬升掠过轰炸机群。这种攻击方式效率最高，因为相对速度的加倍提高，命中几率和效果也大大提高，有的轰炸机在如此猛烈的迎面攻击下甚至被凌空打爆！但是这种集体战术对于飞行员的心理素质、反应能力和飞行技术的要求极高，大队指挥官个人能力也极为重要，在超越、转向直到最后突击阶段对于密集编队飞

■　II./JG 4的部队徽标。

■　8./JG 300的部队徽标。

■　II./JG 300的部队徽标。

行精度要求很高,一旦有人出现差错后果将不堪设想,因此一般新手很难完成这样的任务。达尔少校回忆他还在带领Ⅲ./JG 3"乌德特"期间就进行过大约20次这样的突击。后部突击则相对较为传统,难度也大大降低,适合新手。采取追尾攻击时,突击大队一般以400公里/小时的速度从后方接近轰炸机群,在最后突击阶段可以选择从上往下俯冲或者从下往上跃升的方式。开火距离则继续缩短到200米左右,最佳则是150米左右,依然由指挥官统一下令密集编队射击,攻击完成后一律向下脱离,以避开美军凶猛的上部防御火力。无论采用哪种突击方式,一般突击大队都会在一击完成

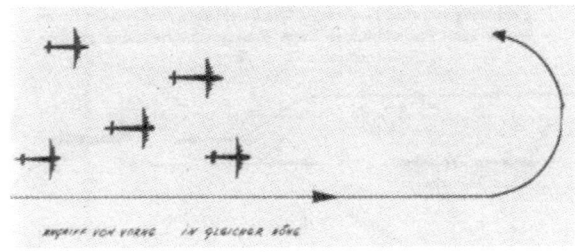

■(上)突击大队战术示意图3:突击编队迎头攻击示意图(与轰炸机机群等高)。
■(下)突击大队战术示意图4:德军战斗机自上而下和自下而上两种攻击美军轰炸机尾部的进攻和脱离路线。

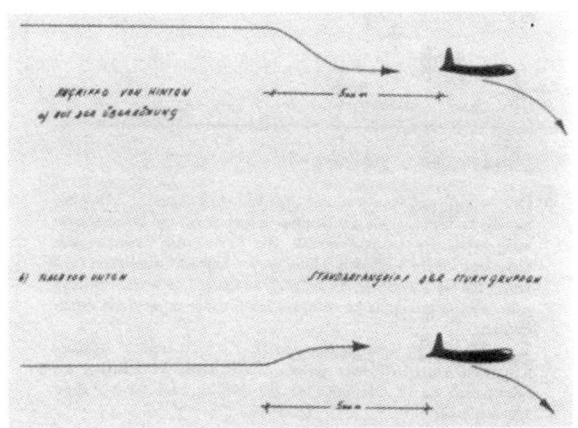

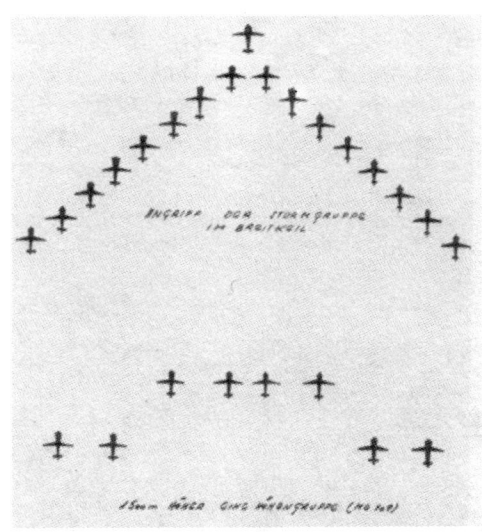

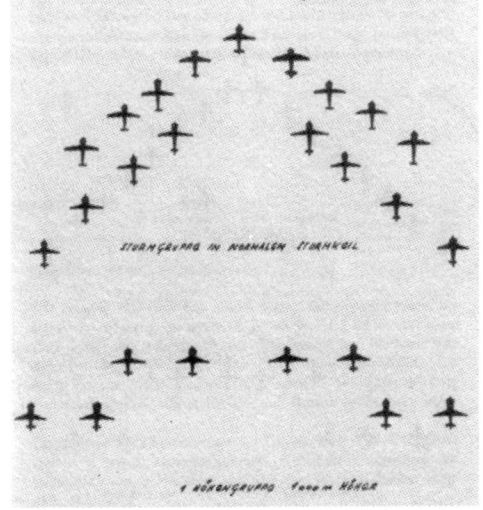

■(左)突击大队战术编队示意图1:前为标准楔形突击编队,后为高空护卫大队(高于突击编队1000米)。
■(右)突击大队战术编队示意图2:另一种楔形突击编队队形。

后尽快脱离,然后抓紧时间继续重新集结编队,以期在美军护航战斗机群赶到以前尽可能重复进行2-3次同样的突击,加大对美军轰炸机群的伤害效果。

为了尽量弥补战斗机格斗性能下降这个致命弱点,突击大队需要专门的战斗机编队掩护他们,吸引美军的护航战斗机,便于他们尽量少受干扰,集中对重型轰炸机全力进行近距离突击。执行掩护任务的战斗机大队被称为"轻装"护航大队,他们的战斗机则注重机动性,尽量减少额外的装甲和重型武器。当时德军一个典型的突击战术编队为1个"重装"突击大队和2个负责掩护的"轻装"大队,突击楔形编队两翼各有半个护航战斗机大队,上部1000米左右还有一个高空护航战斗机大队,这种联合战术大编队总计大约有100架战斗机,他们将协同突袭美军轰炸机群。虽然突击战术能以较小的代价有效重创轰炸机群,但是往往在突袭之后突击大队也不得不承受来自护航战斗机群的打击,此刻他们的损失将大大增加。

作战指挥

突击大队由战斗机师指挥部通过无线电指挥,由于各个战斗机师都是固定负责某个空域,因此突击大队在作战中往往也根据实际情况接受不同师指挥部的接力指挥。突击大队每架战机都装备了FuG16-ZY型无线电台,每位飞行员都可以直接和大队指挥官或者地面指挥部通话。随着德军新雷达指挥引导系统——"Y系统"投入实战,地面指挥部可以及时获得飞行编队的高度以及方位,因此可以实时指挥编队接近敌机群,该系统也被应用于夜战,但是在白天的实战效果更佳,因为毕竟白天的视野更广,一般该系统的引导精度足够一名飞行员目视发现目标了。当突击大队目视发现目标机群之后,大

■ Fw 190A-8/R3,和R2武器配置基本一致,只是用2门MK103型30毫米机炮替代了R2的2门MK108型机炮。

第一章 德国空军的突击重骑——突击大队

■ 经过特殊改装的Fw 190战斗机的50毫米钢化玻璃特写，由于它严重阻碍飞行员观察两侧的视线，这项技术并没有得到广泛应用，很多飞行员都将此玻璃板拆掉了。

队指挥官将接手指挥权，根据实际战况现场指挥，攻击结束以后地面指挥部再次接手指挥编队的返航。"Y系统"有效提升了昼间战斗机部队的战斗力和生存力，不仅可以使得飞行员及时获得敌情信息，抢占先机，更可以在返航的时候帮助那些油料告急的飞行员及时找到可以紧急降落的机场。1944年夏天开始，负责德国本土防空的昼间战斗机部队都采用了这种引导指挥系统。

装备

为了满足突击战术的要求，他们装备经过特殊改装的Fw 190战斗机 (外号"撞击兽"，德军对突击大队装甲加强的Fw 190的昵称)。一般都在A-7或者A-8型 (R2或者R8套件) 基础上进行改进，加强了装甲防护，除了原来的发动机防护装甲板以外，重点防护驾驶舱。例如发动机后部和驾驶舱之间以及驾驶舱周围加装6毫米装甲板，前部风挡则采用50毫米钢化玻璃，侧面则为30毫米，飞行员座椅后部加装9毫米装甲板，这块装甲板上半部 (飞行员头部防护) 采用钢化玻璃，在防护头部的同时也可以保证良好的后向视野，这种设计的创意最初来自于加兰德将军，被德国人称为"加兰德——头部防护"。主要机载武器除了原配的2门MG151/20型20毫米机炮和2挺MG131型13毫米机枪以外，还加装了2门MK108型30毫米机炮以增强火力，这种机炮使用专门的穿甲燃烧弹，即便坚固的B-17和B-24也经不起这样的几发炮弹，曾经出现美军轰炸机遭到该型机炮攻击后全体机组人员即刻阵亡的情况。原突击中队的飞行员弗朗茨少尉这样回忆他们的攻击方式："我们通常首先用MG151/20型20毫米机炮和MG131型13毫米机枪干掉美军轰炸机的机尾机枪手，然后当我们接近到150米左右时，我们开始用MK108型30毫米机炮射击，这是一种可怕的武器，甚至可以切断1架B-17的机翼！"由于使用突击战术时的耗油量几乎达到普通飞行的2倍，因此必须增加机载燃料。于是这些Fw 190专门在原有机体油箱的后部再加装一个110升油箱，同时外挂一个300升辅助油箱，保证至少3小时的滞空作战时间。经过这些改装后的"突击"型Fw 190起飞重量达到了大约7吨，几乎是正常机型4.5吨的1.8倍！

决死天空 二战末期德国昼间空战

招募与训练

突击大队飞行员的招募和训练也都有自己的特色,除了前文叙述的自愿原则以外,飞行员必须具备出色的心理素质,优异的团队精神,非凡的作战勇气以及随时自我牺牲的心理准备,因为他们在面对重型轰炸机时不能有一丝恐惧,在对方护航战斗机的攻击下也不能慌乱,绝对信任自己的队友,甚至在弹尽之时还要做好最后的撞击准备!此外飞行技术也是一个重要前提,否则就无法适应突击大队的高难度集体战术。对于突击飞行员的预先筛选在德军飞行训练学校以及补充联队这两类培养新生力量的单位中就已经展开,那些被选中的飞行员还必须通过实际表现来证明自己的能力。在1944－1945年这段时间,德国飞行员都把加入突击大队看作一种巨大的光荣,这意味着升迁和得到嘉奖的机会都大大增加。突击大队成员最初接受的训练和普通战斗机飞行

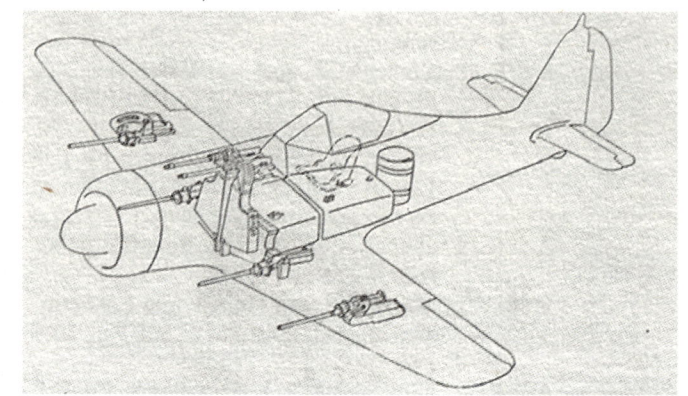

■（上）突击大队装备的Fw 190A-8R2的武器布置示意图,2×MG131型13毫米机枪,射速930发/分钟;2×MG151/20型20毫米机炮,射速780～800发/分钟;2×MK108型30毫米机炮,射速660发/分钟。
■（中）Fw 190A-8R2战斗机的武器装备——左右舷上都安装了20毫米MG151机炮和30毫米MK108机炮。
■（下）坐在Bf 109驾驶舱内正在和地勤人员交谈的的达尔少校。

第一章 德国空军的突击重骑——突击大队

员没什么区别,这些都在飞行学校和补充联队完成。而一旦正式进入突击大队,他们首要的任务就是要适应突击战术的编队飞行要求,随后他们会进行模拟攻击训练,训练时由德军He 177重型轰炸机扮演美军轰炸机。根据达尔少校个人回忆,当时一个休整中的轰炸机联队提供了大约8架He 177配合突击大队的实战训练,在训练中,这些德军轰炸机以8000米高度在博登湖附近空域来回编队飞行,突击大队的新手们轮流上阵练习,达尔少校则亲自驾机在空中观察指挥。虽然训练时,德军战斗机的武器都是锁住的,但是突击战术的疯狂决定了即便是训练也依然存在着极大的危险。有一次,一位新手过于靠近1架He 177而来不及转向躲避,结果假戏真做——他的机翼直接刮掉了He 177的水平尾翼!幸运的是轰炸机组总算都成功跳伞,而此前第一个突击大队IV./JG 3"乌德特"的训练中也曾发生和1架Ju 88空中相撞的惨剧,那次事故中的战斗机飞行员和轰炸机机组就没有这么好运气——全部丧生!当时一位轰炸机大队长就在训练通讯频道中实时获知了一切,震惊不已。面对这些训练中的惨痛事故,德军轰炸机部队表示再也无法继续配合突击大队如此疯狂的训练,轰炸机机组们已经再也忍受不了突击大队这些空中的疯子

■ 美军第8航空队下属94轰炸机大队的B-17机群。要想在每次拦截任务中尽可能多地击落这些"火刺猬",只有玩命地训练方能见效。

了。德军轰炸机机组们称这些战斗机飞行员为"疯狂的突击飞行员",这种近乎实战的训练也终于就此停止。当突击飞行员的编队以及突击飞行训练完成后,他们还将进行实弹射击训练,熟悉机载武器的性能,特别是如何合理运用突击大队的核心武器——MK108型30毫米机炮。为了更好地进行训练并且扩大部队规模,达尔少校还曾经计划组建专门的"突击飞行训练学校",不过这个提议直到战争结束时也只是个空想而已。

帝国防空
——突击大队实战记录

7月份达尔少校的JG 300的一个重要任务就是皮特斯上尉的Ⅱ大队正式转为突击大队的改编和训练,这个大队基本都是由经历过夜战考验,经验丰富的老鸟组成,所以在战术上没有什么问题,只要装备改装完成就可以立刻作为突击大队投入战场,因此这个改编实际上只用了4天就完成了。此刻开始,达尔少校的JG 300有了2个突击大队,其作战实力在德国空军独树一帜。美军方面对于德军的突击战术也越来越重视,首要的一个措施就是护航的野马机群对于突击大队的提前拦截和阻杀,于是德军突击大队将不可避免地遭遇到越来越大的损失。

7月7日这天,对于达尔的突击大队而言是一个令他们难以忘怀的日子,清晨时分防空预警站那里就传来了美军机群准备出击的消息,此刻隶属于第7战斗机师的达尔少校也得到了准备作战的命令。6时13分,海峡对岸的美军机群开始起飞集结。7时15分,荷兰的监视点已经看到了飞临的美军庞大轰炸机群,美军第8航空队当天出动了下属所有3个航空(轰炸机)师的约1129架B-17和B-24轰炸机,目标还是德国的燃料工业和其他军工目标。第一波次机群的373架B-24直奔阿施累本、哈勒等地的化学工业基地,第二波次机群——来自第3航空(轰炸机)师的303架B-17的目标则是德国燃料工业,最后一波超过450架B-17将要空袭莱比锡附近的目标。7时15分,第7战斗机师接到警报,"30分钟出击准备!"随着第7战斗机师师部正式命令的下达,达尔少校的基地此刻变得更为忙碌,

■ 达尔少校和莫里茨上尉。

第一章 德国空军的突击重骑——突击大队

■ 突击中队之父冯·考纳茨基少校和他的"孩子"们。

地勤人员忙着对飞机做最后的检查,还有一些则忙着给战机加油补弹,伴随他们的是发动机的轰鸣和嘈杂的人声汇聚而成的"背景音乐"。此刻唯一显得安静平和而又有点无聊的就是那些三三两两聚在一起闲聊的飞行员们,"15分钟出击准备!"这时候他们才散开各自奔向自己的战机。到了3分钟出击准备的时候,达尔和他的队友们已经坐在机舱内,一切准备就绪,此刻时针正好指向8时05分。随后是出击前最后的寂静,8时20分,正式的起飞命令终于下达"高度7000,莱比锡航向!"几分钟后,一架架战机陆续起飞,突击大队在安斯巴赫机场上空约1000米高度盘旋编队,同时等待护航战斗机大队的加入。IV./JG 3当天出动了44架Fw 190,Ⅱ./JG 300以及联队指挥部的Fw 190将近30架,此外负责护航的I./JG 300出动的Bf 109大约有22架。莫里茨带领突击大队首先和达尔的编队平行飞行,但并没有联合组成战术编队。此刻的无线电通讯中充斥着地面引导军官和师部副官们的呼叫,不久之后,达尔少校带领着他的混合大编队以4000米高度飞越莱比锡上空,这时他们没有看到任何美军机群,而迎接他们的竟然是己方的高炮!"发射信号弹!"随着一些绿色信号弹的绽放,达尔少校同时也通过无线电焦急呼叫第1战斗机师指挥部修正这个愚蠢的错误。"14号,方向舵失灵……"仅仅一会儿工夫4架战斗机便中弹

决死天空 | 二战末期德国昼间空战

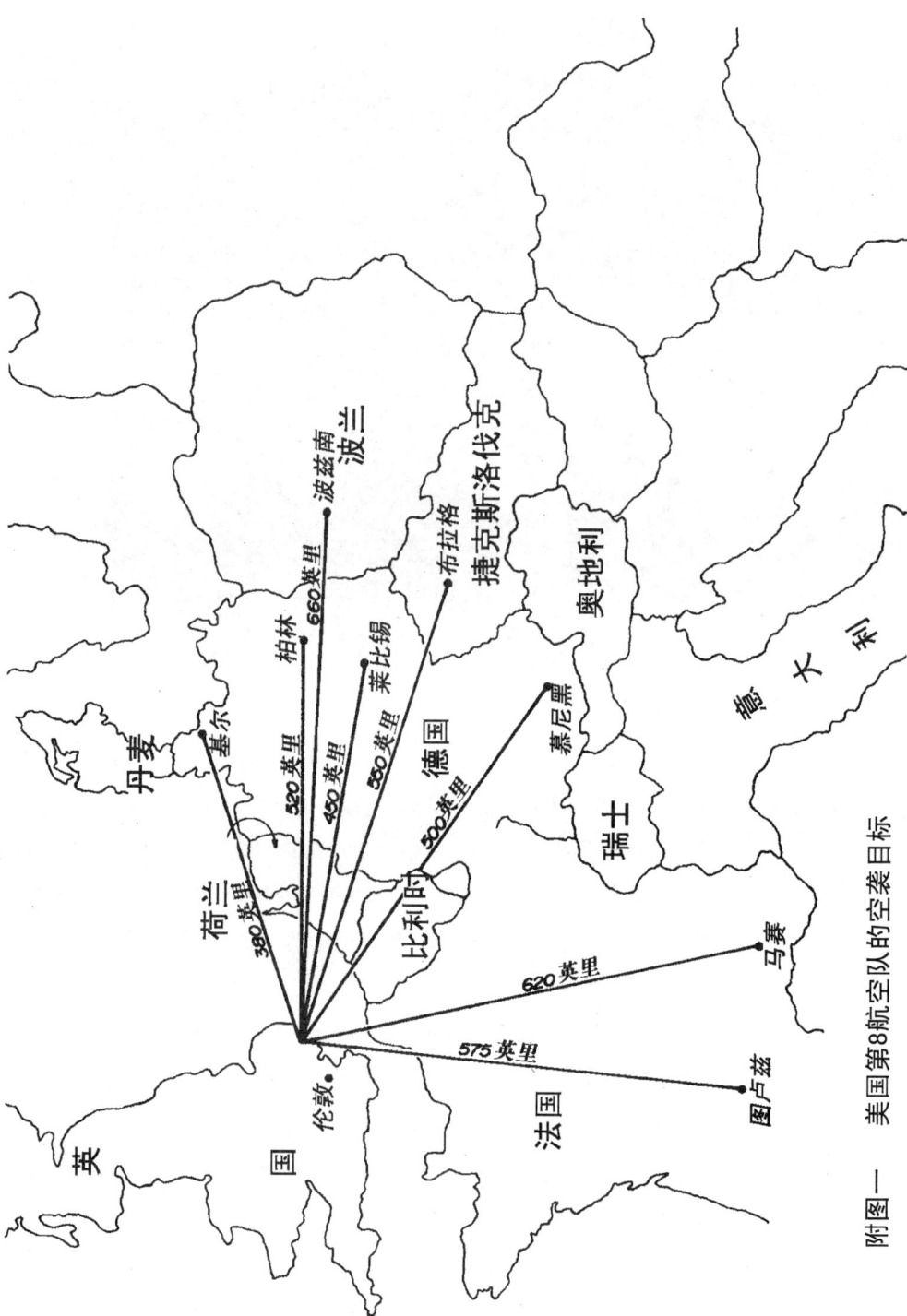

附图一　美国第8航空队的空袭目标

第一章 德国空军的突击重骑——突击大队

了——其中2架迫降成功，另外2人不得不跳伞。"尼古斯1号呼叫所有人，高度5000，集体右转！"达尔少校不得不重新调整编队航线，避开己方凶猛的高炮火力，这个插曲使得整个突击编队在混乱中损失了10分钟，而且原来的密集编队也出现了混乱。此刻美军轰炸机群则在强大护航机群的掩护下继续向南进发，双方的机群现在几乎在同一高度相对而行。终于，飞在队伍领头位置的达尔少校率先看到了密密麻麻的轰炸机群，6、7……12个盒形编队！此外，庞大的护航机群也清晰可见。"尼古斯1号呼叫，发现敌机！发现敌机！"几乎同时来自战斗机师部的命令也在所有德军飞行员的耳机中响起"立即攻击！"飞在突击编队楔形队形最前方的是达尔少校和他的2架指挥部僚机，莫里茨上尉的突击大队Ⅳ./JG 3在他身后左侧，而皮特斯上尉的Ⅱ./JG 300直接跟在他的身后，在他们的头上则是施塔姆普上尉的护航大队。达尔少校这样回忆他指挥突击大队进攻时候的场景：我们在莱比锡空域附近发现了庞大的美军轰炸机群，于是我率领突击大队转了一个半弯绕到他们后背，幸运的是此刻没有任何护航战斗机攻击我们，于是我在无线电中喊道："尼古斯1号呼叫所有小兄弟们，我们准备突击！护航编队注意盯住'印第安纳'，突击大队注意保持队形！冷静！所有人跟在我后面准备强行突击，目标迪肯！"（这里的"印第

■ 整个二战期间德军最优秀的防空武器之一——88毫米高射炮，他们在给盟军的空中部队带来严重威胁的同时，也给自己的战斗机部队带来了不小的麻烦。

决死天空

二战末期德国昼间空战

安纳"是德军飞行员对美军护航战斗机的称呼，4发重型轰炸机在他们口里就成了"迪肯"，Dicken——德语意为庞大，厚实）。

这次美国人似乎没有做好迎战准备，而让他们更为大吃一惊的则是达尔少校那个密集而又高速突进的战术编队，那些轰炸机机枪手们面对眼前的景象惊呆了，他们从来没有遇到过这样的攻击，迅速接近的楔形密集编队直到很近的距离才几乎同时开火，如同一把喷火的矛头直刺轰炸机群！很快，遭到突袭的轰炸机群队形就被冲散了，有的轰炸机已经被命中起火，有的摇摇晃晃想要避开，有的更是有点茫然不知所措。达尔少校的突击战术编队很快就完成第一次攻击，集体拉起转向，脱离目标机群。他们的突然进攻显然已经奏效，而且几乎没有遭到什么损失，但是负责掩护他们的施塔姆普大队却已经和占绝对优势的美军战斗机群陷入混战，不知道还能支撑多久。达尔少校转头看看已经开始凌乱的美军机群，毫不犹豫地决定在空中重新集结突击大队，进行第二次强行突击，"尼古斯1号呼叫恺撒1号（莫里茨上尉），看到右侧那2个轰炸机编队了吗？你们攻击左侧，右侧交给我们！所有人再次集合，准备新的突击！目标迪肯！"已经分为2个编队的突击机群很快再次聚集成密集的楔形队形，机翼

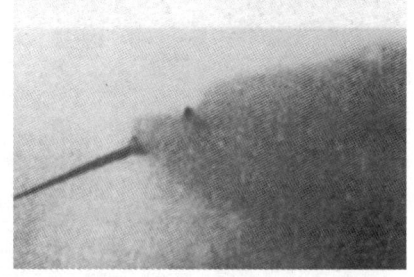

■ 德军战斗机照相枪记录下的一架被攻击而且最终被命中的B-17重型轰炸机。

■ JG 300指挥官达尔少校1944年中期的座机：Fw 190A-8/R8"蓝色13号"。

第一章 德国空军的突击重骑——突击大队

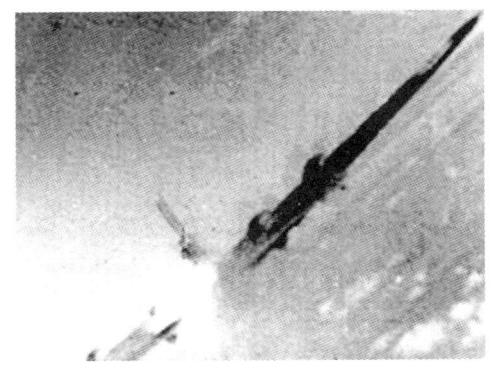

■ 德军战斗机照相枪拍摄的近距离攻击B-17轰炸机的镜头，这架飞机看起来已经在劫难逃了，机身由于中弹正在冒出火花。

挨着机翼以大约20度俯角向下俯冲，突击编队迅速接近到距离轰炸机群不到600米的位置，"所有小兄弟们，依然保持队形，准备突击！谁如果没有弹药了，那就撞击！"杀红了眼的达尔少校嘶叫着下达作战命令。此刻左侧莫里茨上尉的突击大队已经如同一把喷火的锥子刺进了美军机群，而这时候达尔少校自己却因为机炮故障几乎要错过那架已经套入瞄准器的B-24，直到最后一刻炮弹终于出膛！紧接着，达尔少校伴着极其剧烈的机动动作几乎垂直地俯冲下去，以避开这架已经起火燃烧的轰炸机，不久他就看到了4顶降落伞在空中绽开。而几乎同时，他也看到了自己编队中的1架Fw 190被一长串子弹直接命中，冒着浓烟螺旋坠落。此刻的天空如同一个绚烂的空战舞台，燃烧的机体，坠落的碎片以及一顶顶绽开的降落伞布满天空，美军这2个遭到攻击的盒子编队已经彻底被冲散了，轰炸机三三两两分散开来。达尔少校的编队在这次拦截作战中取得非常不错的成绩，他们宣称击落了约30架重型轰炸机，而自己的损失也不小。除了跳伞幸免的飞行员之外（其中包括2个大队长皮特斯上尉和施塔姆普上尉），大约6人阵亡，13人受伤。负责护航并和美军野马机群激战的Ⅰ大队损失尤为惨重，仅3中队就有4名飞行员负伤，但是这在和美军的作战中已经是很不错的交换比了。他们的战绩第二天就上了德国的国防军通报，而达尔少校则在见到迎接他返航的战斗机总监加兰德将军后就兴奋地向他提议组建至少10个以上突击大队，这样就可以有效遏制美军的轰炸机群。

■ Ⅳ./JG 3 "乌德特" 突击大队指挥官莫里茨上尉1944年秋季的座机：Fw 190A-8/R8。

决死天空　二战末期德国昼间空战

美军重型轰炸机机组对于这种突如其来的强行突击依然没有任何心理和战术防御准备，机组乘员只能眼睁睁看着德军一群编队紧密而又整齐的战斗机从后方或者前方迎面突进，那些已经非常牢固的轰炸机也无法承受这样的重击，一架接着一架在空中燃烧解体坠落。当天美军受损最重的是位于编队最下方的第492轰炸机大队，11架B-24"解放者"没有能够返航，美军方面记录当天总共损失了37架轰炸机，还有5架重伤无法修复，当然其中还包括被德军高炮部队击落的。德国人的这种规模越来越大的强突战术让美国人大吃一惊，轰炸机组的士气都受到了严重影响。他们必须寻求相应的对策，于是他们开始在轰炸机群的两翼部署强大的护航战斗机编队，尽可能在德军突击大队的编队到达轰炸机群之前就快速机动迂回，从突击大队后方攻击或者干扰他们，尽量在突击大队进入有效攻击距离之前就冲散他们的编队。一位美国中尉飞行员将德军的突击大队称为"Sing-sing-Groups"，意思就是这种近乎于自杀的突击只有那些试图用最小的代价拯救自己的罪犯才做得出来！还有一些美军飞行员则认为德军的突击大队都是由那些至少拥有铁十字勋章的精锐飞行员组成，因为新手们是不可能拥有这样的飞行作战技术的。

"我们必须消灭达尔的突击大队，如果我们不能在空中消灭他们，那么我们就在地上摧毁他们！"——士兵电台卡利亚斯①。

7月18日，美军重型轰炸机群光临了达尔少校的基地曼明根，这个基地的位置决定了它很容易遭到来自意大利方向的美军机群的攻击，由于德国空军在这个方向上的防空预警和指挥能力都很弱，因此这天达尔少校自己的联队指挥部小队连升空的机会都没有，他和他的手下只能通过无线电通讯关注由莫里茨上尉负责指挥的突击编队的战况。大约在9时25-41分之间，Ⅳ./JG 3、Ⅰ./Ⅱ./JG 300、Ⅱ./JG 27、Ⅰ./JG 302等几个战斗机大队总计出动了约150余架战斗机，其中Ⅳ./JG 3出动了超过40架战斗机，他们成功捕获了美军第483轰炸机大队的盒子编队，一次一次突入猎杀这些B-17，不过面对美军优势兵力的野马机群，负责护航的Ⅰ./JG 300和Ⅱ./JG 27的梅塞斯密特们根本无法阻挡，因此突击大队也不可避免地遭到了美军的猛烈攻击，仅仅Ⅰ./JG 300就损失了6名飞行员，Ⅱ./JG 300则有5名飞行员阵亡！最终德军突击大队宣称击落击伤37架轰炸机，这天作战结束后莫里茨上尉就因为杰出的指挥和战绩获得了骑士勋

---

① 士兵电台卡利亚斯由英国情报机构提供信息，主要任务是猛烈抨击纳粹政府，揭穿纳粹宣传机构的谎言，向德国民众播报战争的真实进展。纳粹政府严禁平民收听这个电台，违者将被判处死刑，但是即便这样，在德国仍然有数百万人冒险收听该电台的广播，大量德国平民也是由此获得了对于战争前景的真实认识。

第一章 德国空军的突击重骑——突击大队

■ II./JG 300第5中队的康纳德·鲍尔技术军士。这张照片拍摄于1944年8月,他坐在其座机"红色3号"Fw 190A-8的座舱旁,庆祝他的第36次胜利。

对于驾驭30毫米机炮的弹道性能完全没有任何信心,这名来自于JG 51"莫德士"联队,已经在东线获得不少战果的老牌飞行员还是信任自己用惯了的MG131型机枪和20毫米机炮,于是这架福克沃尔夫成为突击大队中最灵活的战斗机,作战效率也非常高。

章。美军第15航空队当天损失了6架野马和17架B-17,其中15架属于第483轰炸机大队!紧接着在19日这天,II./JG 300再次损失了6架战斗机和3名飞行员。

7月20日,面对美军第8航空队的1172架重型轰炸机,JG 300、IV./JG 3以及II./JG 5联合出动了大约80余架战斗机升空迎战。经过一番苦战,II./JG 300和IV./JG 3这2个突击大队宣称击落了19架B-17。德军的这些战果主要是来自美军第91轰炸机大队的B-17,这个大队当天损失了8架飞机,而整个第8航空队的损失则是19架重型轰炸机。II./JG 300下属5中队的康纳德·鲍尔技术军士在这天宣称击落了2架B-17,他的红色3号Fw 190A-8在突击大队中显得十分特殊,因为这架战斗机并没有进行突击型的重型改装(例如加强火力或者装甲),而是维持原有的火力配备,因为鲍尔

7月25日,II./JG 300出动了所有可以出动的14架Fw 190在I./JG 300的19架Bf 109护卫下拦截美军的重型轰炸机群,虽然突击大队当天实际作战力量严重不足,但是他们在大约11时过后不久的几次突击进攻中还是获得了相当的成功,几乎每名飞行员都宣称击落了美军轰炸机!他们的第一次突击重创了美军第461轰炸机大队的机群,5分钟后的第二次突击则重创了美军另一个B-24轰炸机群,JG 300的战果统计表中记录了大约12个属于突击大队的重型轰炸机战果,此外负责护航的I大队也宣称击落了大约12架重型轰炸机。随后在26、27日两天,II./JG 300虽然力量不足,但是仍然在布莱特施奈德少尉带领下继续升空作战,并且继续在战绩记录表上

决死天空 — 二战末期德国昼间空战

添加新的战果，但是在2天内9名飞行员非死即伤的损失使得这个羸弱的大队更加奄奄一息。28日开始，JG 300暂时退出一线作战，进行休整，因为这个大队在这段时间连续作战中的损失实在太严重了。

在该月这段时间的战斗中突击大队的那些王牌飞行员的战绩持续上升，例如Ⅳ./JG 3 "乌德特"的那几个中队长戈斯少尉、威克中尉等。当然他们自身也遭受了一定的损失，一些优秀飞行员也不例外，例如在7月28日，JG 300第6中队中队长恩斯特·埃里希·赫尔胥菲尔德中尉阵亡，他在10月被追授骑士勋章。越来越多的新飞行员的到来也使得突击大队必须全力关注于他们的训练，尽快让他们可以投入实践。相对幸运的一点是此刻盟军依然全力关注于诺曼底战区，因此德国本土防空暂时获得了一点喘息机会，达尔少校的突击大队也可以借此机会继续进行休整。

7月底的一天，达尔少校一大早就驾驶1架缴获的美军P-51野马战斗机升空，想亲身感受一下美军这种优秀的战斗机。中午11时左右，达尔少校刚返回基地就接到来自莱西菲尔德基地的电话，告诉他JG 26联队长普利勒上校要来拜访他的基地并且已经上路了，这位大名鼎鼎、被誉为"空战数学家"的王牌联队长要来向达尔取经，于是一个有意思的故事发生了：达尔少校估摸着时间还够，决定再飞一圈野马！当他在做一个转弯动作的时候，突然看到了公路上一辆极为显眼的宝马轿车，达尔估摸着可能是普利勒上校的车，于是他俯冲接近想看个仔细，接下来的场景让他大吃一惊：矮小的普利勒上校和他的司机飞快地跑出汽车，躲到路边的草丛中！直到这架野马拉高脱离后，这两个人才狼狈地上车继续前进。"难道他们没有看到我机翼下面那大大的铁十字标识吗？"达尔在大笑不止的同时也很奇怪，但是一个恶搞念头也很快涌上心头。他转了个弯后再次低空俯冲，这次他还像模像样地模拟美军飞机低空扫射时候的曲线接近动作！果不出他意料，这次那两个可怜的家伙再次被吓倒

■ JG 300第6中队中队长恩斯特·埃里希·赫尔胥菲尔德中尉，战绩为24架战机。获得空军荣誉奖杯（1944年4月15日），金质德意志十字勋章（1944年9月10日），骑士勋章（1944年10月24日追授）。

第一章 德国空军的突击重骑——突击大队

了,闪电般地打开车门,几乎是"飞着"越出去,向路边草丛隐蔽处跑去!心满意足的达尔这次大笑着真地离开返航了,他一回到基地就和手下那帮军官们讲了这个笑话,大家商定等到普利勒来了以后不动声色,静观其变。没过多久,那辆宝马终于到了,达尔带着手下强忍着笑一起上前迎接这位德高望重的空战王牌。此刻显得"风尘仆仆",衣服上还粘着青草泥土的普利勒很肯定地告诉他们今天他的运气很好,如果不是那个"美国人"机枪故障卡壳的话,他肯定到不了这儿了,这下子达尔他们再也忍不住了,大家一起狂笑。面对表情奇怪,不知为何的普利勒,达尔向他指指不远处停着的那架"卡壳"野马,普利勒非但没有生气,还责怪达尔玩得不够真实,应该真的来两梭子才对,这个战斗机王牌之间的玩笑就这样"圆满"结束了!

从"猎人"到"猎物"

8月9日,经过几天休整后的Ⅱ./JG 300突击大队逐步返回到一线作战之中,这天他们出动了24架Fw 190和Ⅳ./JG 3的32架Fw 190一同升空迎击美军,Ⅰ./JG 300的12架Bf 109则负责保护这些重装突击战斗机。然而德军劣势的战斗机力量根本不足以抵挡美军野马机群的猛烈进攻,美军的1个战斗机群成功拦截了Ⅳ./JG 3。当天Ⅳ./JG 3的2个突击编队10、11中队分别在中队长率领下试图攻击美军的几个盒子编队,美军的大约40架野马战斗机猛烈攻击了德军突击编队,成功地冲散了他们,击落了约9架Fw 190,德军飞行员5人阵亡、2人负伤,这个战损率对于突击大队而言是极其惨重的,毫无疑问这是Ⅳ./JG 3灰色的一天。Ⅱ./JG 300当天付出的代价则是6架战斗机,2名飞行员阵亡,而宣称击落超过13架重型轰炸机。美军记录表明第305轰炸机大队当天损失了6架轰炸机,而美军整个第1航空师的损失则是11架。

8月15日,达尔少校带领JG 300又进行了一次大规

■ 1名德国陆军军官拜会普利勒上校的JG 26,图中左侧为JG 26飞行员队列,右侧那位就是著名的西线王牌普利勒上校。

决死天空　二战末期德国昼间空战

■ JG 300第5中队中队长布莱特施奈德少尉1944年秋季的座机：Fw 190A-8/R8 "红色1号"。

模出击，9时45分，布莱特施奈德少尉（原Ⅱ大队长皮特斯上尉由于跳伞腿部重伤无法作战）带领16架福克沃尔夫首先起飞，随后是I./JG 300的梅塞斯密特们和达尔少校的联队指挥部，他们在空中和"乌德特"突击大队会合，在奥格斯堡上空4000米完成编队集结后飞往莱茵—美因空域。1个多小时后他们才发现了大约6500米高度的3个美军盒型轰炸机编队，每个机群大约有60-80架轰炸机，此刻一直在地面指挥下寻找目标的德军飞行员们都已经开始为燃料担心了。布莱特施奈德少尉回忆道："……我们的燃料已经快告竭了，此时达尔决定继续进攻直到最后一升燃料！他也同时通过无线电通告了附近所有的地面机场，让他们做好迎接大批即将紧急降落或者迫降的战斗机的准备。在无线电通讯中已经有战友报告油料耗尽，然而进攻命令已经下达，达尔要带领我们用尽最后的燃料对重型轰炸机机群进行至少一次突击！"达尔少校命令莫里茨上尉的"乌德特"突击大队进攻左侧机群，布莱特施奈德少尉指挥的JG 300突击大队进攻右侧机群，达尔自己带着得到加强的联队指挥部小队（6架）攻击中间一个机群，在他们上空负责护卫的依然是施塔姆普上尉的Ⅰ./JG 300。由此德军展开了典型的突击进攻，这次攻击也再次达成了突然性，美军第303轰炸机大队首当其冲，这个"地狱天使"大队的13架轰炸机先后被命中，不少飞机开始燃烧坠落。JG 300联队指挥部、Ⅱ./JG 300和JG 3 "乌德特"突击大队在第一次突击中总计宣称击落了12架轰炸机！此后直到突击大队完成2次突击后美军护航战斗机群才赶到，迫使德军突击大队和他们展开空中格斗。最后JG 300取得了相当不错的战果，各个大队都宣称击落了不少轰炸机，毫无疑问，德军的这些宣称战绩难免存在大量水分。对比美军纪录，比较可信的数字是Ⅳ./JG 3击落的10架B-17，以及Ⅱ./JG 300获得的9-10个战果，美军方面记录显示他们当天总计损失了16架重型轰炸机和5架战斗机，还有2架轰炸机无法修复，美国人则获得了14个空战胜利。

8月下旬，突击大队继续多次迎击美军机群，在获得战果的同时，也陆续出现了不

第一章 德国空军的突击重骑——突击大队

■ 美军铺天盖地的轰炸机让德军突击大队疲于招架。

少损失。例如在8月23日，Ⅳ./JG 3在攻击美军451轰炸机大队的B-24机群时就曾遭到美军机群自卫火力的严重杀伤，当时Ⅳ./JG 3在第一次突击后就击落了至少5架B-24，第二次突击再次击落4架，其中1架战果属于莫里茨上尉，这也是美军第15航空队此段时间遭受到的最严重的损失。但是美军重型轰炸机部队的机枪手们也宣称击落了多达29架Fw 190！当然这个数字也是带有水分的，但是不可否认Ⅳ./JG 3还是遭到了极其惨重的损失：4名飞行员阵亡，5人失踪。

在这段时间里，Ⅱ./JG 4也基本完成了转为突击大队的各种准备和改编训练，这个突击大队的飞行员核心力量是部分原第1突击中队的老飞行员，而主体则来自于原来的驱逐机联队 (例如Ⅰ/ZG1即第1驱逐机联队Ⅰ大队)。这些飞行员之前从7月开始已经接受突击飞行战术的训练，而且驱逐机部队飞行员也基本都是经验丰富的老兵，因此这个大队的改编训练都进行得比较顺利。该大队大队长就是前文已经介绍过的突击战术的创始人，此刻已经晋升为中校的冯·考纳茨基，这位元老飞行员显然还不愿意就此退出一线战场，他希望能继续亲自领队实现对美军机群的"大规模突击"。考纳茨基中校为了尽快提升自己大队的实力，挖来了原突击中队的下属奥特玛·策哈特中尉 (也许他才是当初为第1突击中队首开纪录的飞行员) 担任自己的7中队长。8月31日，Ⅱ./JG 4转场到了威尔佐基地，此时德军拥有了3个能够出击的突击大队，他们开始等待联合大规模出击的机会来继续验证他们的作战威力。

9月1日，JG 300转场到艾尔福特－宾德斯勒本机场，经过一些休整补充后的JG 300力量有点恢复，此刻其联队指挥部拥有5架Fw 190A-8 (4架可出动)；Ⅰ大队拥有34架Bf 109G-6和G-14 (29架可出动)；Ⅱ大队拥有62架Fw 190(其中至少57架A-8，大约44架可出动)。此后几天德国天空都显得较为平静，9日和10日开始德国空域才再次出现大批美军轰炸机群。9月11－13日，美军驻欧陆航的指挥官斯巴兹和杜立特下令开始对德国燃料工业发动一次持续3天的大规模轰炸，由此美德双方也开始了3天的空中血战。

9月11日这天德国天空成为德军突击大队的血腥舞台，他们第一次正式出现了主动

决死天空　二战末期德国昼间空战

撞击轰炸机的战例，不过也有资料表明早在8月中旬，IV./JG 3"乌德特"就已经有飞行员撞击了美军轰炸机，但是究竟是事故还是刻意而为则无法确定，那位因此阵亡的埃克哈德特·缇希中尉于1945年1月27日被追授骑士勋章，他最终的25架个人战绩中包括11架4发重型轰炸机，是德军中1名优秀的轰炸机杀手，而此前的突击中队更早就已经出现了撞击战例。当天美军编号为623的战略轰炸任务出动了1131架重型轰炸机和400余架护航战斗机，目标依然是德国的燃料工业基地。德军当天则总计出动了大约12个大队的超过500架战斗机，突击大队是其中的主力攻击力量。JG 300于10时43分起飞，升空后不久他们就遭遇了美军护航战斗机的攻击。显然美国人的护航战术对于德军突击大队的作战已经有了专门的针对性，于是高空护航大队I./JG 300和突击大队II./JG 300即刻陷入了空中苦斗，而达尔少校带着的指挥机组和莫里茨上尉的"乌德特"突击大队则没有受到干扰，继续保持密集队形直扑轰炸机群。但是他们随后仅仅进行了一次突击之后，也很快遇到了麻烦，美军新的战斗机群已经猛扑过来。面对即将开始的空中格斗，达尔少校依然试图抓紧时间继续组织一次突击，但是他自己的战斗机此刻也已经被命中冒出了黑烟，当那架野马准备继续攻击几乎已经失去战斗力的达尔的时候，指挥部小队中的1架僚机及时赶到救了他一命。只见这架战斗机以一个漂亮的俯冲咬住那架野马的尾部，并且迅速地用短促而精确的点射击落了这架对于来自身后的威胁还没反应过来的美军战斗机，真可谓螳螂捕蝉黄雀在后。值得一提的是这架僚机的飞行员林登斯贝尔格少校也和考纳茨基中校一样，是德国空军的一位元老级飞行员，他在一战中就是帝国元帅戈林的下属，与之并肩作战。二战开始后他原本作为后备军官在一所飞行学校担任飞行教官，随着德国空军防空形势的日益严峻，他自愿报名加入突击大队，但是考虑到他的年纪，这个申请最初没有被批准。于是这位倔强的老头亲自跑到老上级戈林那里提出私人请求，最终在戈林的亲自干预下，这位老飞行员得以如愿参战。今天是这位老军官在二战中执行的

■ 奥特玛·策哈特的座机，Fw 190A-6"白色7号"。

第一章 德国空军的突击重骑——突击大队

■ 根据幸存突击大队飞行员口述描绘的撞击示意图。

第一次正式战斗任务，原本达尔少校在出发前还再三叮嘱这位前辈仅仅作为观察僚机，不要直接加入战斗，但是最终的实战结果证明了这位元老战斗机军官依然宝刀未老，在关键时刻还救了联队长一命。今天JG 300的另外一位明星人物则是当天2名撞击美军轰炸机的飞行员之一瓦费尔德候补军士，因为他撞击后成功跳伞，并且安然无恙地返回了基地，他自己这样回忆道："……迪肯已经被套入我的瞄准镜，我按了按炮钮，什么动静也没有，此刻我的战机机身和机翼都被美国人的机枪命中，现在连机炮也坏了，我还能怎么办？我要准备撞击了！我拼命调整飞行姿态，向着距离我最近的另一架轰炸机靠近，他巨大的身影在我面前越来越大，仿佛一个'粮仓'一样等着我进去，我甚至清晰地看到了它尾部机枪手的容貌！我不顾一切地撞了上去！随着巨大的撞击声，我的飞机准确地撞到了它的尾翼和尾部枪塔之间的部分，我的左翼几乎完全脱离了，操纵杆已经没有什么反应了，座舱盖也早已经不知去向，幸运的是在气流和离心力的帮助下我终于挣脱着被抛离了座舱，至少在空气中飘荡的我是自由的，可以自由落体下坠，直到安全高度我才打开降落伞……在此期间我看到距离我不远处的那架波音如同'1架钢琴'一样向地面坠落……"为了区别这个与众不同的击落记录，瓦费尔德新战机的尾翼上加上了1个骷髅标记，从此每一个撞击战果(如果飞行员可以幸免的话)都用这个符号标示，而不是记录

决死天空　二战末期德国昼间空战

普通击落记录的一杠。不久以后，美国空勤人员将会有更多的机会见到标有这样标志的德军战斗机，他们也开始用骷髅大队来称呼突击大队。

另一个突击大队Ⅱ./JG 4当天出动了超过50架的Fw 190，由同联队的Ⅲ大队担任护航，他们起飞后首先在地面指挥引导下飞行寻找目标，大约飞行了2小时后，他们发现了美军第3航空（轰炸机）师的B-17机群，这些机群的目标是德国开米尼兹附近的燃料工业基地。Ⅱ./JG 4在大约8000米高度突向美军机群尾部一个高度较低的盒子编队，一番激烈而残酷的搏杀后，Ⅱ./JG 4宣称击落击伤11架轰炸机，美军这些损失的轰炸机属于第100轰炸机大队。而美军的野马机群也很快反应过来，立刻赶来驱散德军战斗机群，护卫自己的轰炸机群。他们很快击落了数架福克沃尔夫，并且继续追猎其他的德军战斗机。Ⅱ./JG 4不顾美军战斗机的威胁努力攻击了美军另一个轰炸机编队，击伤击落了12架轰炸机。美军方面的记录显示他们在当天的战斗中的确遭到惨重打击，轰炸机损失了40架，还有7架返航后重伤无法修复，其他不同程度受损的轰炸机数量则达到了379架！参照美军的记录，第92轰炸机大队的16架B-17确认毁于达尔的突击大队之手，从德军记录看，其中达

■ 德国的燃料、化工工业基地也是盟军轰炸机的重要目标，这座位于马格德堡的炼油厂已经被炸弹"犁"得面目全非。

第一章 德国空军的突击重骑——突击大队

尔自己和联队指挥部机组击落了3架;"乌德特"突击大队宣称击落13架,Ⅱ./JG 300的战绩统计则是8架重型轰炸机。此外美军的野马战斗机部队当天的损失也不小,至少16架没有返航,仅仅JG 300就登记击落了超过10余架野马,此外,"乌德特"突击大队14中队(原11中队,仅仅番号变化)中队长戈斯少尉也宣称击落了1架野马。德军当天也付出了惨重代价,美军宣称的至少115个空战胜利较为精确,德军方面记录的损失数字为:113架战斗机被毁,57名飞行员阵亡,25人负伤!而突击大队的损失尤为严重,这是因为突击大队的重装战斗机在空战中非常吃亏,不可避免地成为美军战斗机的猎物。Ⅱ./JG 4有12名飞行员阵亡,4人负伤,总计23架Fw 190被击落——几乎是全部出击力量的一半!这个新生的突击大队的第一次大规模出击就在惨重的代价中结束。JG 300损失了15名飞行员,其中11人阵亡,3人负伤,1人失踪,整个"乌德特"突击大队损失了5名飞行员,其中3人阵亡。

紧接着在9月12日和13日JG 300(包括Ⅳ./JG 300)继续全体出击,12日当天美军总计出动了大约888架重型轰炸机和662架护航战斗机,主要目标依然是德军位于鲁朗德、马格德堡、布鲁克斯、波棱等地的燃料工业基地。德国空军则总计有大约13个大队(属于JG 2、3、4、11、27、53、76、77、300)的战斗机部队先后升空迎战。9时50分,Ⅰ./JG 300的20架梅塞斯密特升空,随后是布莱特施奈德少尉的Ⅱ./JG 300突击大队。大约在11时前后,德军战斗机部队攻击了美军第1航空师的重型轰炸机机群,此刻作战高度在7000–8000米左右,德军的梅塞斯密特机群重点还是对抗美军的野马护航战斗机群,由于这次德军战斗机群占据了先发制人的先机,因此

■ 这架B-17被顽强的德军战斗机用机炮打掉了右翼,一头栽到地面,看过《孟菲斯女神号》的读者,想必对电影中类似的镜头记忆犹新。

决死天空　二战末期德国昼间空战

■ Fw 190A-6，冯·考纳茨基少校的座机。他在1944年9月12日的战斗中被击落阵亡。

他们得到了追逐野马的机会，从8000米一直杀到1000米，3架野马先后被击落。遭到Ⅱ./JG 300、Ⅳ./JG 3这两个突击大队以及Ⅲ./JG 53和Ⅰ./JG 3联合突击追杀的美军轰炸机群主要属于第306和351轰炸机大队，一番激烈搏杀之后，美军至少有6架重型轰炸机遭到重创，其中4架虽然勉强返航，但是即刻被记录为报废。Ⅱ./JG 300多名飞行员宣称击落重型轰炸机，战绩统计上至少记录了击落10架B-17的战果。但是这个突击大队很快就面临美军勇猛扑来的大批野马战斗机的威胁，布莱特施奈德少尉不得不马上下令中止对美军轰炸机群的进攻，转而应对野马们的挑战。正如我们已经清楚地了解，重装福克沃尔夫战斗机在空中格斗中根本不是野马的对手，Ⅱ./JG 300很快就有6架战斗机被击落，6名飞行员非死即伤。

刚刚饱受打击的Ⅱ./JG 4继续在Ⅲ./JG 4和Ⅰ./JG 76的护卫下升空，在马格德堡附近空域捕获美军机群，击落击伤约13架空中堡垒，自己则再次损失了9名飞行员，其中4人阵亡，尤为惨重的损失是大队长冯·考纳茨基中校也在当天阵亡。"突击大队之父"的阵亡对于整个突击大队而言心理打击是非常巨大的，随后原8中队长格哈德·施罗德上尉接手指挥Ⅱ./JG 4。美军方面记录显示当天总计35架轰炸机没有返航，5架重伤无法修复而被登记为报废(这其中包括德军高炮部队记录击落的4架B-24和7架B-17，此外应该基本毁于德军战斗机部队之手)，其他受损的大约300余架，此外还有13架野马战斗机没有返航，2架重伤报废。另有一份美军记录显示当天他们遭遇到了大约400余架德军战斗机，他们宣称以己方12架的代价击落了81架德机。

13日，美军继续加强其空袭力度：1015架重型轰炸机分成3个波次在477架战斗机护卫下浩浩荡荡杀向德国本土。这天成为了JG 300的悲惨一天，当天达尔少校手下多了一支特殊中队——"巨蟹中队"，该中队的Fw 190装备了210毫米火箭，原第1战斗机师希望这个中队可以增强JG 300战术编队的突击火力，但是结果却事与愿违，这个中队还没有能够接近轰炸机群就几乎全被美军战斗机击落！只有少量飞行员能够跳伞幸免。当天施

第一章 德国空军的突击重骑——突击大队

塔姆普上尉手下的I./JG 300的Bf 109照例首先起飞,20架Bf 109是此刻这个大队全部的有生力量。JG 300升空后在地面引导下径直飞向美军机群,但是这次引导指挥出现了可怕的失误,可能地面引导指挥人员错误判断了美军的轰炸机群和护航战斗机群,以至于野猪联队冲到近前才发现,他们将要面对的不是轰炸机群,而是护航战斗机群!一场苦斗不可避免,Ⅰ./JG 300首先和美军第357战斗机大队展开了激烈的空中格斗,该大队总计记录击落了6架野马,而他们同样为此付出了惨重的代价:损失8名飞行员,其中2人阵亡。

达尔少校的突击编队也受到了严重干扰,密集编队不断被打散,虽然他依然努力试图继续聚集战斗机,重新组织编队,但是最终只有少量战斗机能够跟随他进行突击,而大多数战斗机或者陷入空中格斗,或者干脆已经被击落了。由于德军战斗机此刻距离美军轰炸机群实在太远,因此美军的野马机群可以有充分的时间来布置防御或者冲散德军战斗机群。布莱特施奈德少尉在严峻空战局势的逼迫下不得不下令他的Ⅱ./JG 300脱离空战区域,准备寻找机场着陆。达尔少校在这种情况下依然固执地在一次突击之后继续重复第二次,毫不理会美军战斗机的威胁,但是他的机炮却又在这关键时刻卡壳!轰炸机的身影在他的瞄准器中越来越大,此刻已经杀红眼的达尔毫不犹豫地选择了撞击!他直直撞上了这架轰炸机机尾枪塔和水平尾翼之间的部位,达尔自己回忆道:"在这(撞击)一瞬间我突然感到出奇的安静,时间似乎一下子停顿了,我清晰地看到自己的螺旋桨、发动机,还有半个右翼缓慢地爆裂,随后在空中四处散落,操纵杆已经没什么反应,舱盖也不知去向。逐步恢复意识的我首先要做的就是离开这架已经残缺不堪的战斗机,飞机很快陷入螺旋坠落状态,我也记不太清楚在那关键的几秒我是怎样离开座舱的,随后猛烈刮过脸庞的气流才让我彻底清醒,我庆幸自己终于可以自由地飘荡在空中了!'我还活着!我还活着!'我一遍遍对自己重复这句话,我

■ 杀红眼的最极端方法——撞击美军轰炸机,这张油画真实再现"撞击达尔"的一次撞击攻击。

决死天空 二战末期德国昼间空战

■ 又一架被德军战斗机炮弹打掉机翼的B-17，但也可能是被德军战斗机的撞击切掉了机翼，起火燃烧的机身正急速坠落，不知道它的成员命运如何。

慢慢冷静下来，没有慌乱地打开降落伞，因为此刻高度太高，氧气不足，过早打开降落伞反而会有危险。我继续自由下坠，直到我慢慢数到60以后才打开降落伞。飘荡在空中的我看到那架倒霉的波音轰炸机坠落在灌木丛中起火爆炸。平安落地后我想抽根烟却找不到火，一个小青年正好经过，他警惕地看着我，直到我露出脖子上的骑士勋章他才放松警惕，还递给我一盒火柴，最后一位警察带我到电话亭，我才联系到基地……"达尔少校就这样惊险地完成了他的第一次撞击，从此正式印证了他"撞击达尔"的外号。但是他的突击编队在这天却切切实实遭到了惨重损失，他们损失了超过30名飞行员，却仅仅击落了7架轰炸机！这也再次证明了只要美军护航战斗机群可以提前捕获或者尽可能及时加入战斗的话，他们就可以首先打散突击编队，然后一一咬住不放，迫使德军和他们进行空中格斗，那么美军战斗机的优势将会充分体现，而德军突击大队必将遭到巨大损失。美军方面记录当天至少20架重型轰炸机没有返航，7架无法修复，其他不同程度受损的轰炸机数量达到了396架，护航战斗机部队宣称击落德机53架，自己则有11架野马没有返航。

突击大队在9月份连续3天的突击作战，尤其是最后一天的惨重损失也引起了希特勒的注意，达尔少校随后被召集前往希特勒的"狼穴"汇报。于是他在戈林那里听到了一些令他感到非常不可理解的事情，例如高层有人怀疑有部分战斗机飞行员在看到轰炸机群后就转向跳伞，试图避开惨烈的空战（事实上这是没有道理的怀疑，达尔明确指出在6000－8000米作战高度跳伞的危险性，同时

第一章 德国空军的突击重骑——突击大队

美军射杀跳伞德军飞行员的情况也开始出现,为此达尔也向戈林提出不要让党卫军介入双方空军战俘问题,否则美国人的报复是必然的)。而希特勒更是对战斗机部队丧失信心,甚至想用高炮部队来完全替代战斗机部队!即便戈林现在也自身难保,他专门嘱咐达尔向希特勒汇报完后再向他来做个报告,达尔突击大队的战果同样成为了他的救命稻草。希特勒对于突击大队的勇气和作战效率表示了赞赏,也对黑色13日的惨重损失表示了关注,而达尔也抓住机会当面提到了当时被视为禁忌话题的Me 262,毕竟如果突击大队能装备这种火力更猛、速度更快的战斗机,那么完全可以在被美军护航战斗机缠住以前就完成突击。至于达尔这次汇报的效果究竟如何也很难给出明确评判,关于Me 262的分配以及作战情况在下文将具体展开。

9月22日,JG 300再次转场到芬斯特瓦尔德,随后在9月27日和28日两天都和美军展开了激战。美军参谋长联席会议是在1944年9月23日正式批准斯巴兹的战略轰炸计划,德国的燃料工业列于第一位,弹药和车辆制造厂并列第二。而即便此时已经非常强大的美国陆航,要想有效攻击德国的燃料工业也是困难重重的,在开始阶段更是遭受到了惨重损失。27日,美军出动1100架以上的重型轰炸机轰炸洛维格哈芬(德国第二大石化工业区)和科隆。这天德军3个突击大队第一次联合行动,他们捕获了美军第2航空(轰炸机)师的编队,该师下属4个B-24轰炸机联队,是美军在欧洲战场最主要的B-24轰炸机部队之一,由于美军这个师的部分盒子编队和护航战斗机群临时失散而遭到了德军战斗机群的猛烈围攻。德军在德国中部空域成功展开了对该师下属的盒子编队的突击作战,首先是IV./JG 3"乌德特",他们宣称击落击伤17架B-24,

■ 几名德军军官正在查看被击落的美军B-17轰炸机,机身上遍布的弹洞告诉人们这架飞机遭到了多么严重的打击,特别是其机头部位。

决死天空 二战末期德国昼间空战

紧跟着Ⅱ./JG 300宣称击落击伤21架,最后是Ⅱ./JG 4,击落大约25架重型轰炸机。美军第445轰炸机大队在27日的损失最为惨重,出动的38架B-24中26架没有能够返航,这是美军战略轰炸机部队在整个二战中最惨重的大队损失。德军突击大队这天的自身损失也不小:Ⅳ./JG 3有5名飞行员负伤,Ⅱ./JG 300损失了7名飞行员,Ⅱ./JG 4约有13架战斗机被击落,7名飞行员阵亡或者失踪,其中包括元老突击飞行员7中队长奥特玛·策哈特中尉,他的队友回忆看到了这架黄色2号在进行第二次突击的时候突然失去高度,急速下坠,关于策哈特中尉的下落从此再没有任何线索,只能记录为失踪。

28日,美军继续大规模空袭,第8航空队出动1000架重型轰炸机轰炸劳宇纳(德国第一大石化工业区),遭到德军强大高炮火力的攻击。德军3个突击大队也再次联合出击,他

■ 在9月27日的战斗中,Ⅱ./JG 300宣称击落击伤21架B-24,图为当天击落2架轰炸机的恩斯特·施罗德候补军士。

们的目标是空袭马格德堡附近的美军第1航空(轰炸机)师的B-17机群,当天主要承受德军猛烈突击的是第303轰炸机大队。这次由Ⅱ./JG 4打头阵,Ⅳ./JG 3紧随其后,Ⅱ./JG 300再次,德军战斗机部队和高炮部队总计宣称击落击伤了29架B-17(303轰炸机大队记录损失了11架),而3个突击大队总计损失了22架战斗机和17名飞行员,和美军相比,德军的战损率高得多。总体而言,这两天德军记录和美

■ 位于劳宇纳的石化工厂,被美军轰炸机轰炸后燃烧的残骸。

第一章 德国空军的突击重骑——突击大队

■（上）在德军战斗机部队日渐衰竭的同时，希特勒青年团的孩子们被大批塞入了德军地面防空部队，此时他们正在学习如何用高射炮对付盟军的轰炸机。
■（下）"乌德特"联队长海因茨·拜尔少校。

军记录的差别和以前相比小了很多，美军这两天总计损失了62架轰炸机，还有至少13架无法修复。

在这段时间，JG 3"乌德特"联队也正式从法国前线回到德国本土，加入本土防空作战，这个联队在近期的诺曼底西线作战期间损失也相当惨重。9月29日，"乌德特"联队长海因茨·拜尔少校亲自拜访了莫里茨上尉的Ⅳ./JG 3"乌德特"突击大队，通知他这个突击大队必须回到自己的母联队。于是达尔少校手下最为得力的"乌德特"突击大队将要重新划归JG 3指挥，不过一直独立于JG 300指挥之外的Ⅲ./JG 300也差不多同时回来了，达尔少校的JG 300依然拥有3个大队，只不过Ⅲ./JG 300此时还只能作为护航大队。到10月15日，JG 300获得了第4个大队——来自第76驱逐机联队的1个大队，这个大队由奥福特丁格上尉指挥，下属的驱逐机飞行员实战经验丰富，战术基础都很扎实，因此相对容易完成改训任务。他们首先换装Bf 109，很快就改为Fw 190，成为JG 300的一支重要作战力量。此时JG 300各个大队都部署到了位于美军护航战斗机有效作战半径极限的莱比锡、波茨坦一带，这样可以避免在突击大队升空集结或者返航期间遭到美军的打击,而在这种时候进行空战对于德军是极为不利的,因此损失往往也是最大的。9月底恶劣的天气使得德国本土空域获得了一段时间的安宁,不过很快在10月份盟军猛烈的空袭将继续展开。

10月6日,Ⅳ./JG 3"乌德特"突击大队升空迎击美军第1航空(轰炸机)师的超过400架B-17组成的机群,

■ 坐在机舱中的5中队长布莱特施奈德少尉。

但是在他们能接近美军轰炸机群以前就遭到了已有防备的美军护航野马机群的截击,很快就被击落了2架Fw 190,另有多架被击伤。经过此番苦战,剩余的突击大队战机不得不返航补充燃料弹药,至少2架战机由于伤重在迫降时毁损,其中一名原为最初突击中队成员的格哈德·威弗洛克斯技术军士身负重伤,3周后在医院不治身亡。与此同时,突击大队Ⅱ./JG 4在其兄弟Ⅲ大队护航下负责拦截空袭柏林区域的美军第3航空(轰炸机)师的B-17机群。他们在布兰登堡和波茨坦空域发现美军机群后急剧机动转弯咬住了轰炸机群的尾部展开突击猎杀。Ⅱ./JG 4宣称获得了22个B-17战果,但是他们的损失也再次证明了突击大队战术的危险性:7名飞行员阵亡(其中有1名是原突击中队成员鲁道夫·麦茨少尉),3人负伤。第二天,Ⅱ./JG 300再次升空拦截美军的轰炸机群,5中队长克劳斯·布莱特施奈德少尉在击落2架B-17后撞击了第3架B-17!该大队最后宣称获得8个战果。Ⅳ./JG 3"乌德特"这天宣称击落击伤8架B-17,自身没有损失。Ⅱ./JG 4(宣称获得7个战果)和Ⅱ./JG 300则各有2名飞行员阵亡。除了这两天获得一定战果的作战之外,这几个突击大队在10月随后的日子里基本没有能够继续大规模出击,而美军第8航空队的大规模空袭则一直在继续。造成突击大队"沉默"的原因主要是这段时间持续的损失使得这些大队需要进行休整,补充人员和装备,而此时尤其是突击飞行员的训练补充已经不堪重负,无法弥补惨重的前线损失。例如Ⅱ./JG 4的1个中队这时只剩下4名飞行员,而Ⅱ./JG 300从6月份以来总计有73名飞行员阵亡、2人失踪、32人负伤,此外油料供应也越来越紧张。相对于人员和燃料问题,德国空军的装备补充情况则相对较好,因为德国的军工生产实际上在这段时间开始

第一章　德国空军的突击重骑——突击大队

■ 1944年11月30日，帝国元帅戈林视察约特伯格基地。左起：基地指挥官麦提希上校，帝国元帅戈林。正在向戈林汇报的就是达尔少校。

达到顶峰，例如Ⅳ./JG 3"乌德特"突击大队在10月期间就获得了至少56架Fw 190的补充。

针对当时德国空军的困难而言，突击大队这种战术还是具备相当的应用价值，因此得以在德国空军推广，一些普通战斗机大队在实战中也往往会采用编队进攻的战术。虽然突击大队的战损同样高昂，不过取得的重型轰炸机击落记录也明显高于普通战斗机部队。有统计表明，为了达到同样的战绩，普通战斗机部队需要的战斗机数量至少4倍于突击部队。因此突击部队的战斗效能是此时德军昼间战斗机部队中最好的，随后的一些战例也继续证实了这一点：例如10月6日，由Ⅱ./JG 4和JG 300组成的突击编队再次取得较为不错的战绩，击落了第385轰炸机大队的大约11架B-17。这种拼命战术决定了在实战中直接撞击的情况屡次出现。此后到1945年初，德国空军在"野猪联队"创建者赫尔曼上校的提议下开始组建"易北特别指挥部"，即所谓撞击战斗机部队，采用比突击大队更为惨烈的类似于自杀进攻的撞击战术来攻击美军重型轰炸机。因为突击大队的编队集体作战需要大量至少具备一定空战技术的飞行员才能共同完成，随着德国飞行员的高比例损失，训练补充都无法跟上，菜鸟的技术越来越差，即便正常起飞降落中的撞机事故也频频发生，他们很难完全胜任集中编队突击这种高难度战术。同时美军对此的护卫能力也越来越强大，那么德国空军究竟还能怎么办呢？这将是1945年后的故事，撞击部队的具体情况将会在后文具体描述。德国本土血腥的昼间防空作战还将继续升温，因为随着德军越来越多的战斗机联队的回归，到11月份，德国上空将上演更为激烈的殊死搏斗。

决死天空 | 二战末期德国昼间空战

第二章 覆灭上演——德国空军昼间战斗机部队11月作战全记录

1944年11月,德国本土已经逐步聚集起来一支庞大的战斗机力量,昼/夜间战斗机联队达到10余个,隶属第1战斗机军(划归中部最高空军指挥部,即帝国航空队指挥)的有生力量达到了昼间战斗机695架、夜间战斗机633架的规模。从联队部署和作战准备情况看,在德国西线的主力依然是2个海峡联队:JG 2 "里希特霍芬"和JG 26 "施拉格特",这2个联队此时隶属于第2战斗机军,该战斗机军划归德国西部空军司令部(1944年9月由第3航空队改编)指挥,担负西线防空和地面支援任务。此外,夜间战斗机联队也大多部署在这一线对抗英国皇家空军的夜间空袭,主力为NJG 1、NJG 2、NJG 3、NJG 5、NJG 11等(NJG意为夜间战斗机联队),在德国南部部署着JG 53 "黑桃心"和NJG 6;而此刻主要由第1战斗机军指挥的昼间战斗机部队的主力则聚集在德国中(东)部地区,担负本土防空任务。其中具备出击能力的联队包括JG 3 "乌德特"、JG 4、JG 27、JG 300、JG 400(装备Me 163)等,同样部署在这里的JG 1 "奥绍"、JG 6、JG 11、JG 77 "红桃心"、JG 301这几个联队则处于休整状态,其中部分力量暂时无法执行空战任务。例如JG 1 "奥绍"自打从损失惨重的法国前线撤回本土以来,不得不补充了大量没有空战经验的新手,其中有的来自于轰炸机或者侦察机部队,大部分人只接受

■ 位于格尔森科尔辛的1座遭到美军轰炸而被荒废的炼油厂。

第二章 覆灭上演——德国空军昼间战斗机部队11月作战全记录

■ 1944年5月11日在空战中阵亡的JG 1联队长奥绍上校。

了短期的战斗机飞行训练,他们必须逐步适应从飞多台发动机的大型飞机到单台发动机的战斗机的巨大转变。另外值得一提的是,"奥绍"的名字是为了纪念此前1944年5月11日在空战中阵亡的JG 1前任联队长奥绍上校,这位德国空军的著名王牌和优秀指挥官于1943年10月接任JG 1联队长,最后其个人战绩为125架(其中8个是二战前在西班牙战场获得的)。此外组建中的JG 7(装备Me 262)等也将逐步完成作战准备。德国本土终于拥有了一支庞大的战斗机力量,这个区域也将成为接下来11、12月大空战的主要舞台,各个出击的战斗机联队将共同防卫美军庞大空中力量的进攻,也不得不面对极其惨重的损失。

11月2日:无比惨痛的一天

这天清晨美军第8航空队的2个轰炸机编队穿越荷兰海岸线向东直指德国境内,其中1个由267架轰炸机组成的编队的目标是格尔森科尔辛和卡斯特罗普-劳克塞尔的燃料加工基地;另一个由208架B-24组成的机群直奔比勒费尔德空域。除此之外,由683架B-17轰炸机组成的主力机群则直插德国中部腹地,他们的目标是梅尔斯堡东南约4公里的劳宇纳燃料工业基地,该基地在这段时间里成为盟军的一个重要目标。白天进攻德国腹地的大规模美军轰炸机编队对于此刻的德国而言并非什么异常的情况,但是这天却很特别,因为这次的轰炸机编队周围围绕着比往常更加强大的护航战斗机群,美军出动了第8航空队的约600架P-51和第9航空队的300多架P-38,总计有968架战斗机为轰炸机群护航。很显然,出动如此规模的战斗机群,除了护航任务以外,其更主要的目的就是为了在空中打击德国空军的战斗机部队!

在美军轰炸机群开始空袭之前,部分P-51小编队已经从云层缝隙中发现了德军的1个战斗机机场,于是毫不犹豫地立刻开始低空攻击那些停在机场上的战斗机,这是当时羸弱的德国空军时常面对的一幕。遭到袭击的机场名叫玻克海德(位于波茨坦以南),当时是Ⅰ./JG 300的基地。美军的突袭取得了相当大的战果,因为此时机场上停着一排处于准备出击状态的战斗机,根据一份私人记

决死天空　二战末期德国昼间空战

录,总计有25架Bf 109被完全摧毁,19架严重受伤。这些数字明显偏高,但是可以确定的一点是,这个大队还没有升空就已经在地面上被击垮,因为战斗机座舱中已经坐着部分飞行员,这些人中的大多数非死即伤!该大队彻底丧失了战斗力,JG 300也因此受到重创,此后的1周内整个联队都无法升空作战,而这个损失成为该联队在11月2日的唯一记录,这也是德国空军在当天经受的惨痛损失的开始。

■ 美军的B-17轰炸机编队。

德国空军当天总计大约有500架战斗机起飞迎击美军机群,其主要拦截目标是飞往德国中部的轰炸机群。此时德国萨克森空域除了一块空隙以外几乎完全被厚厚的云层覆盖,云层下方的能见度只有3－5公里,这样的天气状况对于防空作战是非常不利的。此外,恶劣天气的前锋也已经逼近莱茵－美因空域,导致负责该空域防空的JG 2"里希特霍芬"出动的战斗机群没能捕捉到美军机群,加上其他的一些原因,实际上当天德国空军真正和美军交战的战斗机数量只有大约300架。

中午时分,美军第3轰炸机师的机群抵达目标空域,莱恩少校指挥的第55战斗机大队很可能是第一个和德国空军发生接触并进行激烈战斗的美军单位。该大队宣称击落了遭遇到的19架德军战斗机中的3架,自己损失了1架野马。随后第1航空师下属的由普莱迪斯少校指挥的第352战斗机大队也在12时21分左右遇到了德军战斗机群,双方展开了激烈格斗。其中布赖恩上尉宣称自己击落了5架德

■ 一幅惊心动魄的照片:1架正在攻击美军轰炸机编队的Fw 190D-9"长鼻子多拉"几乎和美军轰炸机投下的炸弹平行下坠。

第二章 覆灭上演——德国空军昼间战斗机部队11月作战全记录

机,到352战斗机大队返航的时候,他们已经击落了38架德军战斗机!此外美军第20战斗机大队也击落了28架,其中蒙哥马利中尉个人包办了3架。11月2日整天美军自己统计的战果为134架确认击落,3架可能击落,25架击伤,而美军的损失只有8架野马。

德军方面取得一定战果的主要是Ⅳ./JG 3"乌德特"和Ⅱ./JG 4这两个突击大队,他们总计出动的61架Fw 190A-8/R2和A-8/R6,在空战中宣称击落了30架轰炸机,但也为此付出了超过20架战斗机被击落的代价!这2个刚刚勉强得到一定休整补充的突击大队再次遭到毁灭性打击。莫里茨上尉的Ⅳ./JG 3于11时30分起飞,在和装备Bf 109的Ⅰ、Ⅱ大队会合后,在地面指挥部引导下向美军轰炸机群飞去。30分钟后他们目视发现了目标,此刻护航的2个Bf 109大队已经陷入了和越来越多的美军战斗机的苦战。莫里茨上尉率队勉强继续用突击战术攻击了美军轰炸机群。Ⅳ./JG 3当天总共损失了15名飞行员,有4人负伤跳伞成功,其他11人阵亡或者失踪,其中包括第14中队指挥官、刚刚获得骑士勋章的戈斯少尉。当时他驾机撞击了1架美军重型轰炸机,虽然他成功地在撞击前就跳伞脱离,但降落伞没有打开,这位已经取得30个空战胜利的骑士勋章得主因此阵亡。戈斯少尉的2个部下也在空战中被击落,其中库特纳中士再次负伤跳伞,之前他曾在8月份的美军空袭中被炸伤。

当天Ⅱ./JG 4以及JG 4联队指挥部机组从威尔佐基地起飞,穿越浓厚的云层,大约在20分钟后到达马格德堡附近空域,他们目视发现美军机群(主要为美军第91和457轰炸机大队的机群)后即刻展开突击作战。德军战斗机拼尽全力突破了美军战斗机的拦截和轰炸机

■ 左侧这幅照片显示了美军第384轰炸机大队的1架紧急迫降的B-17G的尾部,右侧这幅布满气流的照片则形象地记录了美军护航战斗机群和德军战斗机的壮观空战场景。

决死天空　二战末期德国昼间空战

■ 1944年在德国雄高的1架Fw 190 A-8/R2。这架战机很可能是15/JG 3的中队长奥斯卡·罗姆少尉的"Yellow 15"。这架飞机加装了包括被称作"Scheuklappen"的附加装甲以及座舱盖上的玻璃板。

群炙热的自卫火力,取得了一定战果。他们的"撞击兽"们最终突入美军重型轰炸机机群,顷刻间1架B-17就被命中,2台发动机开始熊熊燃烧,迅即坠落,这个战绩属于马克豪夫中尉。与此同时,希勒中士也成功击落了1架重型轰炸机,但是背运的第5中队中队长约格尔上尉的白色5号却被这架坠落中的轰炸机"命中",双双坠毁。突击大队的近距离强突战术的危险和残酷由此可见一斑。随后第7中队的豪斯特少尉的战斗机也被命中,不过他成功脱离燃烧中的战斗机跳伞逃生,但是他的队友,还不到20岁的基尔皮西中士就没那么好运,这位菜鸟坠机于大山之中阵亡。另外该中队的福尔廷一等兵也在空战中被1架野马击落,最终坠机身亡。德军战斗机被击落的同时,美军轰炸机也在不断往下掉,天空中激烈缠斗的机群在不断绽开的降落伞的映衬下继续着死亡角斗,双方已经不分彼此地纠缠在一起,这是怎样的混战啊!战斗结束后,Ⅱ./JG 4损失了9名飞行员,其中6人阵亡或者失踪,战损率几乎达到了一半。

在突击大队陷入苦战的同时,Ⅳ和Ⅲ./JG 4这两个普通战斗机大队则在阿尔特瑙和芬斯特瓦尔德空域遭遇到了美军野马机群,双方展开了空中格斗。装备Bf 109G-10/G-14的Ⅲ./JG 4有3名飞行员阵亡,其中布吕根梅耶中士是在准备降落的时候被1架野马击落的。10./JG 4的杰森中士成功跳伞后成为当天德军少数没有受伤的幸存者之一。驻扎在蔡尔伯斯特的Ⅳ./JG 4当天付出了6名飞行员的代价,其中5人阵亡。而驻扎在德骚的Ⅰ./JG 4则是当天该联队损失最小的大队,只有2名飞行员负伤。但是对于JG 4整个联队来说今天是黑色的,损

第二章 覆灭上演——德国空军昼间战斗机部队11月作战全记录

失20名飞行员的代价对于1个联队而言是高昂的。

当完成空袭劳宇纳任务的美军轰炸机群以及第3航空(轰炸机)师的前锋机群开始返航的时候,他们再次组成了一个庞大的编队,此时美军飞行员认为他们已经成功抵抗了德军大部分战斗机的攻击,经受了生死考验。然而,满心希望能安全返航的美国人却不得不面对德军再一次的死亡洗礼,不同的是,这次的主角换成了地面高炮部队——德军第14高炮师成功击落了32架重型轰炸机,击伤了一大批。值得一提的是,美军第447轰炸机大队的1架B-17G在遭到严重损伤后依然支撑着回到了英国的基地,而完成这个几乎不可能完成任务的领航员费米耶少尉在成功降落后不久就因为伤重不治身亡,为了表彰这位英勇的战士,美国国会向他追授了荣誉勋章。

美德双方的空中角斗还在继续,银光闪闪的野马机群遍布德国中部空域,1架接1架不停地击落德军战斗机。Ⅰ./JG 3装备Bf 109G-14型战斗机,他们从阿谢斯勒本基地起飞,作为高空战斗机大队担负抵抗美军战斗机的重任。在空战中第3中队的碧莱克技术军士驾驶着受伤的战斗机进行机身迫降成功,负伤幸存。1中队中队长兹威廷宁中尉驾驶着受伤的Bf 109G-14也同样幸免于难,玛夏罗威兹技术军士则不得不跳伞逃生。该大队当天总计损失了9名飞行员,其中4人阵亡、5人负伤。6./JG 3的贝克少尉和穆勒中士都在空战中随着他们的战斗机一同坠毁,Ⅱ./JG 3当天损失的13名飞行员中还包括大队长库沙上尉,共有11人阵亡。加上前文叙述的突击大队的损失,刚刚完成休整重新投入本土防空作战不久的JG 3"乌德特"联队再次遭到了惨重打击。恶劣的天气、技术问题和飞行训练不足也是当天德军蒙受高昂损失的重要原因,例如在出击升空集合的过程中,2./JG 4加斯曼中士的黑色12号就和他的队友舒尔茨中士的Bf 109撞在一起,幸运的是2人都跳伞成功。而Ⅱ./JG 4的弗兰克技术军士也在起飞时和另一架战斗机相撞,2名飞行员全部丧生。

这天真正遭受到毁灭性打击的战斗机联队是接下来要具体描述的JG 27,此前该联队

■ 燃烧-解体-坠落,又一架美军重型轰炸机难逃这样的悲惨命运,这幅照片显示的这架解体的B-17是被德军地面高炮命中的,时间就是1944年11月2日。

决死天空 | 二战末期德国昼间空战

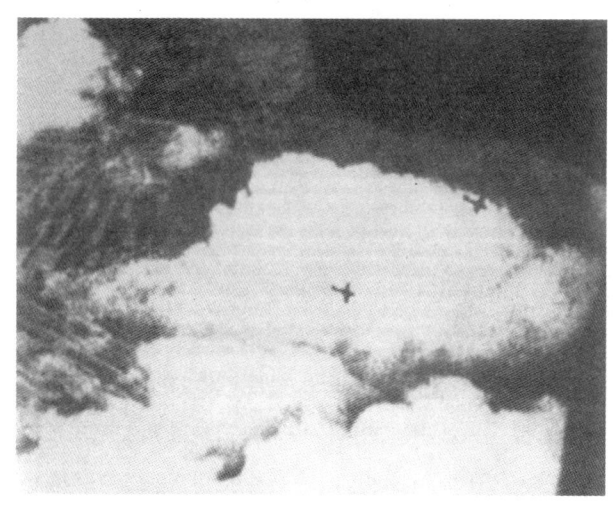

■ 美军1架B-17机组人员从舷窗拍摄的1幅照片,显示了2架德军战斗机正从这个轰炸机编队下方快速穿越。

几乎在德军所有的战区都派驻过,此刻它在联队长鲁德尔上校指挥下负责德国中部空域的防卫。从1944年10月开始,JG 27的4个大队全部进驻到萨克森地区,今天是他们第一次大规模升空执行德国中部的防空任务,却迎来了联队历史上最为黑暗的一天。JG 27在莱比锡空域遭遇到大批美军野马战斗机,整个联队不得不放弃攻击美军轰炸机群的任务转而投入了空战。埃歇尔-施特莱伯上尉指挥的Ⅰ大队装备的是Bf 109G-14,他们起飞后不久就遭到了美军战斗机群的攻击,Ⅲ和Ⅳ大队的情况也基本相似。

JG 27的Ⅲ大队是德军第一个换装Bf 109K-4型战斗机的大队(该联队的其他大队要到年底才完成换装),他们从10月份开始陆续获得了这种新飞机。Bf 109K-4改用了新的DB 605D型发动机,爬升率达到14.1米/秒,高空最大空战速度为670公里/小时,标准武器装备包括2挺MG 131型机枪和1门MK 108型30毫米机炮(该系列其他改型例如K-6或者K-14等还在机翼下加装了2门MK 108型机炮)。这个新机型于1944年10月开始正式上线生产,估计到战争结束总共生产了超过1500架。但是新的战斗机并没有给JG 27带来任何好运气,空战开始后不久,Ⅲ大队第10中队中队长恩斯特·戈佩特上尉的Bf 109K-4"红色11"号首先在劳宇纳上空被击落,随后第9和10中队的其他2名队友也相继被击落。

除了劳宇纳,该联队其他重要的空战区域集中在梅尔斯堡、莱比锡、蔡尔伯斯特和纳姆堡上空,在萨克森和图林根州的其他空域也发生了一些空战。面对实力占优的美军战斗机群,德国人不得不拼尽全力抵抗。无线电通讯中,"命中"、"迫降"、"跳伞"的呼叫此起彼伏,几乎没有停歇的时候,那些还在空中激战的飞行员根本无暇顾及坠机或者跳伞的战友。JG 27原有的攻击轰炸机群、防卫德国空域的任务在此刻已经变得遥不可及。在激烈的空战中,Ⅰ大队损失了11名飞行员,全部阵亡或者失踪,其中温克勒中尉的1中队在哥特和蔡尔伯斯特空域就损失了5人,而3中队阵亡的2名飞行员都是因为降落伞没有及时打开;凯勒上尉的Ⅱ大队当天损失轻微,只有1名飞行员阵亡、2人受伤,其中第8中队中队长雷菲尔德上尉在降落的时

第二章 覆灭上演——德国空军昼间战斗机部队11月作战全记录

候飞机失控,跳伞后负伤;Ⅲ大队和Ⅳ大队分别损失了9人和15人。JG 27当天总共有25名飞行员阵亡、1人失踪,12名受伤的飞行员中有1人在第二天伤重不治,一天内总计损失38名飞行员,这对于1个联队而言几乎是致命的打击。

11月2日,德军在空战中的飞行员损失记录为98人,2个突击大队占了24人,而第1战斗机军的全部战斗机损失记录为120架,其中突击大队30架,而美军方面的记录为击落134架德军战斗机。再来看美军的损失,美军的官方记录损失了40架重型轰炸机,其中26架被德军战斗机击落,损失较大的轰炸机大队为:第457大队9架,第91大队12架,他们的共同点是都遭遇到了德军突击大队的重击。此外,受损的轰炸机数量达到了580余架,而护航战斗机的损失为28架。

毫无疑问,德军的突击大队是主要的战绩获得单位,其中JG 4的突击大队宣称击落6架轰炸机,而Ⅳ./JG 3则宣称击落了21架B-17,于是这两个大队的宣称战果就达到了27架。如果再加上德军其他战斗机联队的战果,那么德军战斗机部队的击落记录就达到了大约50架重型轰炸机。此外,不能忽略的还有德军高炮部队宣称击落的32架重型轰炸机,那么德军当天总计击落的轰炸机超过了80架,1倍于美军的官方损失数字!比较美德双方的作战记录,数据存在误差是明显的,但也是正常的,毕竟宣称击落数和对方实际损失数必然会有出入,分析其中的原因,不外乎以下几点:首先在如此激烈的空战之中,击落、击伤、故障等各种状况是那些精神上高度亢奋的飞行员们无法清楚区分的,尽管有些德军战斗机上装有摄像枪,但是命中美军轰炸机和最终击落之间往往有着很大的时间差,忙于应付美军战斗机而勉强获得攻击机会的德军飞行员在一击完成后首先要做的不是确认战果,而是即刻开始接受美军战斗机的挑战;另一个造成双方统计误差的原因则是美军的损失统计如同其战绩统计一样十分复杂,损失统计的项目包括"失踪"、"损失"、"击落"、"坠落"、"(非目标上空)失踪"、"没有返航"、"至今没有返航"、"情况不明"等等,而很多资料引用的损失数据可能仅仅是"确认

■ I./JG 27的梅塞斯密特们正在准备起飞。

决死天空　二战末期德国昼间空战

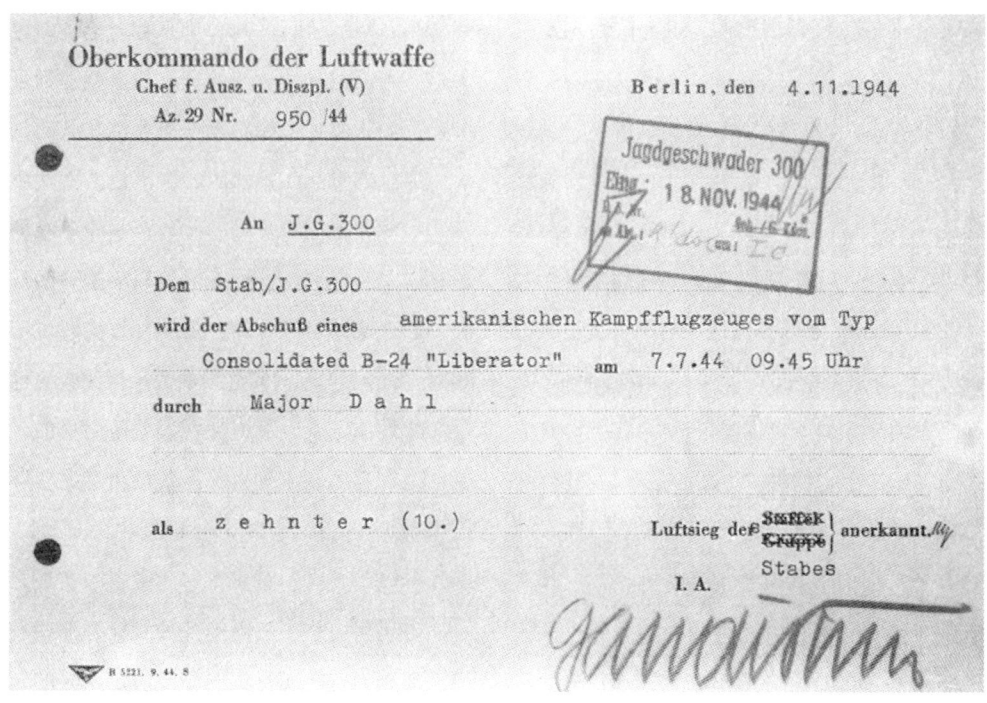

■ 这是一份德国空军最高指挥部签发的击落战果确认书，时间是1944年11月4日，确认JG 300联队指挥部的达尔少校（联队长）于1944年7月7日9时45分击落美军1架B-24"解放者"重型轰炸机，同时这也是该指挥部机组的第10个战果。获得这份确认书需要的文件材料包括达尔本人的作战报告，其他3人提交的目击证明报告等。

损失"的数字，而由此引起的和德军记录的误差也是显而易见的；此外，美军重型轰炸机强大的抗打击性能也是重要原因，最简单的例子就是那些"奇迹般"返航的轰炸机，很多重型轰炸机几乎被打得遍体鳞伤，却依然摇摇晃晃地挣扎飞回基地。这样一来，即便这架飞机伤重到无法修复也不会列入被击落清单，而是列入各种不同受损等级的统计数字。而德军飞行员则可能已经把这架飞机统计为自己的战果。同样，德军的战损记录也存在各种问题，尤其战争末期更是比较混乱，倒是飞行员的伤亡失踪数字比较明确。而从实际情况看，有时候德军损失的战斗机数字很可能高于损失的飞行员数字，因为有的飞行员虽然被击落，但是安全跳伞逃生后毫发无损，可以立刻返回继续参加一线作战。因此要想完整地统计出交战双方每次空战的实际损失数字是极其复杂而且困难的工作，或许根本无法得出确切的结论，但是通过比较双方一些相对确定的数字还是不难得出具体战果的大致概念。

总结这天的空中血战，毫无疑问的一点是德国空军在付出了惨重的代价之后取得的战果却无法令人满意，他们根本不能抵御满天的美军战斗机/轰炸机群。德国昼间战斗机部队遭到了难以承受的损失，例如JG 27当天

第二章 覆灭上演——德国空军昼间战斗机部队11月作战全记录

■ 降落中的德军主力战斗机：Bf 109和Fw 190，德军机场往往刚刚送走一批战斗机后就要做好迎接返航战斗机的准备，因为很多德军战斗机在空战尚未开始或者刚刚遭遇到敌军的时候就不得不提前返航，原因大多是油料耗尽、机械故障以及空战损伤等。

的损失数字几乎等于他们在北非战场2个月的战损总数！而11月的空中血战这才刚刚开幕。

11月21日：恶劣天气下的苦斗

虽然德国空军经历了11月2日的惨痛打击，但是严峻的战争现状逼迫他们在疗伤的同时还必须准备新的作战行动。11月期间德国空军的"重击"作战计划开始进入准备阶段的实质运作，众多战斗机联队在德国本土聚集起来，准备进行一场规模巨大的作战行动。但是11月2日的沉重教训使得德国人意识到，大规模防空作战问题重重，天气状况、敌军态势的影响都会令作战成功性无法保证，这使得这段时间德国空军一直关注的"重击计划"更加变得不切实际，而希特勒更是决定以后战斗机部队将根据不同的情况随机出击，即便是小编队行动也可以，不需要再让各联队协同搞大规模作战。在此期间德国空军还发生了一件对其意义重大的事件：鉴于德国空军内部尤其上层和战斗机部队的团结协同已经问题重重，为此戈林不得不在1944年底提出建立一个由30名前线指挥官组成的"空军议会"来协调部队之间的关系。11月6–12日在柏林举行的所谓"阿勒约帕哥"会议就是为了缓和空军内部尤其是战斗机部队和戈林之间愈演愈烈的矛盾，与会者除了戈林，还包括第1战斗机军指挥官施密特中将、吕佐上校、夜间战斗机部队总监施特莱伯中校，以及包括JG 27、51、77、NJG 4等联队长在内的38位当时战斗机部队的

决死天空 | 二战末期德国昼间空战

重要指挥官们,因此该会议也被称为"王牌会议"。其间已经被打入冷宫(在没有接替者以及完成交接的情况下就被命令休假)的战斗机部队总监加兰德将军也参加了这个会议,以后将指挥"底板行动"的佩尔茨将军(属于轰炸机部队)代表戈林首先发言。参加会议的战斗机部队指挥官的核心目的原本是希望能解决当前德国空军尤其是战斗机部队的种种问题,但最终这个目的并没有能够达到。那些指挥官们的尖锐意见根本没有机会提出,会议的核心议题转移到即将展开的西线空中反击计划。到1945年1月,"底板行动"的惨败使得戈林和战斗机部队指挥官之间的矛盾最终激化,甚至出现了被称为针对戈林的"王牌哗变"会议,加兰德、吕佐、施坦因霍夫等一批原战斗机部队的核心人物或被贬职,或被解职,当然这也成了加兰德的JV 44战斗机中队(即"明星"中队)这个传奇王牌部队的诞生契机。这段时间内美军的大规模空袭也因为天气原因中断了几次,而德国空军更是没有大规模的出击记录,除了天气原因,在11月2日遭受了迎头痛击的德国空军似乎还没有缓过神来。

11月18日,美军的重型轰炸机群没有出动,仅仅派出了大批P-47和P-51飞往德国东南空域执行战术攻击任务。JG 53"黑桃心"的Ⅱ、Ⅲ两个大队升空迎击,Ⅱ大队在卡尔斯鲁厄上空和美军遭遇,5中队的巴夫斯技术军士阵亡,威策尔技术军士以及8中队的费舍尔技术军士的座机被击落,跳伞后安全着陆。Ⅲ大队的损失也差不多,12中队的库普芬德少尉失踪,11中队的绍姆霍夫跳伞逃生,而10中队的普拉舍克在跳伞后负

■ 德国空军在盟军优势空中力量打击下损失惨重,这两幅德军战机残骸以及坠毁的遗迹照片忠实地从一个侧面记录了这段历史。

第二章 覆灭上演——德国空军昼间战斗机部队11月作战全记录

伤。该联队Ⅳ大队则在最近3周中损失了大队长莫尔上尉和1名中队长卡尔中尉，另有7名飞行员阵亡，2人受伤。当天美军的记录则显示了很不错的战绩：空中确认击落26架，地面确认摧毁69架，自己的损失只有2架P-47和5架P-51被击落，2架P-51重伤无法修复。

11月21日，美军的大规模空袭中断了几天后，再次出动了954架战斗机护卫1291架重型轰炸机空袭德国。当天的天气状况依然很糟糕，目标空域下着大雨，整个天空乌云笼罩，厚厚的云层（云层覆盖度达到80%）严重影响能见度，只有在靠近地面的高度能见度才勉强达到5公里左右。德军第1战斗机军的约400架战斗机都在机场等待出击命令，其中部分飞行员已经坐在机舱中随时可以起飞，然而出击命令却迟迟没有下达。很多菜鸟飞行员们都不清楚原因是什么，实际上从1943年冬季开始，在恶劣天气不出击已经成为昼间战斗机部队的不成文规定，因为他们的战斗机缺乏合适的无线电通讯以及导航装备，而机场在恶劣天气下的起降导引也存在很多问题；另一个重要原因是新飞行员连普通的飞行训练都不足，更不用说在恶劣气候条件下升空作战了，这种仓促出击不过是徒增无谓的伤亡。到此刻整个德国空军只有2个昼间战斗机联队具备恶劣天气下的空战能力，就是从夜间单发战斗机联队（即野猪联队）转来的JG 300和JG 301，这2个联队被称为"全天候战斗机联队"。JG 300驻扎在柏林以南的勃兰登堡地区，JG 301则在萨豪、萨尔茨威德、施坦达尔地区。

德军认为美军的目标极有可能是再次轰炸梅尔斯堡地区，由于德国西部的天气状况也非常恶劣，因此德军指挥部认为美军机群

■ 1944年秋季，施坦达尔基地，JG 301的第11和12中队飞行员合影，他们身后是一架Fw 190A-8。

很可能会绕道飞行,然而美军机群的预定航线没有做任何改变,他们将直接穿越恶劣天气区域!直到此时,帝国航空队终于向下属的战斗机师下达了出击命令。对于将要面对惨烈空战的德军飞行员而言,这个命令来得太迟了,这大大增加了他们拦截轰炸机群的难度。首先接触美机的战斗机部队甚至还没能来得及完成编队集合就不得不面对美军护航战斗机群的攻击,仓促投入空战。JG 301装备Fw 190A-9/R11的3个大队很可能是最早报告开始空战的部队,他们的战斗机装备的R11附属套件包含有FuG 125无线电向标接收设备,以便在恶劣天气条件下跟随无线电向标指示导航飞行。Ⅲ./JG 301于10时55分起飞,其他2个大队也紧随其后,当他们接近图林根空域时,突然遭遇到美军第352和359战斗机大队的野马机群的攻击。显然美国人打了JG 301飞行员们一个措手不及,位于高空的Ⅰ大队和Ⅱ大队首先接敌,他们甚至连抛下副油箱的时间都没有就不得不在浓厚的雨云中开始了力量悬殊的血腥空战,很多飞行员连跳伞的机会都没有就随着被击落的战斗机一同坠毁。

1中队的鲍尔技术军士在空战中被打伤,但他依然驾机返回基地并迫降成功,不过战机已经基本全毁。而7中队中队长科莱特施麦尔中尉就没有这么好的运气了,他的飞机遭到多架野马的追逐导致迫降失败阵亡。空战中,连Ⅰ大队大队长布尔格拉夫上尉都阵亡了。显然,JG 301对于他们的最主要目标——美军轰炸机群的攻击效果极其有限,其联队作战记录显示当时只有Ⅲ大队获得了接近美军轰炸机群的机会,然而地面指挥没有把这个采用类似突击大队战术的战斗机编队引导到合适的攻击位置,除了领头长机以外,编队中的其他战斗机都不得不进行角度较大的转弯才能瞄准美军轰炸机,对于采用集体突击战术的Ⅲ大队而言,这样的攻击是很难获

■ 1架被德军击落的美军P-47型战斗机残骸。

第二章 覆灭上演——德国空军昼间战斗机部队11月作战全记录

■ I./JG1队长汉斯·埃勒斯上尉,最终战绩为52架,其中包括重型轰炸机24架,12月27日被1架野马击落。

得成功的。在激烈的空战结束后,该联队统计有10名飞行员阵亡、2名失踪、8人负伤(其中3人跳伞幸存),这个战损率是极其高昂的,这些人中的大部分都成为了美军野马战斗机的猎物,那些缺乏训练和实战经验的德军菜鸟在空战中根本不是美军飞行员的对手。而美军当天的记录是在图林根空域损失了12架轰炸机和9架战斗机。

在此期间,I./JG 300和IV./JG 300也陆续起飞,他们在汉诺威至布伦瑞克空域遭遇了美军野马机群。I大队由于非战斗原因损失了2架战斗机——1架Bf 109G-14在希尔德斯海姆上空很可能被1架2./JG 1的Fw 190A-8

撞击,双双坠落;第二架Bf 109则被己方高炮击落,此外该大队还有1名飞行员受伤。IV大队也损失了3名飞行员,其中2人阵亡。I./JG 1 "奥绍"从戈莱法瓦尔德基地起飞后,在地面指挥部引导下向南飞行。如前所述,这个联队从10月开始一直在休整,这是他们重新补充恢复后的第一次正式出击。10时42分,I大队的57架Fw 190 A-8在大队长埃勒斯的率领下起飞升空,他们在图林根空域接触美军重型轰炸机机群,并遭到了美军大批野马战斗机的攻击。这个新生大队损失惨重,从战后统计来看是当天参战的德军战斗机部队中损失最为惨重的,它至少损失了26架战斗机,20名飞行员阵亡或者负伤,几乎占了整个大队有生力量的2/3。这样的损失是毁灭性的,对于很多飞行员而言,这次休整后的首次出击也成为他们的最后一次任务。其中德姆斯少尉的3中队至少有7架战斗机被击落,4名飞行员阵亡,而中队的大部分飞行员都是新手;第2中队中队长贝格曼中尉在被野马追逐自顾不暇的情况下,根本无力再去帮助手下的菜鸟们,他手下至少有5架战斗机被击落,第4中队则损失了至少6架战斗机,其中只有芬德勒中士成功跳伞逃生。在付出了惨重代价之后,I大队宣称其冲入轰炸机群的战斗机击落了3架B-17,但在和美军战斗机的对决中他们只获得了1个战果。

当美军机群在劳宇纳工业区投下475吨炸弹的时候,只有III./JG 4试图突入轰炸机群进行攻击。但是和JG 1一样,这个大队同样无法完成任务，因为他们也没有机会突破美军护航战斗机的拦截。唯一不同的是这个大队的损失总算还在承受范围之内：1人阵亡、3人受伤。半个多月前受到重创的JG 27这次也奉命出击，它的Ⅱ大队和划归它指挥的原Ⅳ./JG 54（装备Fw 190A-8）相继起飞迎敌。Ⅱ大队此刻已经获得了部分Bf 109K-4，因此该大队的编队混合了Bf 109G-14和Bf 109K-4两种战斗机。他们在鲁尔空域接触美军轰炸机群，但是在这里等待他们的是美军第366战斗机大队的P-47机群。双方在科隆和杜塞尔多夫上空展开了激烈缠斗，美军方面记录他们确认击落10架战斗机，可能击落3架；根据Ⅱ./JG 27的记录，他们损失了5架战斗机，4名飞行员阵亡，Ⅳ./JG 54也损失了5架Fw 190，其中施蒂克斯技术军士和施德拉克霍夫一等兵阵亡，但他们不是被击落的，而是两机在空中相撞。撞机这种突发事故的多次出现，可见德军飞行员此时作战能力问题的严重性。当天Ⅲ./JG 2"里希特霍芬"也至少损失了1架Fw 190A-8。

总结这天德国空军的战斗，依然可以毫无疑问地给出一个结论：一次失败的防御战。即便在已经完全掌握敌方机群行踪的情况下，德军战斗机也无法突破美军护航机群的防卫，更不用说如何在轰炸机群的炙热自卫火力下寻找攻击机会了。美军护航战斗机部队统计确认击落63架战斗机，可能击落7架，这和德军62名飞行员（40人阵亡或者失踪，22人负伤）的战损记录相去不远。美军的损失则是被击落25架B-17，其中4架属于第303轰炸机大队，还有8架重伤无法修复，这些轰炸机主要是被德军高炮部队击落的，护航战斗机部队只损失了15架战斗机。德军最大的问题就在于严重缺乏有经验的飞行员，使其战斗机部队的战斗力和开战之初根本无法相提并论。而造成这样的窘境的根本原因就是在飞行员训练上存在的严重问题。德军原来对于飞行员的储备就重视不足，加上战争后期油料的缺乏导致连正常训练都无法进行，很多年轻的新飞行员连基本的战术能力都不具备就被仓促投入第一线，结果在第一次出击中就成为对手的靶子，徒增伤亡。这反而促成了美军战斗机王牌的诞生，例如第339战斗机大队的杰克·丹尼尔中尉在第一次执行战斗任务中就成为了单日空战王牌。

11月25日和26日：血腥的天空

随着盟军地面部队继续向前挺进，美国陆航第9航空队的战斗机部队不停出击执行对地战术支援任务，迫使德国空军不得不继续投入损失高昂的昼间空战。10月底在Ⅱ./Ⅲ./JG 5两个大队基础上组建了新的Ⅳ./JG 4，该大队在11月2日的空战中遭到了一定的损失，现在他们进驻了莱茵－美因地区。25日这天他们执行了转场后的第一次出击任务，为了掩护己方地面部队和美军P-47战斗机群展开激战，最终损失了5名飞行员，其中第13中队的麦棱中士受伤，劳滕施拉格技术军士阵

第二章 覆灭上演——德国空军昼间战斗机部队11月作战全记录

亡,第14中队也损失了2名飞行员,其中1人阵亡。同在这天,JG 4联队长米歇尔斯基的骑士勋章加上了橡叶。此外,美军在当天出动1000余架重型轰炸机在965架战斗机护卫下进入德国空域执行战略轰炸任务,德国空军没有做好迎击准备,基本上没有进行拦截。美军的损失相对较为轻微:8架轰炸机和6架战斗机没有返航。

当美军第491轰炸机大队的空勤人员在26日一大早听完出击部署,登机飞向德国领空的时候,他们谁也没有想到今天将遭到大队历史上最为惨痛的损失。美军的1137架轰炸机在英国东南空域完成集结后,分成不同波次在732架战斗机护卫下编队飞越海峡,向着

德国内陆挺进,今天他们的主要目标之一将是汉诺威附近的(氢水)军工基地。德国空域这段时间的坏天气也终于转移了,今天汉诺威上空将是一个无云的好天气。对于德国空军JG 301而言,今天同样将是联队史上最黑暗的一天。

良好的天气条件使得德国空军能够及时做好战斗准备大规模出动了,这次他们没有任何迟疑,第1战斗机军和西部空军司令部出动了550架战斗机升空迎击,但是其中有1/4没有捕捉到美军机群。这时美军轰炸机群正以东偏南航线向着德国内陆的易北河方向进发,德军的JG 1和JG 6相继起飞,JG 301也已经做好了最后的出击准备。地面指挥在今天显得有些多余,因为大部分飞行员都不会漏过空中庞大的美军重型轰炸机"盒子"编队。

来自Ⅲ./JG 6和Ⅱ./JG 1(包括联队指挥部小队)的大约80架战斗机联合编队,集中攻击飞临乌尔岑和佩勒堡空域的美军轰炸机前导编队。护航野马机群立刻就聚拢过来进行拦截,双方缠斗在了一起。几乎没过多少时间,Ⅱ./JG 1就损失了5架战斗机,此外在空战中,皮特和辛里希这两个中士的战斗机又撞在一起,2人全部阵亡。Ⅱ./JG 1最终统计证明了他们重蹈了几天前Ⅰ大队的覆辙:18架战斗机被击落,损失了14名飞行员,其中阵亡或者失踪11人,JG 1再次遭受了重创。只有3名有经验的德军飞行员成功突入轰炸机群,各自宣称获得了1个战果,3人中包括联队长

■ JG 4联队长米歇尔斯基。

决死天空 二战末期德国昼间空战

伊勒菲尔德中校,这名参加过西班牙内战的元老飞行员在1941年6月就已经获得了橡叶骑士勋章,1942年4月成为德国空军第五名击落数超过100架的大王牌,并在当年成为JG 52联队长。此后他在一次紧急迫降中负伤,伤愈后转为指挥1个训练联队JG 103,1944年重返一线联队,担任JG 11联队长,后接替阵亡的奥绍上校成为JG 1的指挥官,他在超过1000次战斗出击中最后获得的个人战绩为130个(包括在西班牙获得的7个),其中15架为重型轰炸机。

打退德军的拦截后,美军轰炸机群的前锋开始转向南方,飞越施坦达尔以西,最后再转为向西的航线飞向目标空域。而Ⅲ./JG 6的通讯中已经记录了3名飞行员在萨尔茨威德空域跳伞,这3人最后都负伤幸存,但是第7中队中队长梅耶中尉和他的队友奥波拉卡特中士都被野马战斗机击落阵亡,该大队损失最大的是9中队,他们失去了4名飞行员。全大队最后统计损失12名飞行员,其中6人阵亡。

然后即将上演的就是JG 301的死亡表演。11时40分,Ⅲ大队的第一架战斗机升空,随后JG 301的3个大队分别飞往"古斯塔夫-乌尔里希"、"海因里希-乌尔里希"和"海因里希-特欧德"这3个指挥区域。此刻美军轰炸机群的前锋已经逼近汉诺威,JG 301也在快速接近中,Ⅰ大队已经在无线电中呼叫"敌机群就在我们面前!"JG 301此时奉命转向西南,很快Ⅱ大队和Ⅰ大队就报告陷入了空战。虽然JG 301在布伦瑞克以南就开始遭遇到美军护航机群的攻击,但是依然有部分战斗机(主要是Ⅲ大队)穿过美军防卫缝隙,冲入轰炸机群,这部分恰好就是第491轰炸机大队的编队,于是攻守两方损失最惨的部队开始交锋了。

顷刻间整个天空中布满了子

■ JG 1联队长赫伯特·伊勒菲尔德中校。

第二章 覆灭上演——德国空军昼间战斗机部队11月作战全记录

弹和炮弹的弹道,德军战斗机穿梭在美军轰炸机群之中,一次一次地重复着拉起-转向-攻击,直到最后被轰炸机自卫火力命中,或者冒着浓烟仓皇逃离,或者变成一团火球螺旋坠落;而庞大的轰炸机群中也不断有飞机被命中后燃烧、解体、坠落。一顶顶绽开的降落伞点缀在血腥的天空中,如同死亡地狱中的逃生小岛;发动机的轰鸣,此起彼伏的爆炸和枪炮持续不断的啸叫成为这幕惨烈的空中决斗最好的伴奏。尽管美军战斗机在数量上占据了绝对优势,但他们还是无法完全阻挡住德军战斗机对轰炸机群展开的持续攻击,愤怒的美军飞行员只能不停地爬升俯冲,穿梭于双方的战机之间,竭尽全力切断德军战斗机群的进攻路线,并且拼命追逐那些如同猎狗般死咬轰炸机群不放的德军战斗机。在向轰炸机发起的突击中,海宁和道斯曼这两个一等兵的座机相继被打得凌空爆炸,随后5./JG 301中队长福勒特中尉的Fw 190A-9几乎就在离1架B-24尾部不远处突然起火坠毁,而他还没有来得及开火,因为紧随在他身后的2架野马战斗机的动作更快射击也更精准!第7中队的施达伽特军士、门策尔军士长和罗格尔施普雷格技术军士在萨斯戴特和派纳空域相继跳伞,3人最后都负伤幸存。

■ 1架Fw 190D-9"长鼻子多拉",德军直到战争末期才装备了这型性能不错的飞机,显然为时已晚。

随着时间推移,这些殊死格斗已经延伸到汉诺威上空。第6中队中队长施克中尉的红色1号Fw 190A-9的屁股被1架野马死死咬住,不时地挨上几发子弹,很快,受伤的施克中尉看上去几乎已经无法有效控制飞行动作了,只是凭着求生的欲望驾驶着福克沃尔夫继续作出规避动作,做着最后的垂死挣扎。但是野马显然不会放过受伤的猎物,不到1分钟,这架Fw 190终于掉了下去,施克中尉也随同战机坠毁身亡。在埃姆贝克豪森以东空域,第8中队的缇曼技术军士的Fw 190被击落,他勉强爬出这架蓝色2号跳伞逃生,却不知所踪,直到12月18日人们才找到他的尸体。同一个空域,第3中队的梅耶技术军士也被击落,随着战机一同坠毁在当地的一个家具厂内,亡年27岁的他已经属于中队里面的"高龄"飞行员了。

JG 301的损失还将继续上升,布林克曼

决死天空　二战末期德国昼间空战

少尉和他的队友莱尔克劳兹基以及盖博勒技术军士相继成为野马机群的猎物，Ⅰ大队第4中队1死3伤的结果已经成为整个大队最幸运的单位了。Ⅲ大队第10中队也已经损失了3架战斗机，其中弗朗茨少尉和卡洛斯少尉都在跳伞后活了下来，福格特中士则没能逃脱死亡的命运。当JG 301的悲惨命运告一段落后，战损统计有25人阵亡、14人负伤，一天内失去39名飞行员，是"野猪"联队有史以来最为惨重的损失。但它和11月2日被重创的JG 27一样，JG 301也不得不在经历这样一个悲伤的白天后，继续出击作战。

汉诺威空域的空中大战还没有结束，当美军轰炸机群向汉诺威投下862吨炸弹后开始返航的时候，德军新的一轮攻击马上就要降临了。这次轮到JG 27（JG 26"施拉格特"联队的2个大队也加入了JG 27的编队，在空战中Ⅲ大队损失了2架战斗机，都是被美军第364战斗机大队的野马击落的）和Ⅳ./JG 54的战斗机群了。同样，他们也必须首先突破美军的野马机群，JG 27不得不再一次经历损失惨重的空战。很快5中队就有2架战斗机被击落，其中包括中队长彼特纳少尉，好在他最后带伤自行返回了基地……新的空战区域此刻转到了奥斯纳布吕克上空，7./JG 27的德林少尉负伤跳伞，被及时送到医院，但由于伤势过重一直无法治愈，于1945年2月21日死亡，他的队友乌茨技术军士也差不多同时被击落。JG 27的Ⅲ大队和Ⅳ大队各有3人阵亡，Ⅲ大队的施密特中士失踪。战后统计整个JG 27当天损失了18架战斗机，11名飞行员阵亡。Ⅳ./JG 54当天只有2人阵亡，其中一位是13中队的史

Bf 109 K-4　该机属于11/JG 27

该机属于12/JG 27　Bf 109 K-4/R6

Bf 109 K-4　该机被德军遗弃在温斯多夫机场，由英军俘获

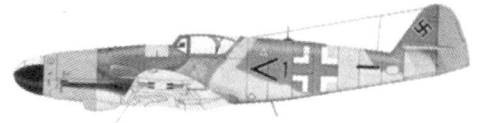

该机被德军遗弃在纽伦堡机场　Bf 109 K-4

Bf 109 K-4/R3　该机属于11/JG 77

该机属于11/JG 3　Bf 109 K-4

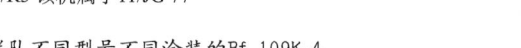

■ 各个联队不同型号不同涂装的Bf 109K-4。

第二章 覆灭上演——德国空军昼间战斗机部队11月作战全记录

■ 海因里希·施戴尔,130个击落记录。

空,然而大队长哈瑟上尉在起飞后不久就不知何故和僚机撞到一起,双双坠机身亡。

德国空军在这天再次遭受到惨重损失,总计有87名飞行员阵亡。失踪或者负伤,美军方面的记录与此差距不大,第339战斗机大队记录了29个确认击落数字,其中丹尼少尉1个人就包办了5架Fw 190;杜肯上尉的第361战斗机大队击落了19架;巴库斯中尉的第356战斗机大队获得23个空战胜利;第355战斗机大队则获得27个战绩,加上其他一些单位的击落记录,美军方面的记录显示他们总共击落了114架德军战斗机。德军第1战斗机军统计总共击落了35架轰炸机,美军第8航空队的损失记录为34架,还有8架重伤无法修复,其他负伤的轰炸机数量更是达到了300余架。损失最为惨痛的则是前面提到的第491轰炸机大队,他们失去了15架B-24,这是一个惊人的数字,另外第445轰炸机大队也损失了5架B-24。相比之下战斗机部队的损失较

舍尔中士,而另一位却是一名非常重要的飞行员——骑士勋章获得者海因里希·施戴尔中尉,他是在即将降落的时刻被1架野马近距离击落的,连跳伞的机会都没有。这位16./JG 54的中队长已经获得了130个击落记录(另有资料说是129架),其中127个在东线获得,海因里希·施戴尔的死对于Ⅳ./JG 54而言是相当惨痛的打击。

当天Ⅰ./JG 1"奥绍"也损失了2名飞行员,他们在没有任何与敌接触的状况下就失去了大队长哈瑟上尉!虽然该大队并没有获得正式出击命令,但大队指挥部的双机在接到警报后还是起飞升

■ 准备出击!JG 2"里希特霍芬"联队的2名飞行员正在地勤人员帮助下进行起飞前的最后准备和检查。

小,只有9架战斗机被击落。此刻德国本土防空的形势如此之严峻,使得各个战斗机部队的指挥官们思考的问题已经不仅仅是如何阻挡美国人,而是努力尝试如何利用他们的经验来帮助他们手下的那些菜鸟飞行员,哪怕帮助他们增加一点幸存的机会也好。所有的德国飞行员都无法回避这样的现实:德国空军的彻底崩溃即将到来。随后的国防军通报用了"黑色26日"这个标题,通报这样写道:"……美军庞大的轰炸机群在大批护航战斗机掩护下飞临德国西北和中部地区,投放了大量炸弹和空雷,汉诺威城区受损最严重……"

11月27日和30日:继续流血

德国上空没有片刻宁静,那些昨天参加了血战幸存的飞行员们甚至没有机会休息,今天又要再次迎接血与火的考验。而且27日的天气又开始了变化,好在还没有下雨,只是多云。德军的防空预警站一大早就发现在英国上空有庞大的机群正在集结,当天美军大约出动了530架轰炸机,护航战斗机数量也达到了770架。11时左右,美军的前锋机群已经越过海峡,这意味着再过1个小时他们能到达鲁尔区空域。今天美军的目标是莱茵-美因地区的交通运输体系和燃料加工基地。和往常一样,美军庞大的护航机群依然在等待和德国空军的较量,其数量和战斗力已经构成了德国空军的战斗机部队难以逾越的屏障,有力地掩护了轰炸机群的作战行动。而德国空军只能继续拼尽全力进行抵抗,今天Ⅲ./JG 26(还包括部分Ⅰ大队的飞机),Ⅲ./Ⅳ./JG 27这三个大队负责防卫德国空域的大门,他们将要迎接的是美军浩浩荡荡的战斗机群,在莱茵-奥斯纳布吕克-古斯特劳-明斯特空域,美德双方战斗机部队的决斗又要开始了。

德意志天空就是角斗场,12时15分,9./JG 26中队长施密特中尉被1架野马击落,5分钟后他的队友尼德迈尔技术军士也挂在了降落伞下,第三位跳伞的JG 26成员是1中队的布鲁汉中士,他被几架野马追逐射击,在飞机爆炸前跳出了驾驶舱!混装Bf 09G-14和Bf 109K-4的Ⅲ./JG 26当天还有2人失踪。伴随JG 27一同起飞的还有Ⅳ./JG 54的大约12架Fw 190A-8/A-9,他们中很快也有战机失去控制跟跟跄跄地坠落,16中队的海尔佐格技术军士和瓦尔特中士相继随着飞机一同坠毁,只有瓦尔特中士重伤幸免,加上13中队损失的2名飞行员:阿尔腾道夫中士和李普尔德中尉,Ⅳ./JG 54在空战结束后失去了4名飞行员——1/3的战损率。在前几次空战中几乎已经流尽鲜血的JG 27今天情况略微好转,出击的2个大队总共损失了7名飞行员,Ⅲ大队损失了3人,Ⅳ大队在明斯特和比勒费尔德上空损失了4人,其中2人负伤幸免,对于整个联队而言总算是得到了一次喘息机会。然而,上述大队都没有机会突破美军护航战斗机的防线,顶多只有个别飞行员隐约看到了那些

第二章 覆灭上演——德国空军昼间战斗机部队11月作战全记录

■ 德国空军的重要组成部分——地勤人员,他们在德国空军的防空空战中起到了极其重要的支援作用。

决死天空　二战末期德国昼间空战

成群的空中堡垒，根本没有可能突入轰炸机群进行攻击。当天德军地面引导指挥人员的表现实在无法恭维，他们几乎把所有的德军战斗机部队都送入了美军护航战斗机大队的作战区域，而没能帮助他们避开这样的死亡陷阱，而德军的悲惨命运接下来还将继续。

已经经过一番血战后飞临哈尔茨山脉和哥廷根空域的美军战斗机群很清楚德国空军的部署，他们明白来自于西面和南面的德国本土防空中坚力量JG 300和JG 301的攻击即将开始。Ⅱ./JG 300这个突击大队此刻已经从吕布尼茨基地起飞，并且在空中集结完毕，和分别从其他3个基地起飞的3个大队联合组成一个大编队，直扑美军机群。而JG 301也不甘落后，下属的Ⅰ、Ⅱ两个大队径直向西前进，但是Ⅲ大队由于机场能见度问题只能待在地面上。这次德国"野猪"们的舞台就在德国中部空域，JG 301的战史记载他们当天在布伦瑞克和卡塞尔一线接触到美军机群，当他们还只能看到轰炸机群的机尾气流时，就已经发现美军战斗机群扑了过来。美国人早已经做好了随时击退德军的准备，因此德军机群刚刚露头，野马们就真的如同脱缰马群朝他们扑了过去。双方再次用无比的勇气向对方挑战，个人技术和团队战术此刻具备极其重要的影响力，而美军在数量上的压倒优势更是一个决定性的筹码。很快德国人的编队就被冲散，落单的Fw 190和Bf 109在野马们的追逐下只能拼命做着各种规避动作，尽力保住自己，有些德军的菜鸟飞行员甚至因为过于兴奋激动或者恐惧，竟然忘记打开操纵杆上的炮钮护盖！就这样徒劳地驾驶着

■ Ⅱ./JG11的1架刚刚起飞的Fw 190A-8。

第二章 覆灭上演——德国空军昼间战斗机部队11月作战全记录

- (上) Fw 190A-8 "红色19号"，JG 300第5中队恩斯特·施罗德中士座机。
- (下) Fw 190A-8 "红色8号"，JG 300第5中队马特豪斯·艾哈德中士座机。

■ 恩斯特·施罗德在自己的座机机翼上。

无法开火的战机在空中和野马缠斗，直到最后听从命运的选择——运气好点的还能跳伞逃生，而那些无法逃离座舱或者降落伞无法打开的就只能去见上帝了。哈尔茨山脉是德国中部美丽的山区(如今是德国最大的国家自然公园)，这里的天空当时成为了最残酷的空中角斗场，笔者就曾在该地区的某所大学学习，仰望天空，一片蔚蓝，宁静祥和，实在难以想象60多年前这里的天空是怎样的惨烈！很快，JG 301的2个大队分别损失了9人(其中3人负伤)和3人，显然Ⅰ大队已经遭到毁灭性打击，基本失去了战斗力。

达尔中校的JG 300下属4个大队主要战斗在哈尔茨空域的东部和南部，2中队的哈瑙技术军士的红色1号和克鲁格候补军士的座机

决死天空 二战末期德国昼间空战

很快在诺德豪森空域被击落，2人都当场阵亡，加上斯勒中尉的3中队又失踪了1名一等兵，施塔姆普上尉的Ⅰ大队总共损失了3名飞行员。诺勒特上尉的Ⅲ大队则在赫茨伯格空域遭到了惨重损失，8架战斗机被击落；而损失最重的依然是Ⅱ大队，他们失去了11名飞行员（7人阵亡），其中5中队和7中队各有2人阵亡、2人负伤，6中队阵亡2人，8中队1人。很显然今天突击大队成为了美军战斗机的重点打击对象，其他大队的战友们根本无力引开美军战斗机群，笨重的突击大队在和美军的空战中不得不承受了重大的损失。5中队的恩斯特·施罗德中士回忆道："突然1架银光闪闪的野马出现我的左侧，我甚至能清晰地看到美军飞行员的脸！他没有马上开火，而是突然掠过，利用其优异的速度爬升转向，很快从我的视线中消失，我紧张地等待着它随时回来继续攻击我，我的高度此刻已经很低了，我不停地回头而没有注意到自己即将冲入一片树林！当我意识到的时候什么都晚了，我的飞机以几乎超过500公里/小时的速度径直撞入这片树林！幸运的是，我努力拉起了飞机，爬升到安全跳伞高度后跳伞逃生。"

JG 300在当天总共损失了23名飞行员，其中大部分都是年轻的新人，补充的新鲜血液几乎在一天内又快流尽了。JG 301经过苦战后力量同样再次被严重削弱，其Ⅲ大队大队长福尔达上尉也于11月底被抽调前往JG 400(装备Me 163)担任Ⅰ大队长。整个27日的空战对于德军而言又是一个新的灾难日：第1战斗机军出动了近期最庞大的战斗力量：约750架战斗机迎击美国机群，最终损失了51名飞行员，却只击落了美军15架野马战斗机！而对于他们的核心目标——美军的轰炸机群毫无伤害。美军当天出动的战斗机主力是第

■ 1./JG 27联队的1架Bf 109G型战斗机。

353和357战斗机大队，他们宣称总共在空中击落了98架德军战斗机，此外还摧毁了地面上的4架战斗机。德国空域实力对比悬殊的空中较量还将继续下去，德国空军的鲜血还将继续喷涌！

28日，美军没有出动。在休息了一天之后，美军于29日派出1077架轰炸机在946架战斗机的护卫下轰炸德国，而德军战斗机部队无力抵抗，美军几乎毫发无损，只损失了1架轰炸机和2架战斗机。

30日一大早，杜布利兹的第1战斗机师指挥部就接到了大批美军机群接近的警报，并且判断他们的目标是柏林。于是JG 300的4个大队依然首当其冲准备出击，此时天气还是很糟糕，到中午也未见好转，能见度不到1.5公里，这样的天气状况对于德国空军而言是不适合编队出击的。但是，JG 300的Ⅰ、Ⅱ两个大队都接到了出击命令，而且戈林还继续要求Ⅲ./JG 300也必须出击，JG 300联队长达尔中校和戈林在这个问题上出现了严重分歧，因为他手下的这些飞行员中只有不到一半具备仪表飞行能力，在这种天气状况下出击几乎等同于集体自杀！达尔对于戈林军令的延误和抵制令这位胖子元帅大发雷霆，他甚至拽着达尔中校的领子扬言要立刻枪毙他！幸亏还在"冷处理"中的加兰德将军驾机亲自赶到第1战斗机师指挥部才缓和了里面剑拔弩张的紧张局势。

不过，最终将令不可违。JG 300出动的2个大队中有一部分遭遇到了美军护航机群，并且陷入了苦战，很快指挥部内的无线电通讯中就纷纷传来了跳伞、坠机之类的呼叫。美军今天的目标不是预想中的柏林，而是德国的燃料工业基地和铁路系统，1281架轰炸机在972架战斗机的护卫下向波棱、劳宇纳、吕兹肯多夫和蔡兹投下了约1920吨炸弹。1./JG 300中队长兰茨少尉驾驶他的白色18号直接撞击了1架野马，自己负伤跳伞成功，Ⅰ大队的布鲁姆候补军士则在阿尔腾堡空域被击落。Ⅱ大队的情况也差不多，库内尔特军士长阵亡，拜尔技术军士则因为视线不佳不得不迫降，最后身负重伤。JG 300的这次出击除了无端付出代价之外几乎没有取得什么值得一提的战果，几乎每位出击的飞行员的运气都很糟糕。这次出击的失败也引起了战斗机部队的重视，第4(训练)航空师指挥官吕佐第二大专门就此下令JG 300和JG 301的飞行员必须接受仪表(盲飞)飞行训练。美军当天损失的29架轰炸机基本上是被德军高炮部队击落的，其战斗机的损失十分轻微，只有3架野马没有返航。

11月份的血腥空战终于过去了，总体来看盟军在当月的重点目标已经从交通设施逐步转向了燃料工业基地。美军第8航空队每周都对德国的燃料和交通目标发动4次空袭，每次出动的轰炸机都超过1000架。对于燃料工业目标的投弹量已经上升到了投弹总量的1/3(美军)、1/4(英军)，而10月份这个比例只有1/8(美军)，1/17(英军)。德国空军在这个月虽然投入了越来越多的战斗机部队，但是加兰德将军设想的"重击计划"却一次也没有出现过，除了天气状况这个显而易见的原因之外，缺乏训练有素的飞行员也是不可忽视的重要原因。战斗机部队这个月的损失交换比也是极其悲观的，第1战斗机军指挥官施密特将军递交的报告中显示总共取得了155个战果，而自己损失了404架战斗机！尤其在2日、21日、26日、27日这损失最为惨重的4天里面失去了超过300名飞行员，其中至少244人阵亡或者失踪。JG 300指挥官达尔中校这样写道："我们在这个月的战斗是我从开战以来所经历的最为艰苦的，盟军绝对优势的空中力量是我们的20倍以上，几乎每天我们都付出了惨重的代价，人员补充虽然没有停止过，但是明显训练不足，而且燃料紧缺问题也愈发突出了。"德军真正能对美军轰炸机部队构成威胁的还是地面高炮，他们的战果明显高于战斗机部队。然而，11月份的血战还只是个开始，德国空军战斗机部队的毁灭由此开始逐步升级，更为惨重的损失将陆续出现。

第三章 步入深渊——德国空军昼间战斗机部队12月作战全记录

12月1－16日：最好的靶子

此刻支撑德军战斗机部队士气的还是对于大规模出击的希望，人们都盼望着通过这样的大规模战斗能夺回制空权，当然，现在看来这些也只是幻想而已。而德国空军的最高指挥层此刻却已经完全从另一个方向去设想战斗机部队在下一个阶段的作战了，其核心就是支援即将展开的阿登反击战。因此在12月初昼间战斗机部队获得了休整的机会，人员和装备都得到了补充，部队的士气也在慢慢恢复。到12月16日阿登反击开始的时候，战斗机部队的实力又达到了1600－1800架。

12月1日，第1战斗机军的实力为1000架左右，其中约650架可以出击。不过，其中绝大多数飞行员都是缺乏训练的新手，这是此刻部队战斗力虚弱的真正原因。盟军方面一如既往地继续着大规模空袭，有一点变化也越来越明显，即天气状况已经不再成为决定性的影响因素了。

12月2日，美军就对科隆、宾根和西里西亚以及维也纳附近的燃料工业基地进行了大规模空袭。当天JG 301出动了部分力量进行抵抗，其Ⅲ大队于中午12时40分起飞，由于空中视线很差，他们没有能够在空中和Ⅰ、Ⅱ两个大队会合，同样的原因加上地面指挥的混乱也使得Ⅲ大队自身在经过几次航线变更后编队更加分散，因此当天几乎没有什么值得一提的战果。

4日，美军出动庞大的机群攻击卡塞尔－贝博拉－基森－美因茨地区的交通枢纽，德

■ JG 26的1架Fw 190A-8正在被拉到跑道上准备起飞。

军在这几天的防御战中继续付出惨重代价,总计损失了大约65架战斗机,47名飞行员阵亡或者失踪。其中2日这天,JG 3"乌德特"失去了19名飞行员,还有5人负伤,阵亡人员中包括Ⅰ./JG 3大队长威尔戈斯上尉。JG 2"里希特霍芬"的Ⅰ、Ⅲ两个大队则遭遇到了美军强大的P-47机群,自然少不了一场苦战,最终损失了5名飞行员。此外JG 4也参加了当天的作战,损失了6名飞行员,其中4人属于2中队,2中队中队长也负了伤。美军的损失则是11架B-24和4架战斗机。在第二天,又有一名大队指挥官没有返航,他就是Ⅳ./JG 4的大队长威恩胡森上尉,该大队14中队长绍福勒中尉也在亚琛空域被盟军高炮击落后被俘。新生的喷气战斗机部队Ⅲ./JG 7经过一段时间休整和训练后,逐步回到天空参加作战,经过这2天预热,12月份德国上空的惨烈空战就此正式拉开序幕。

12月5日,德军第1战斗机军再次度过了黑色的一天。

美军第8航空队指挥官杜立特将军接到命令对德国首都进行大规模空袭,这天柏林上空笼罩着厚厚的云层,能见度不到300米,此外天气预报还有雷雨,但是这一切并没有能够阻止美国人出击的决心。一大早,美军427架空中堡垒和600余架战斗机组成的庞大机群就出现在汉诺威-布朗施威克空域(当天第8航空队总计出动了591架轰炸机和901架战斗机),他们的目标是柏林。德军第1战斗机军出动了约300架战斗机迎击,但是由于恶劣的天气,大部分飞行员都没能够找到美军机群,有些空域达到6级的大风对于双方飞行员而言都不会很舒服。帝国航空队下属负责防御柏林的主力战斗机联队是JG 1和JG 301。此外,JG 27以及暂时隶属它的Ⅳ./JG 54今天的目标则是拦截轰炸绍斯特地区铁路设施的英国皇家空军重型轰炸机机群,一直坚决进行夜间空袭的英国人在这个月总共将执行11次昼间空袭任务。JG 27除了Ⅲ大队以外所有的单位分别从莱茵、阿赫玛等几个基地起飞,不久他们就在鲁尔区空域撞上了对手。英国人此时也有庞大的护航机群拱卫,双方即刻开始激烈的空中格斗,很快在格拉德贝克空域就有3架Bf 109冒着浓烟向地面坠落,其中第5中队的洪贝尔格技术军士和第15中队的席勒技术军士随机阵亡,李内尔技术军士侥幸跳离他的Bf 109G-10,负伤生还。第6中队的格拉赫技术军士在格尔森科尔辛以东10-15公里空域被击落,普罗哈斯卡中士总算在跳伞之前击落了1架喷火。在多特蒙德空域,喷火和梅塞斯密特的较量也如火如荼,凯斯特技术军士的座机被1架喷火凌空击爆,施莱默军士长也在附近被击落,英国人最终占据了明显上风,他们用3架喷火的代价击落了7架德机,只有2名德军飞行员得以负伤幸存。

在柏林空域,美军机群直到10时45分都没有发现1架德机,此刻JG 301以和美军平行的方向向东飞行,由联队长阿夫哈玛中校亲自担任空中指挥。他们升空后一直都没有被美军发现,还在等待地面指挥部的攻击命

第三章 步入深渊——德国空军昼间战斗机部队12月作战全记录

令,这种等待对德军中的新手们而言如同心理素质测验,他们的神经已经绷紧。JG 301继续在地面指挥下调整飞行方向,等待最佳攻击时机。美军轰炸机群在没有干扰的情况下完成了投弹,然后转向东北航线准备返航。此时JG 1也已经全体起飞,准备攻击返航中的美军机群,而JG 301也终于等到了最后的攻击命令。这2个联队相继开始攻击位于柏林空域以北的美军机群,天空中又出现了宏伟的空中格斗"表演",12月份第一场大规模空战就此上演。Ⅱ./JG 301在奥德运河空域遭到占据明显数量优势的野马机群的拦截,部分战斗机被打散,这个大队很快就耗尽了战斗力,大队长鲁尔夫·雅各布斯上尉和5中队长鲍彭布格中尉相继阵亡,7中队和8中队分别损失了3人和2人,第10中队阵亡了2名飞行员。Ⅰ./JG 301此时全力向北突击,但还是无法避开野马机群的全方位屏护,在一阵短促格斗后,1中队有2架Fw 190A-9/R11被击落:雷耶技术军士阵亡,考赫技术军士负伤跳伞,在同一区域的4中队也有2人阵亡。JG 301在这天总共失去了21名飞行员,其中只有3人负伤幸存,这个联队的中坚指挥力量和补充的新生力量都再次遭到重创。

经过11月份的2次打击后一直处于休整状态的JG 1"奥绍"在今天终于得以升空作战,却又一次遭到惨重损失,这也再次证明此刻的德军战斗机部队无论怎样休整都已经无法恢复原有的战斗力,新补充的飞行员只能成为盟军最好的靶子。当他们真正加入空战的时候,美军机群已经转到最终的返航航线,而JG 301的大部分战斗机也因为油料耗尽而退出战斗,现在轮到JG 1接过接力棒继续这个死亡赛跑。Ⅰ./JG 1在地面引导下飞往"恺撒-弗里德里希"、"恺撒-古斯塔夫"、"多拉-弗里德里希"和"多拉-古斯塔夫"空域,在这里美军的野马们已经一字排开等着他们。1中队很快就被击落6架飞机,即刻失去战斗

■ JG 301联队长阿夫哈玛中校(右)正在给1名隶属于Ⅲ./JG 301的飞行员颁授骑士十字勋章。

| 决死天空 | 二战末期德国昼间空战 |

力;3中队也在很短的时间被打掉3架;4中队埃斯西候补军士的红色8号被1架野马紧追不放,他没有任何逃生的机会,这架Fw 190A-8在挨了好几串子弹后燃烧着向地面坠落。Ⅰ./JG 1最后总共有21架战斗机被击落,其中6名飞行员阵亡、10人负伤。Ⅱ./JG 1也差不多是同样的状况,他们有16人阵亡或者失踪、2人负伤,这个大队的死亡舞台是在"贝塔－弗里德里希"和"恺撒－弗里德里希"空域,他们损失的17架Fw 190A-8很多都掉在了姆里茨湖周围大约100平方公里的区域。Ⅲ./JG 1算是3个大队中受损最轻的,他们损失了12架Bf 109G-10/G-14,其中5名飞行员阵亡。

浩浩荡荡的美军机群随后进入德军第2战斗机军的驻防空域,Ⅰ./JG 26"施拉格特"在上午已经起飞并且和美军P-47机群进行了较量,波利斯少校带领全大队29架Fw 190A-8全部安全着陆,随后他们迎接了昼间战斗机部队总监特劳特罗夫特上校的视察。Ⅰ./JG 26的作战日志这样记录当天随后的经历:"10时41分大队着陆,波利斯少校获颁骑士勋章。特劳特罗夫特上校命令大队出击攻击返航中的美军机群。13时15分,5架Fw 190起飞,13时25分,波利斯少校击落1架波音轰炸机,5名美军机组成员跳伞,13时45分,返航。14时32分至14时35分,9架Fw 190起飞,15时05分至15时15分,和大约50架P-47发生空战,16时01分降落。"

波利斯少校击落的这架B-17属于美军第452轰炸机大队,另一架已经被高炮打成重伤的B-17也同样坠落在附近。Ⅰ./JG 26当天只损失了1架战斗机——布什格军士长的Fw 190在

■ 这是1架属于Ⅳ./JG 3"乌德特"突击大队的Fw 190D-9"长鼻子多拉"。

第三章 步入深渊——德国空军昼间战斗机部队12月作战全记录

■ 1944年秋季，JG 53第11中队的飞行员合影，他们背靠的是架Bf 109G-14型战斗机，坐在飞机上的是他们的中队长朗特少尉。到了1945年3月，照片中的飞行员大多阵亡或者负伤。

和P-47格斗后迫降失败阵亡。当天其他遭到损失的战斗机部队包括Ⅱ./JG 2(1架)，Ⅰ./JG 3(2架)，Ⅳ./JG 4(3架)。显然，从战后统计不难看出德国空军又一次遭到了惨败，他们总共损失了75名飞行员，而美军只损失了12架B-17，其中大部分还是被高炮击落的，而护航战斗机则损失了15架野马，关于战果美军方面记录他们总共击落了90架德军战斗机。

此后美军在12月6日、9日、10日、11日都继续大规模出动对德国的交通和燃料生产基地进行空袭，而德军战斗机部队基本没有出战，双方没有发生成规模的空战。

12月12日美军第8航空队照例出动2个轰炸机大编队轰炸位于劳宇纳等处的燃料工业基地，德军只有JG 4和JG 27升空进行了抵抗，Ⅱ./JG 27大队长施皮斯少校阵亡，JG 26的2个大队也加入JG 27的作战，依然没有获得任何战果。Ⅳ./JG 4损失了3名飞行员：13中队的德雷尔技术军士和库比什科技术军士，14中队的格鲁宁下士。Ⅰ./JG 3在鲁尔区攻击了英军轰炸机群，损失了4名飞行员。JG 53有2人阵亡，1人受伤，其中骑士勋章得主普莱恩法尔克军士长在布鲁赫萨尔空域跳伞后被1架P-47当空击毙，最终个人战绩78架。美军的损失依然十分轻微：4架轰炸机和7架战斗机。

此后的2天美军没有进行大规模空袭，15日美

决死天空　二战末期德国昼间空战

1944年12月归属德西部空军军区司令部指挥的战斗机部队

JG 1　3个大队

JG 2　3个大队

JG 3　4个大队

JG 4　4个大队

JG 6　3个大队

JG 11　3个大队

JG 26　3个大队（+III/JG54）

JG 27　3个大队（+IV/JG54）

JG 53　3个大队

JG 77　3个大队

JG 300　4个大队

JG 301　3个大队

军继续出动647架B-17，而德军战斗机部队没有迎战，因为他们正在忙着为即将开始的阿登反击进行部署调整。

12月16日德军在阿登的反攻正式开始，德军战斗机部队主力也都被调往西线支援这次地面进攻，于是负责德国本土防空的又只剩下JG 300和JG 301这2个兄弟联队。直到这天之前并没有一位德军战斗机部队的前线指挥官会想到最高统帅部此刻会把这支庞大的战斗机力量抽调到西线执行地面支援任务，而不是留在本土对付盟军的战略空袭。从此开始昼间战斗机部队主力将全部归属西部空军司令部指挥，而将要负责指挥这支战斗机部队的则是轰炸机部队总监佩尔茨将军！德军最高统帅部的这个决定让所有的战斗机部队前线指挥官都感到极其不满，他们无法接

受这样的事实：领导他们的将不再是他们自己的战斗机部队总监！由于战斗机部队驻扎的基地分布太广，无法集中起来，而一直不佳的天气状况也严重影响了部队的转场部署。在阿登反击战开始后，参战的战斗机部队的损失更是节节上升！

12月17日：徒劳无功

阿登反击的第二天，天气状况没有特别改善，阴雨连绵，尽管云层笼罩，但能见度总算还不错，德军战斗机部队也做好了出击的准备。当天美军出动的战斗机是P-38和P-47，P-47D可以说是二战中最优秀的战斗轰炸机，它在9000米高度可以达到700公里/小时的速度，这种重型战斗机也具备优秀的俯

第三章 步入深渊——德国空军昼间战斗机部队12月作战全记录

■ 编队飞行中的Bf 109，到战争末期，它们显然在和盟军战斗机的较量中很难获取胜利了。

冲性能。当天，美军第9航空队第404战斗机大队的任务是攻击波恩-汉格拉机场，这里驻扎着德军KG 55 (第55轰炸机联队) 的部分部队，第20夜间攻击大队以及一个近距离侦察单位。JG 26 "施拉格特"的26架Fw 190升空试图拦截这支美军机群，但最终没有找到他们，不得不两手空空返回基地。撞上这支P-47D机群的是JG 27的Ⅱ、Ⅲ、Ⅳ这三个大队，当美国人和德国人都丢弃了副油箱之后，一场空中血战立刻开始。JG 27最终付出了10架战斗机的代价，其中8中队损失最大，他们失去了包括中队长雷菲尔德上尉在内的4名飞行员，Ⅱ./JG 27大队长也在空战中受伤跳伞；Ⅲ./JG 27则损失了3架Bf 109K-4；布德斯少尉的14./Ⅳ./JG 27失去了2名飞行员，温克勒技术

军士和提姆佩斯中士失踪，队友最后看到提姆佩斯的Fw 190A-9是在杜棱空域，13中队的舍尔纳斯特中士在威尔特豪芬空域被击毙。这次空战使得美国人没有能够完成攻击汉格拉机场的任务，于是美军第404战斗机大队指挥官姆恩中校派出了他手下的全部3个中队在下午继续攻击这个尚且完好的机场。不过他们还是没能顺利完成对地攻击任务，再次和德军战斗机部队展开了激烈的空中格斗。

在莱茵地区驻扎的德国空军部队中包括KG 55的Me 262大队，因此英国皇家空军第2战术航空队 (2TAF) 利用Me 262在起降时毫无防御能力的弱点，一直对他们进行着"特别关照"。清晨，皇家空军第56中队的5架暴风式战斗机照常前往莱茵地区"接替警戒"，这次他们碰到了Ⅰ./JG 27的Bf 109机群，于是一场遭遇战就不可避免地爆发了。英国人招来了在该空域附近的其他英军战机，一番搏斗之后，德国人被干掉了4架战斗机，而英国人全部安全返回了福克尔基地。

这天，瓦塞姆中校指挥的美军第474战斗机大队在特里尔空域执勤，他手下的P-38在上

午取得了7：0的优异战果，下午他们再接再厉，继续打下了4架Fw 190，并且击伤了另外4架，自身只损失了2架战斗机。加上另外一个单位的1架P-38，美军在这个空域损失的3架闪电都是被JG 26击落的，其中德劳中士宣称击落2架，根特少尉宣称击落1架。

JG 26在当天的战斗中没有损失，另一个联队JG 2则没有那么好的运气，他们总共损失了11架战斗机。其中I大队有4名飞行员阵亡或者失踪，1人受伤；II大队有4人被俘或者阵亡，2人受伤。当天JG 3、4、11这三个联队也都参加了防空作战，并且都付出了惨重的代价，其中JG 4以损失13架排在榜首。当时JG 4下属的4个大队在联队长米歇尔斯基指挥下飞往德国比利时边境空域，由于阴雨天气的影响，最终只有部分战斗机到达了目标空域，在能见度极差的情况下与美军的P-47战斗机群展开了决斗。双方的一些战机很快就消失在云层中，无法分辨是被击落还是负伤逃逸。最后，I大队被击落4架；II大队则有3人阵亡或失踪，1人负伤；III大队有3名飞行员阵亡；IV大队的对手是超过20架的P-47，海因里希中士的Bf 109被数架P-47围攻，而他的队友都无法脱身过来帮助他解围，只能眼看着他被击落。

已经转场到法兰克福/美因茨地区的I./JG 11今天跟随JG 4作战，第2、4中队损失最为惨重，各自被击落4架战斗机，唯一的差别是2中队的4名飞行员都跳伞逃生，而4中队有3人阵亡。他们的对手除了P-47外还有部分P-38。

JG 3战斗在波讷和阿尔山之间的空域，他们的III、IV两个大队总共损失了5名飞行员。加上II./JG 53 (1名) 和IV./JG 54 (3名) 的飞行员损失，这些在德国西部空域作战的战斗机联队总共损失了56名飞行员，却只击落了16架敌机，JG 27再次以9人阵亡、4人负伤的数字排在损失榜的榜首。

美军方面的记录显示第9航空队击落了68架德机，自己损失了16架，这次双方的数字差异很小。不过，当天德国空域的空战并不只限于西部，JG 300镇守

■ 1945年开始负责指挥JG 4的米歇尔斯基中校，拍摄这张照片的时候他还在担任4./JG 53的中队长。

第三章 步入深渊——德国空军昼间战斗机部队12月作战全记录

的德国中部也是一个血战的舞台,它以23架飞机被击落成为今天损失最为惨重的联队。此时驻扎在意大利的美军第15航空队出击的力度也越来越大,他们主要关注的重点有两个,优先目标依然是德国东部、奥地利和波兰地区的燃料工业基地;另一个目标则是希望至少能牵制或者影响德军继续向西部聚集战斗机部队。当天第15航空队的目标空域是波兰-奥施威兹,美军机群分成多个波次陆续穿越奥地利东部直奔目标。Ⅱ./JG 300首先起飞迎击,双方在奥尔姆兹和普雷劳空域遭遇后展开激战。前文已经介绍过,Ⅱ./JG 300是装备Fw 190A-7/A-8的突击大队,如果陷入空战对其很不利,实战结果也再次证明这一点:虽然他们宣称击落击伤了22架轰炸机和1架战斗机,但自身损失了10架战斗机(7人阵亡)。其中5中队2人阵亡、6中队和7中队分别被击落4架。

JG 300当天损失最惨重的还不是这个大队,而是试图在东苏台德和格拉兹山脉空域突袭美军机群的Ⅳ大队。他们被击落了11架,其中13中队最惨,有5架被击落;15中队则有2人阵亡、2人负伤;16中队中队长科瓦奇上尉被击落后侥幸跳伞成功,而他的队友,驾驶在机翼下加装20毫米机炮套件的Bf 109G-10的威斯中士则在被击落后失踪。此外Ⅲ./JG 300也损失了2架战斗机。

JG 301于上午10时55分起飞,飞往汉诺威空域拦截美军轰炸机群,很快他们就发现今天的空战对手除了野马们还有不少P-47,

Ⅰ、Ⅱ两个大队首先陷入苦战,而一直位于联队编队最下方的负责攻击轰炸机群的Ⅲ大队则基本保持队形完好,还寻找到了美军的防御空隙突了进去,直奔美军轰炸机群。当天关于JG 301的具体战果和损失记录并不是很详细,相对前几次惨重打击而言,损失较轻。

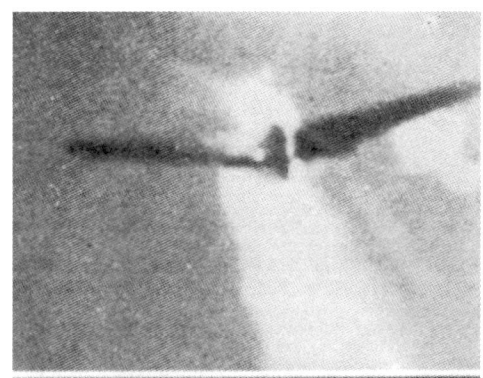

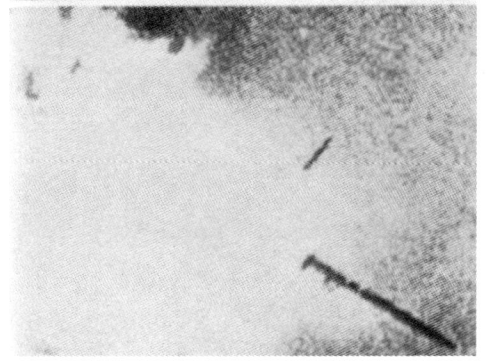

■ 美军1架P-51野马战斗机机头摄像枪拍摄的命中实况,被击中的是德军1架Bf 109G型战斗机。

整个德国空军战斗机部队当天损失了至少70多名飞行员,然而却根本无力影响美军的空袭行动,更别提对参加阿登反击的德军地面部队提供有效的空中支援和掩护。德国上空的空战又以盟军的绝对胜利而落下帷幕。

12月18-23日:战损创新高

阿登反击打响后的第三天,天气还是没有任何好转,美军第8航空队依然出动了985架轰炸机向德国空域进发,他们要轰炸几乎完全被云层覆盖住的科布伦茨-埃尔朗-科隆地区的铁路交通枢纽(以后几天的空袭都将表明,盟军再次把空袭重点放到了德军的后勤交通运输体系),而战斗轰炸机更是不间断地攻击德军的前线机场,原因不难想象——尽可能拖住在阿登地区反击的德军后腿。

■ 德军1架Fw 190正在攻击美军1架B-17重型轰炸机。

JG 1的部分单位很快接到出击命令,在空战中其9中队和4中队分别损失了1架和2架飞机。美军第9航空队的双发轰炸机的攻击重点是德军在比利时-卢森堡边境地区的集结地,而P-47则随机攻击地面上一切可以看到的会动的东西:卡车、火车、坦克乃至自行车……德军派出刚刚转场到多特蒙德地区的JG 77的Ⅱ大队和Ⅲ大队掩护地面部队,但他们升空后在科隆空域就撞上了对手,Ⅲ大队瞬间就有3架Bf 109K-4被击落。在亚琛和波恩空域,美军第365和368战斗机大队则和JG 2的Ⅱ、Ⅲ两个大队打成一团,不过恶劣的天气影响了双方的发挥,结果草草收兵。

JG 2总共损失了3架战斗机,11中队的普莱法技术军士阵亡,而7中队麦尔达中士的Bf 109K-4在陷入和大约15架P-47的混战后不知去向。

除了美国人,英国皇家空军的第2战术航空队也不甘落后,第610中队和15架Fw 190展开了遭遇战,极差的能见度使得该中队没有获得任何战果,相反有1架飞机因为不明原因没有返航。第66中队的12架喷火在前往科隆-科布伦茨空域执行侦察任务时遇到了一群梅塞斯密特,双方即在厚厚的云层中展开格斗,结果各自被击落1架飞机。科隆空域是今天的主战场,JG 27

第三章　步入深渊——德国空军昼间战斗机部队12月作战全记录

Fw 109 D-9　　该机属于4/JG 2"李稀特霍芬"联队　　Fw 109 D-9　　该机属于11/JG 54

Fw 109 D-9　　该机属于11/JG 36　　Fw 109 D-9　　该机属于加兰德将军的JV44

Fw 109 D-9　　该机属于7/JG 6　　Fw 109 D-9　　该机属于6/JG 301"野猪联队"

■ 各个联队的Fw 190D-9

的3个大队都加入了战团。Ⅱ大队和Ⅳ大队各自损失1架Bf 109后撤离了战场，而Ⅲ大队则再一次被打了个落花流水，有7架Bf 109被击落。大约在10时45分，暂时隶属JG 27的Ⅳ./JG 54也升空加入科隆空域的空战，最终损失了3架战斗机。

德军第2战斗机军另一个损失惨重的大队是Ⅲ./JG 3，大队长朗格上尉虽然认为在这样恶劣的天气下出击对于新手而言简直是个灾难，但命令是明确且不可违抗的，他只能亲自带队升空。朗格上尉甚至都还没有认全手下新补充进来的飞行员，而他也没有这样的机会了。战斗结束后他失去了5名飞行员，除了4名新人，还包括他手下一名重要的军官——11中队长威勒克少尉。Ⅲ./JG 3的目标空域是鲁尔区，很快他们就在地面指挥下加

入科隆空域的空战，一番格斗之后Ⅲ大队被击落了7架战斗机，只有2人跳伞逃生。德军战斗机部队当天总计33架的损失已经算是一个喘息了，而借阿登反击战的光，他们也上了国防军通报："今天我们的战斗机和对地攻击机联队有力地掩护了地面部队的行动，击落了24架敌机……"美军当天的记录中没有轰炸机的损失，只有4架护航战斗机被击落。

19-22日美军没有大规模的出击记录，只有战斗轰炸机继续执行低空攻击任务。经过几天调整，12月23日清晨，英格兰的各个空军基地再次出现一片忙碌的景象。第8航空队成群的轰炸机陆续起飞，盘旋在空中编队，准备向德国进发，而皇家空军则将攻击科隆地区，此外第9航空队的400余架轻型和

中型轰炸机也将起飞攻击德国西线的目标。德国空域又将迎来盟军庞大的由B-24、B-17和战斗机组成的机群。德军的战斗机部队此刻也已经做好了战斗准备,无论如何他们都必须升空迎战。现在的天气状况也有了好转,空中的阴云逐渐稀薄,有的地方甚至可以看到太阳了,这也为双方残酷的空战提供了合适的舞台。

美军第8航空队的417架轰炸机在超过400架战斗机护卫下轰炸莱茵地区的铁路交通枢纽,首要目标是特里尔-埃尔朗地区的铁路设施。10时15分,一个较为庞大的德军战斗机群飞越科隆空域,进入波恩地区,它们主要是来自JG 4、11、27和54这4个联队的大约90架战斗机。在JG 4转向南面的空域后,剩下的德军战斗机发现了美军第56战斗机大队的P-47机群,同样也发现了美机在希林斯中校的带领下抛弃了副油箱,向德军机群展开俯冲。在高度和数量上都不占优势的德军战斗机很快就出现了战损,16./JG 54巴赫中士驾驶的Fw 190被第一个击落,巴赫没有跳伞。他的队友格林中士在脱离起火的Fw 190A-8时,降落伞挂住了尾翼,最终随着战机一同坠毁。

JG 27当天虽然只损失了4名飞行员,但是其中包括IV大队的海因里希·巴特尔斯军士长,这位橡叶骑士勋章得主在击落了1架P-47(第99个,也是他的最后一个击落记录)后在返航途中失踪,他的遗体连同座机的残骸直到1968年才被发现。

JG 4的3个大队和Ⅰ./JG 11在试图拦截特里尔空域的美军轰炸机群时,遭到了美军野马机群的拦截,Ⅱ./JG 4(突击大队)在爬升阶段就被美军战斗机冲破了队形,一眨眼就被打下了12架飞机。美军第479战斗机大队的杰弗瑞少校一人就包办了3架,而他们只损失了1架P-51。8./JG 4承担了主要的损失,他们有3名飞行员失踪、2人被俘,10中队和11中队分别损失了3架和2架。IV大队也有3架被击落,JG 4总计付出了16名飞行员的代价。施派希特中校的JG 11在当天的战斗中分散

■ IV./JG 27的年轻飞行员海因里希·巴特尔斯军士长,他于1944年12月13日阵亡,最终个人战绩99架。

第三章 步入深渊——德国空军昼间战斗机部队12月作战全记录

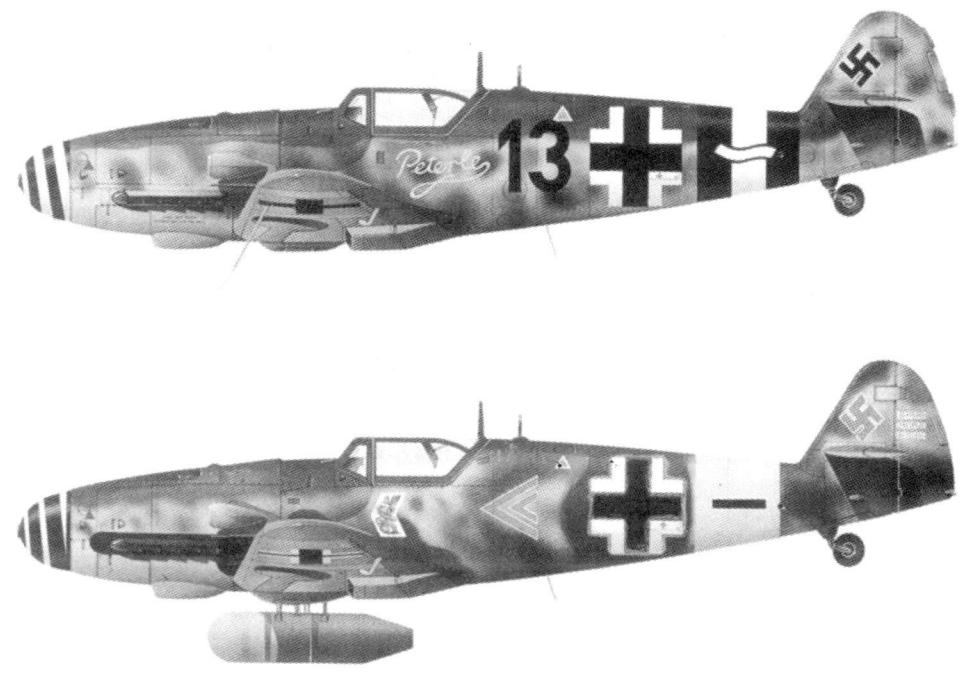

■ (上) 14./JG 4中队长恩斯特·绍夫勒的座机Bf 109G-14, 1944年秋季涂装。
■ (下) II./JG 11中队长根特·施派希特的座机Bf 109G-5, 1944年中期涂装。

开来, I 大队和IV./JG 4在一起, 还有2大队和JG 2一同作战。结果JG 11成了当天损失最为惨重的联队, 总计损失27名飞行员, 其中12人阵亡、4人失踪。

美军第9航空队当天的主要任务是为地面部队提供支援, 掩护为巴斯托尼空投补给的C-47运输机, 为此美军出动了624架A-26和B-26双发轰炸机攻击了德军的铁路线。这些飞机遭到了德军地面高炮和战斗机的猛烈打击, 有36架轰炸机被击落、6架重伤迫降, 180余架被重创, 可谓损失惨重。其中第386和391轰炸机大队的60余架B-26在轰炸阿威勒地区的铁路系统时遭遇了来自JG 2、3、11这3个联队的战斗机群, 领头的第391大队至少被

击落了16架轰炸机 (有资料说美军2个大队共被击落了30架轰炸机)。姗姗来迟的美军护航战斗机向准备撤退的德军展开了猛烈攻击, JG 2的3个大队总共损失了11名飞行员; JG 3的3个大队也付出了8名飞行员的代价, 其中IV大队 (突击大队) 至少有6架战斗机被击落、2人阵亡。JG 3的飞行员塔姆技术军士在撞击了1架B-26后幸运地跳伞逃生, 仅负了轻伤。

美军第387和394轰炸机大队的大约70架B-26的目标是美恩地区的铁路线, 他们被德军战斗机击落了4架, 德国人也付出了4名飞行员的代价, JG 11在这个空域失去了9中队中队长普朗讷中尉。在考恒和埃勒地区的空战中, 美德双方的战斗机打成了7:8。法松上

决死天空 二战末期德国昼间空战

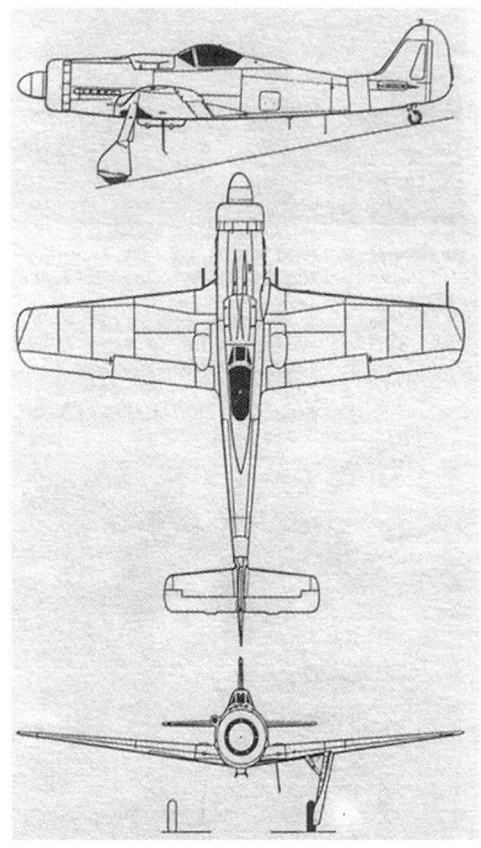

■ Fw 190D-9 "长鼻子多拉" 三视图。

■ 1944年底的施坦达尔基地,JG 301的Fw 190D-9战斗机群正在等待起飞命令。

尉指挥的Ⅲ./JG 11在波恩空域作战,许多当地居民都亲眼目睹了惨烈的空中决斗,曳光弹撕裂了天空,双方的战机在空中划出一道道奇形怪状的轨迹,一架接一架拖着浓烟坠落。Ⅲ大队被击落10架战斗机,7名飞行员阵亡或失踪,其中包括大队指挥部的普兹卡少校。该大队有飞行员目击了己方1架战斗机被1架喷火击落,这表明英国人也加入了空战。

皇家空军这次昼间空袭的目标是科隆,在那里他们遭遇了德军JG 1、6、26这三个联队的部分战斗机。大约11时,Ⅰ./JG 26的2、3两个中队出动了23架Fw 190前往科隆空域,这2个中队各自付出3名飞行员的代价后只获得了2架战果。JG 1出动的2个大队则损失了3名飞行员,而Ⅱ./JG 26损失了2架Fw 190D-9。自从Ⅲ./JG 54于1944年10月首先开始装备Fw 190D-9 "长鼻子多拉" 以来,到12月份德军共有Ⅰ./JG 2、Ⅲ./JG 2、Ⅰ./JG 26和Ⅱ./JG 26等部队装备了这种新型战斗机。而到1945年后,这个名单上还将加入Ⅱ./JG 1、Ⅱ./JG 2、Ⅳ./JG 3、Ⅱ./JG 4、Ⅰ./JG 6、Ⅱ./JG 6、Ⅰ./JG 11、Ⅲ./JG 11、Ⅳ./JG 26、JG 54的Ⅰ、Ⅱ、Ⅲ大队、Ⅱ./JG 300、JG 301的Ⅰ、Ⅱ大队等部队。Fw 190D-9的原型是Fw 190A-9,安装了1台1750PS功率的Jumo 213A型发动机,在6600米高度最大速度超过680公里/小时,武器装备包括

2挺MG 131型机枪和2门MG 151/20型机炮，是此时德军最优秀的一款螺旋桨战斗机。

除了轰炸铁路线，美军的双发轰炸机群在P-47护卫下对巴斯托尼周边的德军阵地进行了狂轰滥炸。午后不久，考勒上尉的Ⅲ./JG 77奉命出击巴斯托尼地区，全大队于13时45分起飞，然而这些飞行员此刻还不知道，他们今天根本没有机会到达指定空域。这些Bf 109K-4飞过科隆后，在阿尔空域突然遭遇了美军战斗机群。一番苦战后，哈克勒少尉的11中队有2架战斗机被击落，而12中队中队长施特拉罗斯特少尉则不得不面对令他难以忘怀的惨痛损失，他失去了5名飞行员，约等于1/3个中队。

此外，Ⅰ./JG 77、Ⅱ./Ⅲ./JG 53和Ⅳ./54也参加了当天的空战，结果JG 77损失了8名飞行员，JG 53损失了4架Bf 109G-14、2人阵亡，JG 54也失去了2名飞行员。

截至目前德国空军本土防空损失最为惨重的一天终于落下帷幕，在参战的大约450－500名战斗机飞行员中，至少有98人没有返航，其中63人阵亡、失踪或者被俘，35人受伤。而他们对于盟军造成的损失依然是不成比例的，虽然美军第9航空队遭到了惨重损失，但是这其中德军地面高炮部队的作用不容忽视，而美军第8航空队在战斗机有效的护卫下只损失了2架B-17和15架战斗机。盟军当天记录的战果为确认击落德军战斗机116架、可能击落11架。

98这个数字达到了德军战斗机损失的峰顶了吗？接下来的战斗会给出这个问题的答案。

12月24日：
美军的最大规模出击

今天是星期日，也是近期来难得的好天气，不过当天德国空军第1、2战斗机军几乎全体加班，出动的战斗机总数达到了700－800架，这对于此时的德国空军而言已经是一个极其难得的数字了。在23－24日最为忙碌的就是那些地勤人员了，连续2天的大规模出击对于此时德军飞机的维护修理工作而言是一个巨大的负担，人们无法统计23日返航的德军战斗机究竟有多少已经伤痕累累，有多少已经出现了严重故障。

好天气当然不会被盟军忽视，这天第8航空队出动了2046架轰炸机(这是一个非常恐怖的数字)，这也是第8航空队有史以来最大规模的一次出击，目标是全力阻止德军的地面进攻。大约1400架重型轰炸机在850余架战斗机的护卫下将重点攻击德军在基森、法兰克福和达姆施达特地区的11个机场，其余的轰炸机将在第9航空队和皇家空军的支援下继续攻击德军铁路线，重点还是特里尔地区。

这是一支多么庞大的轰炸机群啊！当第一架美军轰炸机出现在德国空域的时候，最后的轰炸机编队还没有离开英国。德军首先迎击的是Ⅳ./JG 3这个突击大队，该大队此时已经属于德军中战斗力较强的战斗机部队，

决死天空
二战末期德国昼间空战

■ 德军战斗机和美军B-17重型轰炸机的战斗场面。

不少战斗机的尾翼上都有击落记录。当该大队发现美军轰炸机群的时候，美国人的护航战斗机还没有出现，于是德国人即刻展开第一次迎头攻击。如同前文已经介绍的，突击大队在没有干扰情况下的攻击对于轰炸机编队而言具有相当大的威胁，这次突击也再次证明了这点，一轮攻击后美军就有4架轰炸机燃烧着解体坠落，还有5架遭到重创不得不脱离编队提前返航或者迫降。直到此刻美军轰炸机组望眼欲穿的野马们才赶到战场，他们急迫地开始追逐打散德军的突击编队。这样的空中格斗对于突击大队而言是相当不利的，在威猛的野马机群攻击下这些Fw 190毫无还手之力。不多时，13中队中队长考瑟上尉和他的队友舒尔茨军士长相继被击落失踪。整个大队最终被美军轰炸机和战斗机的炙热火力联合击落了6架，好在除1人阵亡外其余5人都跳伞逃生。不过，JG 3 "乌德特"当天共有17名飞行员失踪，这可是创了该联队有史以来的最高纪录，其中包括4中队中队长，骑士勋章得主鲁尔少尉。

当JG 3首先和美军激烈碰撞并取得了一些战果的时候，I./JG 27和JG 6的3个大队也开始在空中和美军展开激战，双方飞行员都表现出超人的勇气和作战意志，急转、俯冲、爬升，双方紧紧纠缠到一起，格斗的激烈程度难以一一描述，很多居民都在地面上观看到了这一幕。当时4000米高度的气温很低，这对于德军那些经验不足的年轻飞行员而言是个不小的威胁，不少战机都因此发生故障坠落。I./JG 27损失了5架战斗机，JG 6的损失则相对较大，3个大队总共被击落了13架战斗机，更关键的是这13名飞行员都没有能够返回，其中包括第Ⅲ大队10中队中队长威尔中尉，I大队也失去了3名军官：李昂斯中尉、李克霍夫少尉和施达扎赫少尉，这些经验丰富的前线军官都是无法补充的损失。

亚琛北部和鲁尔空域是另一个空中战

第三章 步入深渊——德国空军昼间战斗机部队12月作战全记录

场,英国皇家空军第2战术航空队的喷火、台风和暴风机群就在这一带游弋,英国人今天也将大吃一惊,因为出现在他们面前的德军战斗机数量超过了他们的预想。这些德军战机主要来自Ⅰ./Ⅲ./JG 1、Ⅰ./Ⅱ./JG 26、Ⅲ./JG 27和Ⅳ./JG 54这几个大队,他们原来的目标是美军轰炸机群,不过突然遭遇到的英国战斗机群使得他们再也无法完成预定任务了。英军第193中队被突如其来的大约50架Bf 109和Fw 190打了个措手不及,1架台风被击落,1架严重受伤,他们的对手很可能就是Ⅳ./JG 54以及后续加入的Ⅳ./JG 27。双方的几十架战斗机很快就展开了缠斗,空战一直打到了荷兰空域,混乱的战局让德军飞行员根本无暇搞清楚具体方位,各大队的指挥系统也都不清楚自己的部队究竟如何分布。Ⅱ./JG 27很快被英国人击落了2架战斗机,Ⅲ./JG 1突入了科隆空域的英军轰炸机和战斗机群,结果被英军第421中队击落了2架Bf 109,令德国人郁闷的是这2名飞行员都失

踪了,除了勋纳少尉踪迹全无外,大队长沃特科上尉(其个人战绩为29个)的尸体也没能找到,当时就在附近作战的哈尔比中尉亲眼看到了沃特科上尉的战斗机被敌机命中后变成了一团火球。

11时30分,Ⅰ./JG 26出动的18架战斗机发现了1个由60-80架轰炸机组成的机群,似乎正在返航途中。没等德国人接近,猛扑过来的一群P-38就击落了5架Fw 190A-8/A-9,

■ 对德军战斗机基地的轰炸是盟军的空袭重点之一,这幅照片显示了曾在1944-1945年作为Ⅰ./JG 1基地的汶特机场遭受空袭后的情景。

而美军只损失了1架P-38，混战中距离不远的Ⅱ./JG 26也损失了4架Fw 190D-9。

JG 77的2个大队在遭受了昨天的惨重损失后今天继续全力出击，Ⅰ大队的对手是美军第9航空队和英军的战斗机，该大队经过一番苦战后再次遭到毁灭性打击：10架Bf 109G-14被击落，而Ⅲ大队只损失了1架。但损失的10名飞行员是这个联队无法承受的：其中包括联队长威斯少校，这位原属JG 52的优秀前线指挥官是1944年秋季开始加入本土防空作战的，他的战机被1架喷火命中，在跳伞时少校的降落伞只打开了一半，最终他重重摔到地上身负重伤；Ⅰ大队大队长鲍曼上尉在卢森堡空域的空战中阵亡，一起阵亡的还有2中队长英格利希中尉，21岁的4中队长坎普少尉也没有返航，最初被登记为失踪，不过正好当天过生日的他后来总算幸运地活了下来。

负责掩护第8航空队轰炸莱茵-美因地区机场轰炸机群的P-51和P-38把防御圈向东尽可能扩展，因为他们认为德军JG 300和JG 301两个联队一定会出现。美军轰炸机群分成两大部分，一部分前往JG 4和JG 11的机场，另一部分前往JG 2的机场。

JG 4的Ⅰ、Ⅱ、Ⅲ三个大队的部分战斗机在法兰克福－达姆施达特高速公路沿线上空和美军轰炸机群接触，属于突击大队5中队的2架Fw 190很快就被击落，Ⅰ./Ⅲ大队各损失1架，其中3中队长施达科中尉几乎就在自己的机场上空被击落，好在他跳伞后直接降到了机场上。JG 4当天几乎没有获得什么像样的战果，损失也不大。JG 11在特里尔空域几乎对抗了美军整个第2航空(轰炸机)师的轰炸机群，Ⅰ大队和Ⅲ大队在空战中共损失了7架战斗机。

JG 2"里希特霍芬"联队的数个机场上空也迎来了美军庞大的轰炸机群，但是布利根中校指挥的这个联队升空抵抗的战斗机很少，只有Ⅱ大队在空战中损失了3名飞行员。此后美国人的估计没有错，当第8航空队的轰炸机群返航时，德军的野猪联队如期而至，分成数个波次向美军机群发起进攻，在哥廷根空域上演了血腥的空战。Ⅱ./JG 300突击大队的指挥官皮特斯少校因为腿部负伤在地面指挥大队作战，他只能通过无线电通讯获知下属取得的战果或者被击落。担任突击大队现场指挥的是驾驶"红色1号"的5中队长布莱特施奈德少尉，这位已经获得31个空战胜利的骑士勋章得主有差不多一半的战绩是在大约20次夜间空战中获得的。不过这位王牌

■ JG 2"里希特霍芬"联队最后一任联队长布利根中校，他是德军为数不多的在西线获得超过100个击落记录的王牌飞行员之一。

第三章 步入深渊——德国空军昼间战斗机部队12月作战全记录

■ II./JG 300克劳斯·布莱特施奈德少尉在12月24日的混战中丧生。

今天再没有机会扩大个人战绩了,他被一位野马飞行员击败,最后阵亡。II大队还有5名飞行员阵亡或者失踪,总共损失了13架战斗机,突击大队在空战中的弱点再次得到了事实的证明。相比而言,JG 300参战的III大队和IV大队损失较小,总计5架战斗机被击落,飞行员全部阵亡。

JG 301于14时05分接到起飞命令,他们照例在第1战斗机师的指挥下出击。JG 301负责高空护航的中队此刻已经换装了新的Fw 190D-9,他们最先和美军战斗机群接触。III大队照例全力保持队形直奔美军轰炸机群,美军轰炸机上的机枪手们又开始看到德军战斗机喷吐的曳光弹,这些子弹是由MG 151型机枪发射的,随着目标被锁定,紧跟曳光弹而来的很可能就是具备决定性摧毁力的MK 108型机炮的炮弹了。9./JG 301的中队长库德瑙上尉是战斗飞行的新手,通过照相枪的胶片,他确认自己击落了1架B-17,这是他的第一个战果。德国JG 301联队史的作者威利·莱希克当时是III./JG 301的一员,这天他的照相枪胶片显示他成功击落了2架B-17。JG 301当天的确切损失数字不详,但是仅仅III大队就损失了10余名飞行员(包括负伤人员)。

24日浩大的空战到此结束,各个战斗机师以及西部空军军区司令部的记录都清楚表明这天又是德国空军惨败的一天,但是确切的损失数量却没有得到完整的记录,直到后来人们才统计出当天德国空军在本土空战中总共有85名飞行员阵亡(不含JG 301的损失)、失踪或者被俘,其中包括2名大队长、5名中

决死天空 二战末期德国昼间空战

■ 1944年12月24日IV./JG 3最后一次重创了美军第8航空队的轰炸机编队,在躲过了德军战斗机部队的拦截之后,美军轰炸机还将面对德军高炮部队的再次蹂躏,可谓历尽艰辛。

队长,还有21人负伤,这意味着至少有106架战斗机被击落,几乎占了全部出动战机数量的12%。盟军方面的记录显示他们总共确认或者可能击落125架德机,双方数字相差不远,而美军2个航空队以及英军第2战术航空队总计损失了大约40架各型战机,其中第8航空队损失了12架重型轰炸机和10架战斗机,此外美军还有23架重型轰炸机无法修复。但即便如此,这些损失和他们的出击数量相比所占比例依然很小,而德国空军的日损失数量再次达到一个最高点,他们试图争夺制空权或者至少能打击对手的努力再次以极不对称的战果宣告失败。

12月25—28日:
无力自保的德国空军

即便是圣诞节,即便已经连续经历了2天的惨重打击,德国空军也没有能够得到一丁点儿喘息,因为盟军强大的空中力量不会给他们这样的机会。今天德国人已经精疲力竭的战斗机部队依然不得不强打精神升空作战,继续迎接惨痛的损失。而阿登战役也已经进入了转折点,盟军空中力量继续全力打击德军的后勤补给线,除了第8航空队出动的422架重型轰炸机和460架护航战斗机外,盟军其他的空军战术单位也全力出击。德军战斗机部队原先制定的支援地面部队的计划只

第三章 步入深渊——德国空军昼间战斗机部队12月作战全记录

能存在于想象中,他们连基本的防卫都无法完成,何谈进攻性支援?即便德军想尝试一下进攻,盟军满天的野马、雷电、闪电、喷火等各型战斗机也成了其无法逾越的屏障,而几天后当德国本土和西线几乎全部的战斗机部队全线出击的时候,迎接他们的将是更加惨重的损失。

25日上午,英军第2战术航空队第193和266中队的台风前往鲁尔区北部执行对地攻击任务,第401中队的目标则是杜伊斯堡区域。这些英军机群都遭遇到了德军战斗机,在空战中有1架英军战斗机和1架Bf 109相撞,英军飞行员跳伞逃生,德军飞行员则当场阵亡。Ⅱ./JG 26当天损失了2架战斗机,也获得了2个战果。JG 27再次全体出动,击落了4架英军战斗机,却付出了13名飞行员的代价,其中6人阵亡或失踪、7人负伤,伤者中包括Ⅱ大队长库沙上尉,整个Ⅱ大队就损失了6名飞行员。

JG 3"乌德特"出动了Ⅰ、Ⅲ、Ⅳ三个大队,Ⅰ大队的任务是为己方的装甲部队提供空中掩护。但这显然是不可能完成的任务。大约12时,这个还没有飞出多远的大队就遭到了美军野马机群的拦截,3中队1架Bf 109G-14很快被2架野马追逐击落,飞行员勉强跳伞成功,4中队则有2人阵亡,Ⅰ大队的出击就这样被打散了。Ⅳ大队当天下午在大队长威登哈玛上尉率领下升空,他们和Ⅲ./JG 1共同前往拦截逼近的美军轰炸机群。美军第467轰炸机大队遭到了这些德军战斗机的攻击,至少1架B-24被击落,而德军却遭到了严重损失,追逐他们的是美军第479战斗机大队的P-51,这些野马冲散了德军的战机编队,在逼得德国人满天乱窜的同时不时地揍下1、2架飞机。威登哈玛上尉试图重新集合Ⅳ./JG 3再次进行突击,但是他的属下已经被野马打得七零八落,他只能带着身边剩余的3架战斗机冲向轰炸机群,从此一去不回。Ⅳ./JG 3总计被打下了7架战斗机,飞行员全部阵亡或者失踪,其中包括大队长威登哈玛上尉。

JG 1"奥绍"这天出动的Ⅰ大队和Ⅲ大队以及联队指挥部小队总计损失了11名飞行员,8名飞行员阵亡或者失踪,其中包括10中队长比尔芬格中尉,他在攻击1架重型轰炸机时被其自卫火力命中坠毁。美军第352战斗机大队登记了一长串Bf 109的击落记录,该大队指挥官普莱迪少校获得了自己的第26和27个空战胜利,但是他最终没有能够安全返航,他的野马被高炮命中坠毁(有可能是盟军自己的高炮),第479战斗机大队也有1架野马被击落。

美军第9航空队出动的总计629架双发轰炸机分成很多小机群向各自的目标——科隆-科布伦茨铁路交通线进发,他们遭遇到了德军Ⅲ./JG 6、Ⅰ./Ⅲ./JG 11、JG 27的4个大队、Ⅳ./JG 54以及Ⅰ./JG 77一共9个大队的联合阻击,英军也有战机加入了这个当天最大的空中战场。Ⅲ./JG 6在奥登堡空域首先发现美军机群,9中队还遭遇到了英军第193中队的台风,英国人击落了由Ⅲ大队指挥部帕里斯中尉驾驶的Fw 190,该大队最终的损失是5

决死天空　二战末期德国昼间空战

■ 美军第352战斗机大队指挥官普莱迪少校在12月25日的战斗中没有返航。

名飞行员,其中4人阵亡或者失踪。Ⅳ./JG 54的运气也很糟糕,这个大队在12月份的作战可谓损失惨重,今天他们在科隆南部又遭遇了大批美机,最后只有少部分Fw 190A-8/9得以返航,8名飞行员阵亡或者失踪。英军第402战斗机中队的舍克少尉在杜棱东南空域击落了1架属于11./JG 11的Fw 190,飞行员罗斯瑙中士失踪。主要在科隆－波恩空域作战的Ⅲ./JG 11总计损失了4名飞行员,和他们在同一空域的Ⅰ./JG 77则被击落了2架Bf 109G-14。Ⅰ./JG 11在阿登东北地区空域遭遇盟军机群,2架Fw 190A-8被击落。当天还有作战损失的联队是JG 53,3名飞行员没有返航。

第二天德军最高统帅部这样记录道:"德国战斗机部队昨天和强大的盟军机群作战并且有效阻挡了盟军的空袭……"但是这份报告背后却是德军战斗机部队付出了损失49名飞行员(其中13人负伤,其他人或阵亡或失踪)的惨重代价。美军第8航空队记录了5架轰炸机和9架战斗机的损失,还有4架轰炸机无法修复,而他们记录的空战战果则有49架确认击落,这天美军战果记录的精确性让人惊叹!

12月26日过于恶劣的天气阻止了盟军的大规模空袭,第8航空队只有151架轰炸机和336架战斗机出击,最终只有2架战斗机没有返航。而德国空军有这样的记录:"天气很冷,Ⅱ./JG 1今天的损失最为惨重,8名飞行员阵亡或者失踪,他们在巴斯托尼空域作战。10时58分,Ⅰ./JG 26的15架Fw 190D-9在哈特格斯中尉指挥下升空,在比利时空域和美军的野马展开空战,哈特格斯中尉以及匈道夫中士被俘,还有2人阵亡,只有施瓦兹军士长获得1个空战胜利。JG 27在吕提锡空域损失了6名飞行员。在西南空域执行任务的是Ⅱ./JG 53,他们在斯图加特空域遭遇美机,大队长麦姆贝格上尉被击落,不得不跳伞,鲁道尔夫中尉阵亡,原因是跳伞高度太低,降落伞没来得及打开。6、8两个中队也各损失了1架战机。装备Fw 190F-8的SchG4 (第4对地攻击

第三章 步入深渊——德国空军昼间战斗机部队12月作战全记录

■ 美军的P-47战斗机让德国人吃足了苦头,特别是在战争末期德军飞行员普遍素质下降之后。

机联队)也损失了4名飞行员,其中包括3中队长容克劳森上尉。"

27日,德军地面部队的进攻被盟军完全阻止,再也没有能力继续突进了。天气依然十分寒冷,而盟军的空中力量似乎丝毫不受低温影响,庞大的机群再度覆盖了前线。第8航空队出动了641架重型轰炸机轰炸科布伦茨地区的铁路线,390架护航的野马机群也经常成批地突入德国空域形成空中屏障。Ⅰ./JG 1在大队长埃勒斯上尉的指挥下升空妄图为地面部队提供支援,但是这些Fw 190A-8很快就和美军陷入空中苦斗,他们的损失是惊人的,出动的18架飞机只有3架返航!8名飞行员阵亡或者失踪,4人负伤,阵亡者中包括大队长埃勒斯上尉,这名骑士勋章得主已经获得过52个战果(其中23架4发重型轰炸机),在

其战斗机飞行员生涯中曾经被击落过12次,但一直都能重返战场,然而这次他的好运算是到头了。此外,该大队还失去了2中队长高特弗利德少尉和4中队的鲍舍尔中尉等核心军官,遭到毁灭性打击的Ⅰ./JG 1已经完全失去了战斗力。

JG 27这天依然出动了Ⅰ、Ⅱ、Ⅳ三个大队,他们的任务和JG 1基本相同——支援巴斯托尼的战斗,4中队长贝克曼少尉带领手下的Bf 109G-14在执行高空护航任务时遭遇到2架P-38,他成功击落其中1架。可是该中队随后就遇到了可怕的野马,包括贝克曼少尉的座机在内Ⅰ大队总共损失了3架战斗机,Ⅱ、Ⅳ两个大队分别有2人和1人失踪,包括7中队长施坦恩少尉,JG 27总计有8架战斗机被击落。击落这些梅塞斯密特的除了美军野马机群以

外还有英军第274中队、411中队和440中队的功劳，不过JG 27今天的表现也算不错，获得了10个战果。和JG 27差不多在同一空域作战的还有Ⅱ./JG 77和Ⅳ./JG 54，分别损失了1架和4架战斗机，Ⅳ./JG 54失去了他们经验丰富的一位中队长——14中队的布德少尉以及2位军官：巴拉赫少尉和德雷克斯勒中尉。

13时左右，美军第9航空队的P-47和英军第486中队的暴风机群遇到了Ⅲ./JG 54第10、12中队的Fw 190，英军的暴风和克鲁姆普中尉的10中队展开激战，以损失1架的代价击落了德军4架"长鼻子多拉"，12中队也损失了1架，5名德军飞行员3死2失踪。今天美军第9航空队的P-47再度展现了其无所不在的威慑力，不仅覆盖了德军的主要战区，甚至还和英军第137中队的台风发生了误击事故。第9航空队在这两天的大规模出击中不仅有力地打击了德军在阿登前线的地面部队，还击落了大约70架德机，自己损失了39架双发轰炸机，其中大部分是被德军高炮击落的。

JG 3今天也受到了无法弥补的损失，Ⅰ、Ⅲ和Ⅳ大队的作战空域在科隆附近，对手中有美军也有皇家空军的战斗机群。一番苦战后14中队失去了中队长格劳比希少尉——他和2名队友都是被P-47击落的，Ⅳ大队总计被击落5架Fw 190A-8/9，飞行员全部损失。Ⅰ、Ⅲ两个大队的情况也好不到哪里去，分别损失了3架和5架Bf 109。

随着战局的演进，空战越来越白热化，也越来越混乱，尤其对于德军众多缺乏经验的新手而言，这样残酷的空中格斗是他们无法应付的，僚机飞行员根本无法完成掩护长机的任务，而那些指挥官也无暇顾及和照顾新手。此外，德军老飞行员的损失也越来越多。28日的战斗中，德军36名阵亡或者失踪的飞行员中，大队长和中队长有5人。美军第8航空队的损失依然轻微，2架轰炸机和5架战斗机没有返航，只是第9航空队遭到了较为惨重的损失。

28日，德军战斗机部队无力升空，第8航空队的1275架重型轰炸机和606架护航战斗机如入无人之境，只有2架轰炸机没有返航。

12月29-31日：垂死挣扎

29日，Ⅲ./JG 54经过几天补充再度聚集起大队规模的战斗机群，他们出动了大约70架Fw 190D-9的主要任务是为KG(J)54的Me 262的起降提供空中掩护，这对他们而言已经是非常熟悉的任务。和Ⅲ./JG 54共同执行这个任务的还有JG 6和Ⅳ./JG 27的部分战斗机，他们将在第3战斗机师的指挥下(Y-引导战术)负责对抗来自多特蒙德-艾姆斯运河空域的盟军低空攻击。但是最终的作战结果是令人失望的，这也成为Ⅲ./JG 54最后一次大规模出击，17名飞行员阵亡、3人负伤的损失是再也无法弥补的，因此他们此后只能以中队规模出战了。

大约9时，克鲁姆普中尉的10./Ⅲ./JG 54首先起飞，随后9、11、12中队间隔1个小时

第三章 步入深渊——德国空军昼间战斗机部队12月作战全记录

■ 为第458轰炸机大队护航的第352战斗机大队的P-51野马战斗机,野马战斗机的大量出现,彻底改变了欧洲上空的空战格局和形势。

陆续升空,此刻德军飞行员对于将要面对的盟军优势空中力量并没有充足的准备,因为他们并没有得到确切的消息和适当的指挥。德军的指挥失误是该大队遭遇惨重损失的根本原因——面对规模宏大的盟军战斗机群,德军居然以中队为单位单独出击,原本就处于劣势的力量再度被人为分散,结果只能加倍削弱自己的战斗力。许多遭到盟军战斗机围攻的德军飞行员根本来不及作出反应,就稀里糊涂地陷入被动挨打的境地,最终只有10中队基本得以全身而退,而其他3个中队都遭到了猛烈打击,尤其是接下来要描述的9中队。

当9中队的2个小编队到达林根-莱茵空域的时候,他们突然遭到英军第411中队喷火机群的打击而陷入混乱。中队长海尔曼少尉

虽然竭尽全力指挥当时飞行高度只有2000米的中队爬升迎战,但是一切都于事无补,高度上处于劣势的他们只能面对英国飞行员的打击而毫无还手之力,如同点燃的火把般一架接一架拖着浓烟坠落,6名飞行员当场阵亡,空中还出现了几顶降落伞。最终,这个几乎被全灭的中队只有1架战斗机踉踉跄跄返航着陆,看到这一幕的大队长罗伯特·威斯上尉大吃一惊,立刻率领大队指挥部小队升空前往目标空域,他要亲自去找寻原因!普拉格少尉的11中队此刻也基本抵达目标空域,不久后在多特蒙德-艾姆斯运河右侧的"弗里德里希"空域出现了大批英军喷火战斗机,11中队总算在飞行高度上没有吃亏,立即向着英军机群俯冲攻击。

然而突然出现的一队台风战斗机则让德

决死天空 二战末期德国昼间空战

机陷入了被夹击的劣势,激烈的空战中,双方都有战机不断坠落。1944年7月开始担任Ⅲ./JG 54大队长的骑士勋章获得者威斯上尉用自己的生命验证了部下的悲剧,他在和数架喷火的格斗中被击落,这位24岁的经验丰富的前线指挥官是德国空军当天最惨痛的损失,他的最终个人战绩为121架。威斯上尉的指挥部小队成员贝莱尔中尉也没有能够返航,坠毁在凡尔登西北。11中队则有2名飞行员阵亡、1人重伤。英军第331和401中队的喷火以及第168和439中队的台风总共记录了9个确认击落和2个可能击落,自己损失了6架战斗机,第439中队的战果中有1架Fw 190A-8可能属于Ⅲ./JG 6。

12时左右,道腾曼中尉的12中队逐渐接近了已经让他们的战友受到惨重伤亡的战场,在爬升到6000米高度时,12架"长鼻子多拉"与可能是英军第3和56中队的暴风机群遭遇,与此同时7./JG 6的一队Fw 190A-8也加入了空战。一场混战之后,双方几乎打成了平手,12./JG 54有1人阵亡1人负伤,7./JG 6被打下1架飞机,而英军损失了4架暴风。

当天的空战从上午9时一直打到下午3时,战况激烈而混乱,作战空域也扩展到一个很大的范围,要想精确描述双方对阵的部队和具体的过程以及损失是非常困难的。双方记录都不可避免地存在各种误差,例如作战空域、机型辨认(德军的Fw 190/Bf 109,英军的台风、暴风和喷火经常都被对方认错)等等,例如13./JG 27在空战中损失了3架Bf 109,2名飞行员阵亡,但具体细节无从查

■ 右图为罗伯特·威斯上尉,先后服役于JG 26和JG 54,出击471次,击落121架(东线97架,西线24架)。下图分别为他在1943年任少尉时驾驶的Fw 190A-5和1944年的Fw 190D-9。

第三章 步入深渊——德国空军昼间战斗机部队12月作战全记录

起。很多时候笔者只能从双方的损失总数来互相修订,这样的情况随着战争越来越接近尾声而日益明显,尤其是末日前的德国空军的记录十分混乱,有的时候根本无法理顺。

29日,英军第2战术航空队的记录是取得31个空战胜利,自身损失11架,其中第411中队的奥德特少尉击落了5架德机,成为了单日王牌。德军的记录显示出战的JG 6、JG 27和JG 54总共有20名飞行员阵亡,加上负伤、跳伞返回或者失踪的人员,与英军的记录基本吻合。尽管当天德国空军出动的飞机数量不多,但战机的损失数量几乎占了出击总数的1/3。而美军第8航空队当天出动的827架重型轰炸机和724架战斗机基本没有遭遇到德军的有效抵抗,最终只有4架轰炸机和3架战斗机没有返航。

美国陆航在12月30日出动了1315架重型轰炸机和572架战斗机,对德军的交通体系进行了大规模轰炸,德军战斗机部队没有升空拦截,美军只有4架轰炸机和2架战斗机被地面高炮击落。

31日,美军将轰炸目标改为德国的燃料加工基地,第8航空队的1327架轰炸机在785架战斗机护卫下毫无畏惧地冲向德国空域,德国人不得不再次迎战。很显然,在德军的

■ 汉斯·道腾曼中尉。战绩为38架。下图为他驾驶的Fw 190A-8"红色1号",那个骑着叉子的魔鬼是位于其机鼻上的个人标志。他总共出击150次,于1945年4月的空战中被击落后被俘。

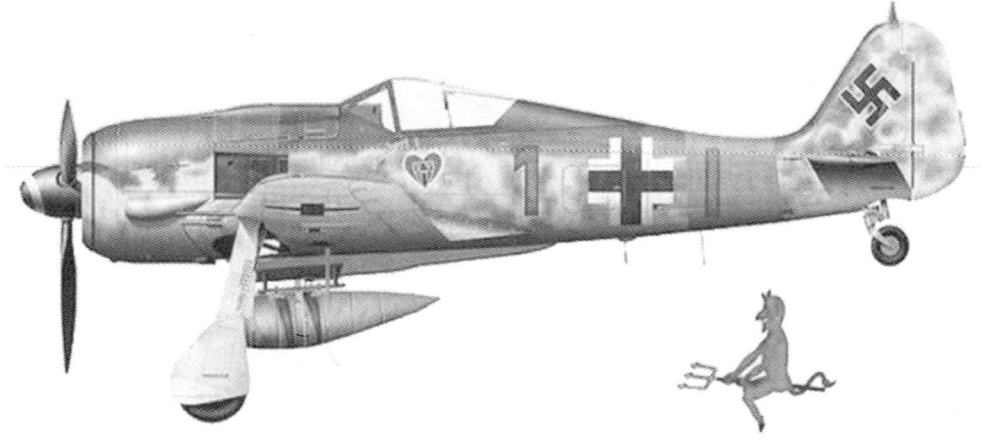

决死天空 二战末期德国昼间空战

垂死挣扎之下，美国人将付出39架轰炸机的代价（另有资料显示第8航空队当天有27架轰炸机被击落，还有6架无法修复，战斗机损失10架）。而德军的损失依然高昂，仅仅第1战斗机师就有20名飞行员阵亡、4人失踪、10人负伤，此外，1名大队长和3名中队长阵亡，1名大队长和2名中队长负伤的损失更是德军无法弥补的。

今天飞往德国北部的美军主力机群的任务是空袭汉堡附近的燃料加工基地，JG 300和JG 301出动了14个中队直冲而来，总计大约150－190架Bf 109G-10/K-4、Fw 190A-8/9和D-9将和美军展开激战。Ⅲ./JG 300大队指挥部和10中队在汉诺威附近空域试图直接攻击美军轰炸机群，遭到了野马机群的拦截，Ⅲ大队大队长坎普少校在空战中阵亡，他的许多部下目睹了大队长的梅塞斯密特燃烧着坠地爆炸。Ⅱ./JG 300这个突击大队在"多拉－提尔多"空域遭遇美军机群，虽然他们同样遭到了美军第78和364战斗机大队的P-51机群的顽强阻击，但顽强的突击大队飞行员们还是利用美军战斗机和轰炸机编队之间的空隙钻了进去。这让美军轰炸机群遭到了惨重打击，第3航空（轰炸机）师大约有14架B-17相继被击落，其中一半属于第100轰炸机大队。一些受伤的轰炸机在汉堡上空遭到德军高炮部队的猛烈打击，又被击落了10架。而JG 300的突击大队同样付出了惨重代价，9架飞机被击落，其中8中队损失最大，有3名飞行员阵亡，而5中队中队长格拉兹迪少尉在空中身负重伤。

于10时50分陆续起飞的JG 301的3个大队在JG 300作战的同时也在萨尔茨威德尔空域开始全力攻击美军机群，他们的攻击最初获得了一些战果，威利·莱希克技术军士这样回忆自己的幸运时刻："当我接近攻击1架B-24并且脱离转向后（我最终击落了它，我的第21个战果），平行飞在轰炸机群侧方，突然看到了一道亮光急速接近机舱！一梭子机枪子弹直接穿透我的座舱盖后部飞了出去，这几个弹孔就在我的脑袋后面，子弹几乎擦着我的头飞过！原来是野马来了！"

JG 301的进攻很快就被陆续赶来的P-51打了回来，Ⅱ大队的Fw 190D-9首先和野马们纠缠在一起，但是数量上的极度劣势使得负责高空护航的"长鼻子多拉"根本无法顶住美军战斗机的猛烈进攻，很快JG 301就有4架战斗机相继被击落，其中包括10中队长施达尔中尉的红色14号Fw 190A-8，不过施达尔本人负伤逃生成功。JG 301其他战斗机并没有能够及时赶到JG 300的战场，因为他们无法突破已经展开空中屏障的美军护航机群。在缠斗中很快又有3架德军战斗机被击落，其中包括9中队长库德瑙上尉，库德瑙当场阵亡，接替他指挥9中队的莱尼克少尉在第二天的战斗中负伤勉强返回基地。在汉堡上空的美军轰炸机群右翼也成为空战重点区域，美军战斗机群成功阻挡了JG 301的6、8、11、12这4个中队的进攻，11中队长赫尔佐格中尉在出击的时候没有想到他的4名中队队员再也没能返

第三章　步入深渊——德国空军昼间战斗机部队12月作战全记录

■ 威利·莱希克技术军士。

航，他们在沿着柏林－汉堡航线前进的时候遭遇到美军的猛烈打击。8中队也有战斗机燃烧着坠落，其中包括阵亡的中队长瓦尔特中尉，最后连Ⅱ大队长诺勒特上尉的Fw 190D-9也被命中，他本人重伤生还。中午时分，德军战斗机继续咬着准备返航的美军机群不放，10./JG 301在追击战中又遭到了损失，当天该中队有4架战斗机被击落。Ⅲ大队总计损失11名飞行员，位列联队损失榜首位，而整个联队的损失超过了20人。

此时，德军各个前线机场上都停放着大量战斗机，这是为明天将要开始的"底板行动"准备的。而且，德军飞行员中还只有少

数人获悉这个计划，此外，西线的德军战斗机部队还将照常执行防空任务。盟军今天在西线的主角是皇家空军，6./JG 1撞上的是英军第137中队，英国的台风们成功猎杀了4架Fw 190。而英军第416和422中队的喷火机群在上午和属于Ⅲ./JG 27的大约15架Bf 109遭遇，英国人干脆利落地击落了其中4架。Ⅳ./JG 54今天唯一的损失来自于14中队的1架Fw 190A-8。JG 4的2个中队今天起飞后的任务是阻止美军战斗机轰炸机的攻击，16中队损失了2名飞行员，其中包括中队长汉斯·施里弗中尉，这位王牌的个人战绩定格在98架，这两架战斗机都是在巴德迪克海姆空域被命中坠毁的；12中队也损失了2名飞行员。

德国本土1944年最后一天的空战就这样落下了帷幕，德军战斗机部队用至少49架战斗机的代价来继续保持着他们在空中的存在。当晚各空军基地开始实行绝对的禁酒令，明天——1945年的新年第一天，德军战斗机部队将步入最后一次死亡进攻——"底板行动"。德军在整个12月份的本土空战中延续着惨痛的失败，与之前相比，现在盟军在恶劣天气下很多时候也同样保持着强大的空中进攻能力，尤其是最后1周的连续作战更是使得德军几乎没有任何喘息的机会。盟军对德国空域的控制能力越来越强大，在这个月德军至少有80个机场遭到空中打击，大约129架战斗机在地面被摧毁，还有140余架受重创。德军战斗机部队的作战效率甚至还比不上高炮部队，而遭受的损失却是极其高昂：

决死天空　二战末期德国昼间空战

■ 面对越来越严峻的局面，纳粹德国即使投入先进的Me 262喷气战斗机依然无法改变战争的结局。

12月1—16日，136名飞行员没有返回；19—22日有83人；23—31日的9天内更是损失了大约316名飞行员！这些数字还没有包括194名重伤的飞行员。现在可以肯定的一点是，德国空军已经彻底失去了对盟军构成威胁的能力，在战争还有4个多月就要结束的时候，他们已经陷入了绝境。1945年的作战将是毫无希望的垂死挣扎，即便还有人妄图用喷气战斗机部队来挽回局势，即便Me 262部队的确对盟军构成了一些威胁，但这也只能是和德军自己的普通战斗机部队相比较而言的，实际上连对盟军空中力量产生真正意义上的影响都谈不上。

第四章　最后的新年——1945年1月德军昼间战斗机部队作战记录

微不足道的抵抗

1945年新年的第一天，在西线上德国空军战斗机部队10余个联队开始了最后的垂死反击——"底板行动"。而这天德国本土空域是否就平安无事呢？

答案自然是否定的，美国人是不会给垂死的纳粹帝国任何喘息的机会的。当天德国人镇守本土空域的就只剩下2个联队：JG 300和JG 301。按照正常编制这两个联队7个大队至少应该拥有300架以上的战斗机，但是实际上远非如此，我们也不难理解，经过11、12月连续的损失惨重的作战，这两个联队基本没有得到休整的机会，飞行员们的身体疲惫不堪，只不过他们作为唯一的本土防空战斗机部队，只要美国人出现，他们就必须升空迎击。美军今天出动的机群依然超过1000架，其中轰炸机845架，护航战斗机725架。JG 300接到命令立刻升空，而JG 301则在地面待命随时出击，负责德国本土的第1战斗机军此刻也就这么点力量了。

中午前不久，德军在不来梅港和不来梅空域发现了美军B-24和B-17机群，此刻参加"底板行动"的战斗机部队大多已经伤痕累累地返回基地，惨重的损失使得他们根本不可能再次升空作战。于是Ⅲ./Ⅳ./JG 300这两

■ 1架正准备升空迎敌的Fw 190D-9"长鼻子多拉"。

决死天空

二战末期德国昼间空战

■ 1944年底的施坦达尔基地,这里停放着缴获的1架喷火和1架P-38型战斗机,涂装都已经被改为德军式样。

个大队是此刻在空中和美军机群作战的唯一力量,现在的Ⅳ./JG 300就是原来的Ⅰ./ZG 76,这个大队刚刚调过来转入JG 300。这次美军的野马机群并没有能够及时阻止德军战斗机的进攻,原本这应该是德军难逢的好机会,但是德国人的损失依然很快就出现了。首先是14中队克雷诺技术军士的黑色14号直直坠落,紧接着12中队的李克特中士的座机也掉了下去。此时Ⅰ./JG 300也已经赶到,他们在吕内堡上空发现美军机群,即刻加入战团,不久1架黑色1号Bf 109G-10就冒着黑烟斜着冲向地面。

美军机群的主力此刻似乎是想飞往易北河区域,难道目标还是柏林?于是第1战斗机军指挥部命令JG 301准备出击。大约在12时15分,柏林响起防空警报,但是今天美军又是虚晃一枪,他们在"多拉-多拉"空域突然进行了转向,现在他们的主力将飞往南部!

只有侧翼的1个机群继续向着德国首都飞行。JG 301于11时左右接到出击命令,Ⅲ大队的1架Fw 190于2分钟后第一个升空,该大队升空后向西飞行。Ⅱ大队装备Fw 190D-9的中队首先爬升到整个编队的最上方,负责高空护卫,而其他中队则依然在忙着爬升。不久,JG 301的3个大队的战斗机先后开始抛下副油箱,他们即将和美军机群展开激战,这个空域距离JG 301的几个基地很近,显然留给德国人进行空战准备的时间极其短暂。

Ⅱ大队和Ⅲ大队在遭到美军野马机群拦截以前总算得到了一次攻击美军轰炸机群的机会,但是只有一次!随后他们就要忙着应付美军战斗机的全力"照顾"了。随着空战的进行,4中队中队长奥托·弗兰克少尉和他的部下贝克勒中士相继坠机阵亡,Ⅲ大队也很快报告了3名飞行员负伤跳伞,1人失踪的消息。其中9中队中队长莱尼克少尉在攻击美

第四章　最后的新年——1945年1月德军昼间战斗机部队作战记录

军B-17机群时被击伤，勉强向着基地方向返航，在他准备迫降时飞机彻底失控，一道青烟划过天际，莱尼克少尉从此再也没有返回大队。II大队唯一损失的战斗机是勋奈西技术军士的蓝色2号——失踪。美军机群主力随后再次进行了航向变动——向西，他们的真正目标直到此刻才可以基本确定——卡塞尔。

此时，执行拦截任务的JG 300/301的飞机基本都已经油料耗尽返回基地了，忙碌的地勤人员必须尽快为战斗机加油补弹，以便它们再次起飞，但是第二次起飞后大部分德军飞行员没能找到美军机群。美军当天对科布

■ 这张照片摄于1945年1月。照片显示了一名正在跳伞的德军飞行员（属于JG 301联队9中队），他已经跳离他的那架被命中的Fw 190A-8战斗机。

伦茨和特里尔地区的交通枢纽，以及皇家空军轰炸机司令部对多特蒙德－艾姆斯运河的空袭都没有遭到德军的空中抵抗。最终德军当天的记录战果为16个，损失27名飞行员，其中9人阵亡（6人属于JG 300），而美军第8航空队记录的实际损失为8架轰炸机和2架战斗机，还有10架轰炸机报废。1945年新年第一天的德国本土空战就此结束。

1月2日，面对例行而来的美军庞大机群，德国空军能够出动的战机却少得可怜，昨天的惨重打击让大部分联队都没有缓过神来，而在天空中仅仅盟军的战斗机就超过了1400架！JG 4的3个大队勉强升空，尤其是它的II大队（突击大队）把能出动的9架战斗机都派上了天。他们在凯泽斯劳滕－卡尔斯鲁厄空域和占绝对优势的盟军战斗机展开殊死搏斗，结果II大队6中队有3名飞行员阵亡，此外I大队则有3人跳伞，至于战果就不值一提了。当天在斯图加特空域作战的是II./IV./JG 53这两个大队，对手是盟军的战斗轰炸机，但是即便和这些相对笨重的盟军战机较量，德军也占不到什么便宜，包括IV大队大队长穆尔上尉在内的4名飞行员在空战中阵亡，II大队还有2架战斗机在好不容易返回机场准备降落的时候被英军的喷火击落。今天德军的抵抗只能用零星小火来形容，而德国空军这样的状况还将持续10余天，首要原因自然是因为"底板行动"的创伤是不可弥补的，而且JG 300和JG 301在独撑防空大局的作战中的损失也是难以承受的。盟军的大规模空袭则

决死天空

二战末期德国昼间空战

是丝毫没有减弱或者暂停的迹象,几乎天天都有千架以上的战机翱翔在德国上空。

直到1月14日星期天,德国空域才再次出现较大规模的空战。当天JG 102(战斗机训练联队)的1架Ar 96 TG+UK教练机一大早就起飞进行飞行训练,等到机上的2名飞行员——哈辛格技术军士和福斯特中士发现成群的美军战斗机时一切都晚了,美军早就虎视眈眈的野马们是不会放过任何一个到手的猎物的。这架被凌空打爆的训练机正式揭开了惨烈空战的序幕。这又是一个负责本土防卫的JG 300、JG 301二联队的黑色星期日,已经转场到柏林东南的JG 301此前经过10天左右短暂的休整,今天再次升空作战。当天天气晴朗,这是美军在1月份第一次向德国中部空域进发,第3航空(轰炸机)师的大约600架B-17和第2航空(轰炸机)师部分B-24轰炸机构成了编队主力,轰炸机总数达到911架,护航战斗机860余架。当负责护航的战斗机大队之一——第357战斗机大队击落了JG 102那架训练机的时候,重型轰炸机机群已经到了弗尔和佩尔沃姆空域,准备突入施莱斯维希-霍尔施坦空域,编队

先锋已经向着德国东南方向进发。而负责柏林防空的德军战斗机则已经升空等待他们的到来,然而第8航空队的行动再次出乎德军意料,他们的目标不是柏林,而是德国中部的燃料加工基地,部分轰炸机则向马格德堡进发,除此之外当天美军还出动了400余架轰炸机进入科隆空域,攻击那里的莱茵河桥梁。

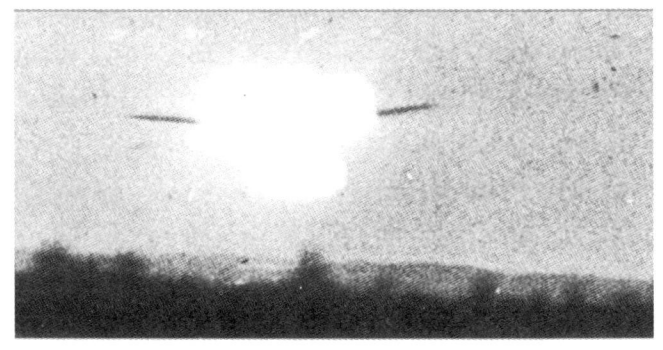

■ 1架被击伤的Bf 109终于支持不住,在低空爆炸。

第四章 最后的新年——1945年1月德军昼间战斗机部队作战记录

当负责为第3航空(轰炸机)师护航的美军战斗机群向着佩尔勒堡空域进发的时候,第357战斗机大队首先遭遇德军JG 300/301,大队指挥官崔恩中校毫不犹豫带队上前和德军展开异常惨烈的殊死搏杀。德军战斗机群在哈维尔和易北河空域遭到了惨重打击,由于Fw 190在6000米以上高度的爬升速度很慢,德军战斗机群无法按照命令即刻爬升到美军机群的8000米高度。此外缺乏经验的新人们或者因为紧张或者因为面对众多美军战斗机的恐惧而显得手足无措,因此攻击战术也凌乱不堪,他们几乎没有机会突破美军战斗机的屏护圈区攻击真正的目标——轰炸机。晴朗的天空给双方飞行员都提供了良好的视野,互相之间对于对方的一举一动都看得十分真切,美军战斗机群此刻更是表现出了优异的编队技术以及快速反应能力,他们总是能够及时地赶到并且击溃德军试图突入的战斗机群。于是天空中时常出现这样的场景:德军一队战斗机从某个方向试图突击,美军的P-51总能及时驱散这些德机。德军在哈维尔山空域至少损失了5架战斗机,在克里茨空域至少被击落12架!JG 300的13中队伤亡最为惨重,很快就失去了战斗力。

JG 301此刻也在这个空域接受血的洗礼,攻击他们的美军野马机群的飞行高度比他们高500米左右,就是这500米决定了JG 301的劣势。美军飞行员将能量速度优势发挥得淋漓尽致,德军战斗机几乎没有还手之力,JG 301的2、4、8中队的损失最为惨重,其中2中队有3人跳伞,4中队在克里茨空域附近大约25平方公里的区域内失去了5名飞行员——3人阵亡、2人负伤。6中队中队长,骑士勋章得主汉卡迈上尉的Fw 190A-9也在这里被击落,他当场身亡,而11中队中队长赫尔佐格中尉则侥幸负伤跳伞。JG 300和JG 301当天总计出动了189架战斗机,除了上述被美军拦截的攻击之外,德军只有部分战斗机成功攻击了位于美军轰炸机编队最下方的属于第390轰炸机大队的1个中队,击落了数架B-17。对于德军战斗机部队而言,要想拦截到他们的主要目标美军轰炸机群,已经变得越来越不可能了。

随后美军主力轰炸机群到达施坦达尔空域,德军战斗机则继续以单机-双机-多机编队从各个方向尝试对轰炸机群进行攻击,但是美军战斗机是不会让德国人轻松进攻的,在他们猛烈有效的攻击下,德军战斗机继续一架接着一架往下掉。JG 300联队指挥部霍夫曼中士的黑色2号首先笔直地砸向地面,紧接着Ⅲ./JG 300有2架飞机也掉了下去。野马机群冲散了德军的一个编队,10./JG 300和JG 301各自损失了1架战机。随着美军轰炸机群继续前行,其护航战斗机部队则继续着艰苦卓绝的空中格斗,千方百计进行渗透的德军战斗机终究都被美军驱赶了出去,彻底隔离于轰炸机群之外。Ⅲ./JG 300在拉特瑙空域又至少损失了4架战斗机,Ⅰ./JG 300也在附近空域被击落2架。美军第357战斗机大队当天宣称击落了56架德机,和他们并肩作战的还有第20和56战斗机大队。德军Ⅲ./Ⅳ./JG 300的部分战斗机就和装备P-47的第56战斗机大队展开激战,最终损失了5名飞行员,这2个野猪联队当天的血腥作战也落下帷幕,他们总共付出了69架战斗机的代价:JG 300有39架;JG 301有30架,战损率达到了41%!而飞行员有54人阵亡。其中Ⅲ./Ⅳ./JG 300这两个大队是损失最大的大队,分别失去了12和14架战斗机,Ⅰ./JG 301也损失了12架。德军宣称击落了37架美机,而美军第8航空队的记录显示他们损失了7架重型轰炸机(还有5架报废)、9架P-51、2架P-47。

14日的血腥空战并非只发生在德国中部,西部空军司令部下属的众多战斗机联队当天也在西线和盟军展开激战。盟军方面除了第8和第9航空队的400余架轰炸机空袭科隆地区外,皇家空军轰炸机司令部还负责轰炸萨尔布吕肯,第2战术航空队也出动了大量战机进行掩护。当天早上3个喷火战斗机中队进入亨格罗-屯特空域执行"自由狩猎"任务,正在起飞的Ⅰ./JG 1被突如其来的英军第401、402中队的战斗机弄得手忙脚乱,隶属大队指挥部的斯尔中士在他的"长鼻子多拉"被击落前总算打下了1架喷火,然而处于绝对劣势的德军很快就有7架Fw 190被陆续击落,勉强起飞的德国人根本无法和有备而来的英国人较量,这个大队甚至还没有来得及集合编队就彻底失去了战斗力。另一个英军喷火中队——第411中队也宣称击落了3架德机,这3个喷火中队宣称的11架战绩和德军的记录完全吻合,英国人只损失了2架喷火。

西线的另一个空中战场在明斯特空域,

■ 正在执行进攻任务的皇家空军喷火战斗机群。

第四章 最后的新年——1945年1月德军昼间战斗机部队作战记录

在这里Ⅳ./JG 54再次遭受了残酷的血的洗礼，14中队中队长拉德科中尉和15中队中队长莱西少尉阵亡，该大队总共失去了10架战斗机：8人阵亡、2人负伤。这次惨重的打击使得该大队彻底结束了他们在西线的作战使命，Ⅳ./JG 54解散后剩下的残余人员将在2月12日加入Ⅱ./JG 7。

中午时分，驻扎在福克尔基地的英军第3和486中队遭遇了Ⅳ./JG 3，双方即刻缠斗在一起，德国人依然不是英国人的对手，Ⅳ./JG 3在荷兰空域总共损失了8架战斗机，4名飞行员阵亡。而在凯泽斯劳滕空域的战斗中，德军方面的主力是JG 4和JG 11联合编成的编队，外加Ⅳ./JG 53。JG 4在空战中失去了2位重要军官：3中队中队长史达克中尉阵亡，另一位是原Ⅱ./JG 5冰海联队的约瑟夫·昆茨少尉，他被击落后身负重伤。JG 4出动的Ⅱ、Ⅳ两个大队总共损失了4架战斗机，Ⅱ./JG 11被击落3架。Ⅳ./JG 53则和美军的战斗轰炸机群展开激战，结果被击落3架。

此外，JG 26在当天的空战中同样付出惨重代价，他们的目标空域本来是阿登地区，但是在科隆－波内空域遇到了大批盟军战斗机。当血腥空战结束后这个联队至少损失了15架战斗机，有10人阵亡、3人失踪，阵亡人员中包括5中队中队长，获得48个空战胜利的骑士勋章得主戈哈德·福格特。他的中队被美军战斗机群冲散，福格特试图冲入云层躲开野马的追击，但还是被打死在座舱内，5中队最终损失了4架战斗机。给予JG 26痛击的对手主要来自美军第78战斗机大队，该大队总计登记了6架Fw 190、6架Bf 109的确认击落记录和6个击伤记录，基本上和德军的记录相吻合。JG 27损失轻微，他们以2架战斗机的代价换取了1架野马。至此黑色星期日的惨烈空战结束，德军战斗机部队继续承受着高昂的战损代价：107名飞行员阵亡、失踪或者被俘，32人负伤，而他们对盟军占据绝对优势的空中力量的伤害是微不足道的，这是一场彻底的一边倒的惨败。盟军方面记录的161个空战胜利和德军数字相去不远，他们自己的损失则是轻微的，除了上述第8航空队的损失，第9航空队只损失了6架战斗轰炸机。

德国空军在战争末期的内部矛盾成为一

■ 戈哈德·福格特中尉，JG 26联队，174次出击，战绩为48架，包括8架轰炸机，1945年1月14日在空战中阵亡。

决死天空 二战末期德国昼间空战

个制约其战斗力的重要因素,"底板行动"的惨痛失败使得戈林和他的这些指挥官们的关系最终激化了,根据加兰德将军的回忆录,在空军参谋长考勒将军和第4航空队指挥官格莱姆将军的协调下,在1月22日以吕佐上校为代表的众多战斗机部队联队级别"王牌"指挥官们再次和戈林举行会议,与会的除了吕佐上校之外还包括了施坦因霍夫上校(前JG 77、JG 7联队长,佩剑橡叶骑士勋章得主,1972年任联邦德国空军总司令)、格拉夫上校(现任JG 52联队长,获颁钻石佩剑橡叶骑士铁十字勋章)、罗德尔上校(前JG 27联队长,个人战绩98架)、特劳特罗夫特上校(前JG 54联队长)等老资格的联队指挥官。

这个于当天12时在柏林"飞行员之屋"开始的会议的核心议题就是谈论现阶段战斗机部队究竟应该如何组织,如何有效

■ 吕佐上校,佩剑橡叶骑士勋章得主。1940年他就成为JG 3"乌德特"的联队长,并且是第一位获得骑士勋章的战斗机飞行员,到1942年离开JG 3时,其个人战绩已经达到了103个。后依次担任过西部战斗机总监、第4航空师指挥官等要职。战争末期因为严重顶撞戈林帝国元帅甚至要被枪决,最后他加入了加兰德将军的王牌战斗机部队"JV 44",飞Me 262喷气式战斗机,1945年4月24日在空战中失踪。

■ 右图为斯坦因霍夫上校,在JG 26、JG 52、JG 77、JG 7和JV 44联队服役,出击993次,击落了176架敌机,西线28架,东线148架,(6架用Me 262击落,击落4架4引擎轰炸机,10架Il-2强击机)是活塞式和喷气机的双料王牌。佩剑橡叶骑士勋章得主,1972年任联邦德国空军总司令。下图为他1942年8月在JG 52时的一架座机Bf 109-G2。

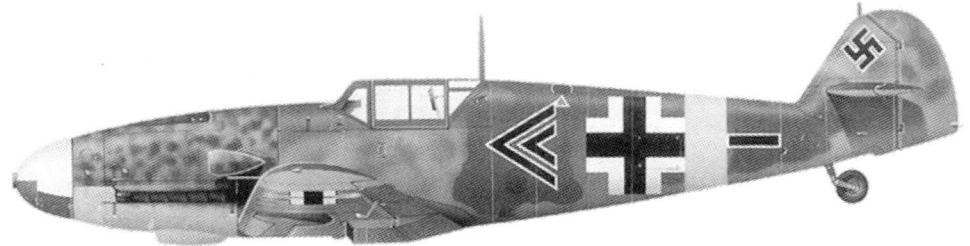

第四章 最后的新年——1945年1月德军昼间战斗机部队作战记录

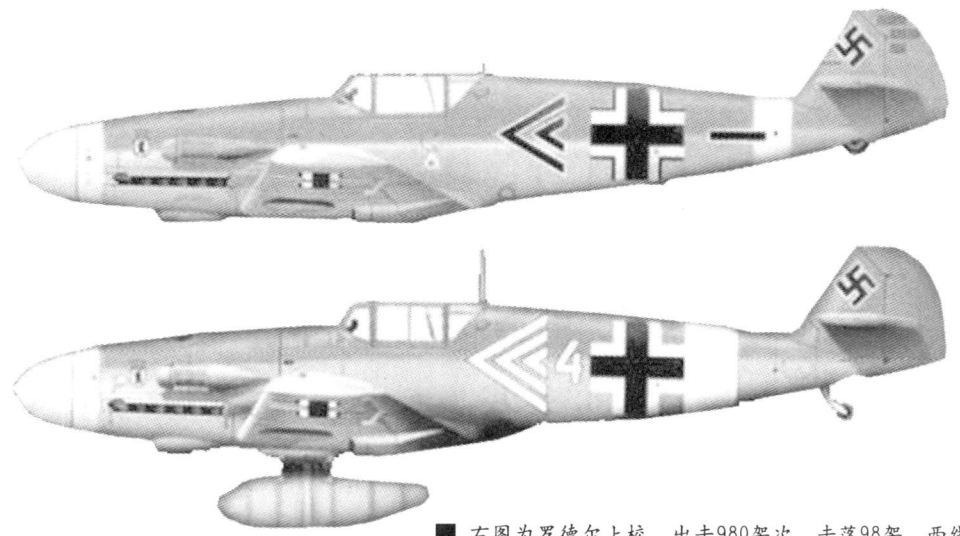

■ 右图为罗德尔上校。出击980架次,击落98架,西线96架,东线2架。13架4引擎轰炸机,战后被俘。上图为其座机Bf 109F-4和Bf 109G-4。

之极)、恶劣天气下出击、戈林片面相信错误信息来源以及"冷冻"处理加兰德这位战斗

■ 特劳特罗夫特上校,前JG 54联队长。

作战。前线指挥官们的领头者吕佐上校在这次会议上坚决地提出了关于Me 262的分配、轰炸机指挥官过多干预甚至指挥战斗机部队(战斗机指挥官们对于让佩尔茨这位轰炸机将军来指挥战斗机部队,尤其战斗机部队在"底板行动"中付出的惨重代价早已经愤怒

决死天空

二战末期德国昼间空战

■ 格洛布上校,德军第3位钻石双剑橡叶骑士,个人战绩160个,1941年担任Ⅱ./JG 3 "乌德特"大队长,达尔上校曾作为他的副官共同执行过100余次任务。格洛布上校于1942年先后担任过JG 77和JG 52的联队长。1944年底,他开始负责新型战机的发展研究,1945年1月底被任命为战斗机部队总监。战后在德国工业界发展。

机总监等等尖锐问题。吕佐上校甚至这样毫不留情地指责戈林:"在(波兰、法国战役)之后您就睡着了!"可以想象面对属下如此责难,戈林自然大发雷霆,咆哮着大骂在场的指挥官们是一群叛徒,他要立刻枪毙吕佐上校,随后这位胖子愤怒地离开会议室。

这次会议最终被戈林称为"战斗机飞行员哗变",可见当时这些王牌指挥官和戈林的关系已经到了水火不容的地步。

吕佐即刻被明令48小时内离开德国本土,发配到意大利领导那里的战斗机指挥部。而加兰德也在会议后被彻底解除了战斗机总监这个职位,以承担战斗机部队作战不力的责任,并且也被强制在12小时内离开柏林。不过,加兰德希望回到战场的要求还是被希特勒亲自批准,它可以组建一支不隶属任何上级指挥部门而完全独立的中队规模特设战斗机部队,即著名的"JV 44",用加兰德自己的话来描述就是:"一个循环终于完成,开战时我是以一名中尉的身份担任中队长,当战争即将结束的时候,我以中将军衔同样回到了前线指挥官这个位置,这就是我的任务。"除此之外,战斗机部队也进行了最后的大规模人事调整,格洛布上校接替加兰德的职位;1月26日,达尔中校正式接替特劳特罗夫特上校担任昼间战斗机总监,他的JG 300则交给原Ⅱ./JG 26大队长哈克尔少校。

到1月底,随着大量战斗机部队(包括JG 1、JG 3、JG 4、JG 6、JG 11、JG 77以及JG 301的Ⅰ./Ⅱ两个大队)被调往东线,德军负责本土防空的昼间战斗机部队又只剩下大约4个残缺联队的实力,他们不得不独立面对占有绝对优势的盟军轰炸机和战斗机群,空军最高司令部(OKL)则在这段时期下达了这样的命令:"除非在有利的局势下,严格限制本土战斗机部队出击。"这个命令很"幽默",什么叫做"有利的局势"呢?天天布满盟军机群的德国上空何时会出现这样的局势呢?因此这个命令等同于不准战斗机部队升空。德军第1战斗机军的抵抗越来越微不足道,而为此付出的损失则越来越大,单次出

第四章 最后的新年——1945年1月德军昼间战斗机部队作战记录

击的战损率几乎达到30%。1月26日该战斗机军改名为第9（战斗机）航空军，继续以微弱的力量防卫本土。1月份的最后15天里，战斗机部队失去了至少125名飞行员，其中80%损失在东线，尤其以JG 6的损失最为惨重，他们有18名飞行员阵亡，其中包括2名中队长。对于德国本土防空而言，此刻唯一还能有点威胁的战斗机部队就只剩下Me 262联队了，但是他们力量的增长却依然十分缓慢。盟军的庞大空中力量在1月几乎没有什么间断地对德国进行大规模空袭，特别是1月中旬以后基本上没有遭到德国空军战斗机部队的有效抵抗，损失的轰炸机基本都是被德军高炮部队击落的。

JG 301的Ta 152

1月27日，Ⅲ./JG 301正式接到命令，退出一线作战，进行Ta 152的换装，OKL的正式命令已于23日下达："根据原有Ta 152试验指挥部基础上的扩编计划，正式将Ⅲ./JG 301改装为第一个Ta 152H-1大队……"当天一早，Ⅲ大队的飞行员们就坐着卡车前往科特布斯的飞机制造厂接收Ta 152，这是JG 301飞行员们等待了很久的时刻，在空战中屡屡吃亏的他们把希望寄托在了这种新的战斗机上。Ta 152的早期试验在1944年初就已经开始，它作为高空战斗机装备了1台1750马力功率的Jumo 213E-1发动机，在9000米高度的最高速度达到了约750公里/小时，爬升速度17米/秒，最大升限14000米（没有安装增压座舱的H-0型只能达到12000米左右），武器装备包括1门30毫米MK 108型机炮（备弹90发）和2门20毫米MG 151型机炮（每门备弹175发）。

原计划Ⅲ大队将尽快完成35架Ta 152的换装后重返前线，但是战局的发展使得这个计划变得不可实行，新的Ta 152无法及时运抵，Ⅲ大队实际可用的只有16

■ 1945年1月底，Ⅲ./JG301接收的第一批Ta 152型战斗机。

架Ta 152H-0和H-1型。按照计划设想，这个大队在装备Ta 152后将负担起为德军其他战斗机群进行高空护航的任务。

第一个装备并且负责测试Ta 152的Ⅲ./JG 301对这种战斗机的整体评价非常不错，但是由于Ta 152数量不足，该大队为了保证战斗力只能混编Ta 152和Fw 190A-8，因此对于两种战机很容易进行各种对抗测试，结论是Ta 152全面胜出，尤其在6000－8000米高度的格斗中Ta 152更是占据绝对优势。Ta 152的盘旋缠斗性能十分突出，此外它的起降性能十分不错，尤其在起飞后能够很快进入空战状态，因此在战争即将结束之前，面对占据绝对优势的盟军空中力量，装备它的Ⅲ大队指挥部小队往往担当掩护大队其他Fw 190战机起降的任务。由于Ta 152优异的爬升性能，它的起降只依靠机场高炮掩护即可。从飞行员的操纵情况看，除了一开始有点不太适应这种机型的一些特性外，并没有实质性的缺陷。Ta 152的维护和战备状况也都很不错，尤其是对于一种刚投入战场的战机而言。

JG 301/302的战史作者威利·莱希克当时就是指挥部中队成员，飞过Ta 152，他的一句评价也许可以作为最好的参考，大意是："Ta 152在战争的最后时间保护了我的生命，没有它优异的性能，我在和绝对优势的盟军空军战斗机的战斗中幸存下来的可能性是非常微小的。"

由于Ta 152的装备数量一直无法满足Ⅲ大队的需要，而且希望也越来越渺茫，因此到了3月13日，Ⅲ大队装备Ta 152的飞行员部分被调入联队指挥部中队，Ta 152将直接由联队指挥部控制。到4月12日，Ta 152在JG 301的部署情况如下：

联队指挥部中队：计划16架，实际7架，3架可出动；Ⅲ大队：计划52架，实际6架，3架可出动。

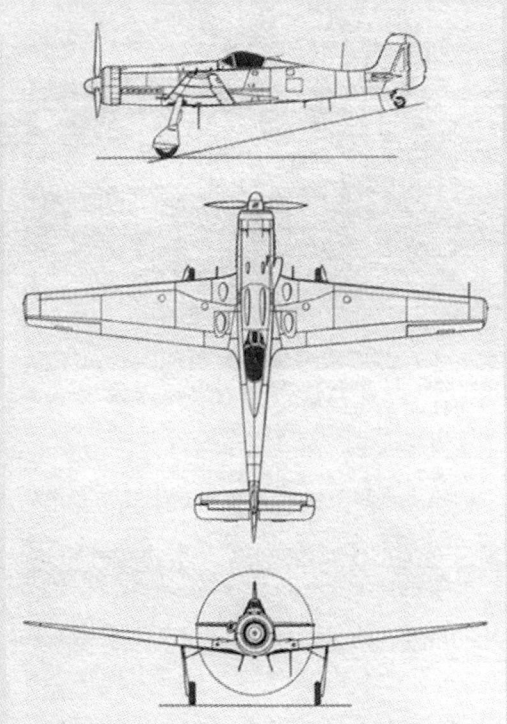

■ Ta 152H 三视图。

第五章 覆灭接力棒——1945年2月与3月德军昼间战斗机部队作战记录

几无还手之力

进入2月后战争距离结束也越来越近了，纳粹德国在东西两线的强压下奄奄一息，而盟军则继续对德国本土展开猛烈而不停歇的空袭。德军虚弱的战斗机部队之前就已经得到了除非能保证获得有效的战果，否则不准大规模出击的命令，唯一支撑本土防空的就只有同样已经被严重削弱的高炮部队了。

2月3日，柏林遭到猛烈空袭，损失惨重，美军第8航空队的1437架轰炸机和948架战斗机只遭到了德军战斗机部队的部分抵抗，空袭柏林的美军机群中损失的23架轰炸机和7架战斗机的大部分都是毁于柏林的高炮部队，而美军宣称击落了至少38架德军战斗机。

2月5日，美军第15航空队猛烈轰炸了雷根斯堡。

2月6日，美军1383架轰炸机和904架战斗机继续对德国燃料工业基地进行猛烈空袭，最后只有5架轰炸机和4架战斗机没有返航。

2月9日，美军第8航空队大约1296架轰炸机在871架战斗机掩护下飞越德国西部，他们的目标是德国中部的交通枢纽，此外吕兹肯多夫地区的燃料加工基地也是目标之一。当天在萨克森和图林根空域迎战美军机群的还是JG 300/301的大约70架战斗机，他们获得战绩的希望同样很渺茫，实力被严重削弱的野猪联队根本没有机会突破美军护航战斗机群的屏护，美军战斗机群继续成功地护卫了轰炸机群，牢牢控制着德国空域。德军Ⅰ./Ⅲ./JG 300这两个大队在马格德堡以东50公里空域和美军展开激烈空战，Ⅲ大队损失了至少2架战斗机，Ⅰ大队虽然尽最大努力接近了轰炸机群，但最终还是只能望着隐约可见的庞大轰炸机群而无能为力，自己反被击落了至少3架战斗机。JG 301虽然损失小于JG 300，但是除了负伤跳伞的6中队的萨尔兹格雷伯技术军士以外，他们却失去了一位重要的指挥官——4中队长布格霍夫中尉，这也是当天德国空军损失的第三位战斗机前线指挥官。布格霍夫中尉在和1架野马的格斗中负伤，在跳伞的时候他被自己的战斗机尾翼削去了双腿！他奇迹般地活着降落到了地面，并且得到了德军救护人员的及时抢救而幸存，战后成为了一名销售商，活到80岁高龄，此外JG

301的8中队还损失了一名少尉。最终，德军在当天空战中以11架战斗机的代价只击落了2架轰炸机。美军第8航空队记录的当天总损失是8架轰炸机和5架战斗机，而他们宣称获得了至少64个击落记录，美军的这个战绩明显高于德军自己登记的损失数字。此后到2月13日，第8航空队没有大规模出击记录，德国空域出现了暂时的平静。

2月14日，德累斯顿在遭到了英国皇家空军的毁灭性打击之后，美军第8航空队将继续轰炸这个"易北河畔的佛罗伦萨"，当天美国陆航总计出动了1377架轰炸机和962架战斗机执行对德战略空袭任务，除了德累斯顿，其他主要目标为凯米尼兹 (294架B-17) 和马格德堡 (计划为375架B-24轰炸其炼油工业区，但是由于天气原因，最后只有340架攻击了马格德堡区域的替代目标)，对于大部分目标采用H2X雷达指引投弹。德军第9航空军出动了大约145架战斗机(其中主力依然属于JG 300/301)拦截庞大的美军机群，最终付出了将近20架战斗机的代价 (美军方面记录为确认击落11架，其中空袭马格德堡的轰/战编队击落10架)，而取得的战绩对于美军而言依然是微不足道的，美军欧洲战略空袭力量当天总计只损失了7架轰炸机和7架战斗机，这其中还包括德军高炮部队造成的损失，德军方面的资料表明战斗机部队只击落了2架。美军重型轰炸机的坚固性的确让德国空军无计可施，虽然有大约181架轰炸机被击伤，但最终都能安全返航，其中只有10余架无法修复。双方具体作战区域如下：在里萨以西空域，JG 300的2个大队和美军护航战斗机遭遇，展开激战，第4中队的1架Bf 109和第6中队的1架Fw 190在奥沙兹空域被击落，Ⅱ./JG 300还有3架战斗机在拦截对凯米尼兹空袭的美军机群的战斗中被击落。Ⅲ./JG 300则在易北河空域遭遇美军机群，损失了2架战斗机。

■ 正准备投弹的美军B-24重型轰炸机，该机属于第431轰炸机大队的后期加强型。

JG 301出动了Ⅰ、Ⅱ大队，Ⅲ大队因为执行换装Ta 152任务而无法参加实战，Ⅳ大队则被调往东线执行对地攻击任务。Ⅱ./JG 301在莱比锡以东空域损失2架Fw 190，损失的第三架战斗机则是在萨克森空域被占绝对优势的美军护航战斗机击落。此外，Ⅲ./JG 54的Fw 190为了掩护Me 262基地也和英军喷火战斗机编队发生了激烈战斗。

2月15日11时51分，美军的211架B-17再次轰炸了德累斯顿的麦森和皮尔纳区域，投下了约460吨炸弹。根据美军方面记录，当天其欧洲战略空袭力量总计出动了1131架重型轰炸机和510架护航战斗机，马格德堡的炼油工业区也遭到了由110架P-51护卫的353架B-24的空袭洗礼。当天德国空军几乎没有成规模的行动，最终美军只损失了2架轰炸机和1架P-51，还击落了2架德军战斗机。此后德军战斗机部队面对美军第8航空队在16-21日之间几乎连续不断的猛烈空袭基本没有能力升空迎击，美军方面只有在20日这天有和德军战斗机激烈交战的记录，他们宣称击落了至少49架德军战斗机。

2月19日，由于东线局势的继续恶化，JG 301不得不再次转场部署到柏林以西的几个基地——联队指挥部和Ⅱ大队部署到施坦达尔、Ⅰ大队部署到萨尔茨威德、Ⅲ大队则部署到萨肖基地。Ⅲ大队此刻拥有的Ta 152依然没有超过16架，Ta 152大队的设想还是无法实现，该大队此前于2月1日损失了第一架Ta 152，具体坠毁原因不详。Ⅲ大队此刻面临的另一个麻烦是他们的大队长古特少校，因为这位少校并非战斗机飞行员，而是来自轰炸机部队，因此他和部下的合作交流都存在不少问题。

2月22日是盟军"卡罗琳"空袭计划日，这个大规模空袭行动的目的是为了彻底摧毁德军的交通体系和德国国民的抵抗意志。清晨时分，美军第8、9、15航空队和英军第2战术航空队出动了有史以来最为恐怖的空中力量——总数接近9000架的各种轰炸机和战斗机几乎布满了整个德国空域，仅第8航空队就出动了1428架轰炸机

■ 盟军发动"卡罗琳"空袭计划，目的是为了彻底摧毁德军的交通体系和德国国民的抵抗意志。这是被摧毁的德国铁路编组站。

决死天空 | 二战末期德国昼间空战

和862架战斗机。尽管实力已经空虚到极点，但德国空军再也无法消极避战了。西部空军司令部下属的Ⅰ./JG 26、Ⅲ./JG 26、Ⅲ./JG 54这三个大队以及JG 27下属的四个大队全部升空作战。JG 26在和英军喷火以及暴风式战斗机的空战中损失了3架Fw 190D-9，其中1名飞行员阵亡，2人负伤；Ⅲ./JG 54损失了2架Fw 190D-9，他们分别成为野马和暴风的猎物。JG 27则损失了至少8架战斗机，6名飞行员阵亡，其中Ⅳ./JG 27和英军第486中队的7架暴风展开激战，包括15中队中队长格拉普上尉在内的3名飞行员阵亡，还有2人负伤，而Ⅱ./JG 27则有1架战斗机被己方高炮击落，JG 27最后宣称击落了6架盟军战斗机。此外在第5战斗机师负责的斯图加特空域，JG 53的4个中队和美军的野马战斗机群遭遇，至少3名飞行员在空战中阵亡，1人负伤。第8航空队当天的损失是7架轰炸机和13架战斗机，他们记录至少击落了28架德军战斗机。

大规模空袭在22日之后并没有停止，23日，美军第8航空队出动了1274架轰炸机和705架战斗机，只有1架轰炸机没有返航；24日，他们继续出动1114架B-17，轰炸了汉堡和汉诺威地区的燃料加工基地，空袭几乎没有遭遇到德军任何空中抵抗，只有2架轰炸机没有返航。

25日，美军的目标转向德国的交通体系以及机场，尤其是Me 262部队的基地，为大约1197架重型轰炸机护航的战斗机数量达到755架，同时英国皇家空军也参加了昼间空袭，目标是多特蒙德。德军西部空军司令部和第9航空军下属的战斗机联队这天终于得以大规模出动，但是升空的战斗机群很快就遭遇到盟军强大的护航机群和战斗轰炸机群。

■（从上至下）来自皇家空军的对手们：喷火，台风ⅠB和暴风Ⅴ战斗机。德国空军在面对它们时占不到半点优势。

124

第五章 覆灭接力棒——1945年2月与3月德军昼间战斗机部队作战记录

Ⅰ./JG 2从美尔兹豪森机场起飞后拦截了刚刚轰炸完阿沙芬堡正在返航的B-24轰炸机群,结果这队Fw 190D-9被美军的护航战斗机驱散,12架P-51和6架P-38在德军战斗机群中杀了个来回,击落了2架"长鼻子多拉"。劳苦功高的JG 27当天再次全体出动,也同样再次承担了"损失最重联队"这个角色。他们在明斯特-奥斯纳布吕克空域遭遇英军战斗机群,面对数量绝对优势的英军战机,JG 27的Bf 109如同被猎人围捕的野鸭子一架接着一架往下掉。Ⅰ大队的1、2、3中队各有1名飞行员阵亡,该大队还有2人负伤;Ⅱ大队有2人阵亡,4人负伤跳伞;Ⅳ大队被击落4架战斗机,飞行员全部阵亡,加上Ⅲ大队损失的1架Bf 109K-4,JG 27当天总共损失了16名飞行员,其中9人阵亡,而他们宣称的战果只有7个:5架P-38和2架喷火。和JG 27几乎在同一空域的德军还有Ⅰ./Ⅱ./JG 26这两个装备Fw 190D-9的大队,2./JG 26在空战中失去了包括此时已经属于元老级飞行员的31岁的吉特曼中尉在内的3名飞行员,获得这些战果的美军P-47都属于第36战斗机大队。5中队在起飞时损失1架Fw 190D-9,随后遭遇到英军暴风战斗机群后又被击落1架,JG 26的这两个大队还有部分战机在科隆空域附近遭遇美军的P-47机群,3中队的克劳斯上尉和1中队的朗格候补军士相继阵亡,最终JG 26付出了至少8架战斗机的代价。本土空战中自然少不了野猪联队,当天第9航空军出动的部队中只有JG 301的3个中队和盟军机群接触,盟军机群的目标是萨尔茨威德-施坦达尔-维滕伯格地区的交通体系,这也是德军第1战斗机师的防卫区域。Ⅱ./Ⅲ./JG 301都顺利起飞,但是联队指挥部小队和Ⅰ大队在起飞中遇到了极大的麻烦,因为美军的野马机群已经牢牢控制了他们的基地空域,德国人只能在极其不利的态势下和美军展开激烈格斗。本宁少尉这位已经获得了超过20个战绩的夜间王牌带领1./JG 301首先和盟军机群展开激战,他们竭尽全力抵挡着P-51的攻击,1中队最终损失了3架Fw 190A-8/9,加上2中队和Ⅱ大队的各1架,JG 301当天总计损失了5名飞行员。JG 104当天也有2架Bf 109G-14被野马击落。当天空战结束后德国人统计共损失了至少31名飞行员,而美军第8航空队的损失是5架轰炸机和8架战斗机。此后的3天时间里美军第8航空队连续出动1100架以上的轰炸机继续空袭德国,德国空军再也没有成规模的升空抵抗,而且在27日这天德军还有大批战斗机在地面毁于美军的空袭,纳粹空军显然已经是来日不多了。

向德国的天空告别

1945年3月,战争到了最后的扫尾阶段,而盟军对德国的空袭则继续保持着强大的压力,德国本土空域无论黑夜白天几乎没有平静的时刻。由于德军的本土防空体系已经被彻底击垮,各个战斗机联队几乎都只能以大队规模的力量出击,并且一个接着一个迎接最后毁灭的降临。西部空军司令部此刻属下的战斗机

决死天空　二战末期德国昼间空战

作战力量只剩下JG 53的联队指挥部小队以及Ⅱ./Ⅲ./Ⅳ3个大队；帝国航空队的实力至少在纸面上还很庞大；包括装备Fw 190D-9的JG 2 (3个大队，隶属第15航空师) 和JG 26 (3个大队，隶属第14航空师)、装备Bf 109K的JG 27 (3个大队，隶属第14航空师)、隶属第9航空军的JG 4 (2个大队，Fw 190A和Bf 109G)、JG 7 (2个大队，Me 262)、KG(J)54 (1个大队，Me 262)、JG r10、JG 300、JG 301 (2个大队，Fw 190D和Ta 152)和JG 400 (1个大队，Me 163) 等作战单位。

最近这段时间德军Me 262基地也成为双方空军争夺的另一个重要焦点，盟军庞大的战斗轰炸机力量以及自由游猎的战斗机部队都把注意力集中到这些喷气机基地，而为了保护起降阶段极其脆弱的喷气式战斗机德军螺旋桨战斗机部队也依然在进行殊死挣扎，并为此付出了高昂代价。JG 27在3月1日的损失记录显示当天有8名飞行员阵亡，其中包括

Ⅰ大队大队长沙德上尉，而他们的战果只有2架。

3月2日德国上空再度爆发大空战，战斗首先在莱茵-奥斯纳布吕克空域爆发，在这里执行自由狩猎任务的英军喷火和暴风战斗机编队遭遇到了德军Ⅲ./JG 26、Ⅱ./Ⅲ./Ⅳ./JG 27这4个大队，其中JG 27出动了大约71架战斗机 (包括Ⅲ./Ⅳ大队的Bf 109K-4和Ⅱ大队部分Bf 109G-14)。德军战机首先和英军暴风展开激烈格斗，然而在喷火战斗机杀入战团之后，德军就顶不住了。Ⅲ./JG 27有3名飞行员当场阵亡，包括Ⅳ大队在起飞时因意外坠毁而损失的尼舍克少尉的Bf 109K-4在内，JG 27当天总共损失了8架战斗机，其中6名飞行员阵亡或者失踪。Ⅲ./JG 26出动了21架Fw 190加入JG 27的编队，最后10中队有1架飞机没能返航，它可能是被英军的基费尔中校击落的，当天英军的战果记录和德军的损失数字完全吻合。

相比英军的"小打小闹"，美军第8航空队这个庞然大物的实力显然不是此刻虚弱的德国空军能抵挡的，他们照例出动了1232架轰炸机和774架战斗机，奔着易北河流域和萨克森地区浩浩荡荡而来。德军本土防空力量这次出动了大约200架战斗机迎击，野猪联队依然是其中的主力，而JG 301将继续遭遇毁灭性的打击。德国中部再次成为空中血战的主战场，在易北河

■ 英军中校基费尔 (左)。

第五章 覆灭接力棒——1945年2月与3月德军昼间战斗机部队作战记录

■ 皮特·耶讷上尉，ZG 1，JG 301联队，1945年3月2日阵亡，击落12架轰炸机。

大多来自于原来装备He 177轰炸机的"兴登堡"轰炸机联队的Ⅲ大队，毫无空战经验可言。因为接收Ta 152而一直没有正式作战的Ⅲ大队也出动了12架Ta 152H-0/H-1以及12架Fw 190A-8/A-9，Ta 152将担负起在高空护卫联队的任务。战斗打得比较混乱，德军也击落了一些轰炸机（具体记录较为零乱，无法确定），但终究无法从美军手中抢回制空权。JG 301在激烈的空战中损失惨重，17名飞行员阵亡或者失踪，还有6名飞行员不得不负伤跳伞。Ⅳ大队的3个中队就在自己的基地加德雷根附近40公里处尝试攻击美军轰炸机群，但美军负责护卫的野马机群根本不给他们任何机会，老练的美军飞行员驾机在短时间内就冲散了Ⅳ大队的编队。之前一直开轰炸机的德军飞行员并不胆怯，不顾一切上前和经验丰富的对手展开激战。然而结局并不意外，Ⅳ大队最终以被击落13架战斗机、8名飞行员阵亡或失踪的代价结束了自己回归本联队的第一次也是最后一次正式作战，其中第13中队以4人阵亡和2人负伤的代价排在大队损失记录的第一位，阵亡飞行员中包括该中队长约翰·帕特科中尉。该大队随后在4月初解散，残余飞行员被分配到其他几个大队。

Ⅱ./JG 301的主力作战空域在萨克森南部和马里森地区，这个大队刚刚换装Fw 190D-9不久，但是新装备并没有带来什么好运气。在空战中该大队8中队损失最为惨重，总计3人阵亡1人负伤，而全大队总共损失了9名飞行员。Ⅲ./JG 301的Ta 152机群则遇到了一个

和埃尔斯特之间的空域，Ⅱ./JG 300这个突击大队在这里损失了4架战斗机，飞行员全部阵亡或者失踪。Ⅲ./JG 300则在自己的基地约特伯格附近30公里左右空域和美军机群相遇，一番苦战下来2名飞行员阵亡，其中包括大队长，骑士勋章得主皮特·耶讷上尉，此外该大队还有1人负伤跳伞。

JG 301的毁灭之地是在马格德堡附近空域，当天该联队出动了几乎所有可以升空作战的战斗机，包括正式归建的Ⅳ大队，但是这次出击对于整个大队而言既是第一次也几乎等同于最后一次，由于该大队的飞行员

决死天空 二战末期德国昼间空战

他们从未想到的意外,当时这些Ta 152在大约8000米高度巡航,并看到了己方的一队同样负责高空护卫的Bf 109K机队。能看到己方力量的加强当然是令人鼓舞的,然而接下来发生的事却让飞行员们目瞪口呆：Bf 109K机队突然向他们开火了！几串曳光弹直奔领头的Ta 152而来——那队Bf 109K竟然对自己人展开了攻击！面对这一"友好射击",Ta 152只能即刻爬升躲避,中队长在无线电里大喊"爬升！保持队形！"然而Bf 109K居然不依不饶,追着屁股一路打了过来,Ta 152的飞行员们此刻的处境极度麻烦,哭笑不得的他们只能躲避不能还手！幸运的是Ta 152终于凭借飞机的高速性能逃之夭夭,但当天的任务就此泡汤了,因为他们在慌乱中也错过了攻击美军机群的机会。这次事故从一个侧面也验证了德军战斗机部队此刻的混乱,很多德军飞行员对于Ta 152这种全新的战斗机并不了解,也没有得到过相关信息或者通告,更不用说如何在空中加以辨认了,因此在纷乱的空战空域发生误击也成为了不可避免的事故。JG 301就这样结束了当天他们攻击美军轰炸机群的任务,此后他们的重点任务转到了战斗轰炸和低空防空,为支援德国陆军而战了。

当天参加空战的德军战斗机部队还有JG 2,他们在下午和美军第9航空队展开了较量。当时一群B-26正在前往轰炸基森的油料库的路上, I./JG 2在大队长西德里卡上尉(于3月25日在空战中阵亡)指挥下奉命升空迎战,并在美因茨空域和美军机群接触。尽管明知道没有什么希望,但德国人还是向轰炸机群发起了冲击。在大批P-51和P-38的拦截下, I./JG 2有5架战斗机被击落,其中3名飞行员阵亡。而美军基本没啥损失,只有1架轰炸机没有返航。3月2日的空战结束后,第9航空军的全部损失为43名飞行员,仅JG 300/301这两个联队就有23名飞行员阵亡或者失踪,而整个航空军登记的空战胜利只有15个。美军第8航空队当天也遭受了近期以来的最大损失：14架轰炸机和13架战斗机没有返航,他们记录的击毁德军战斗机的数量则超过了110个,当然其中还包括了停在地面上的将近40架。之后的10多天里德国空军都没有能力哪怕进行象征性的抵抗,面对美军每天不断的千机大空袭只能躲在地面苟延残喘,而他们的恢复能力也已经超过了极限,几乎没有什么实质性

■ Ta 152H-1型战斗机,属于JG 301的III大队,由于数量不足,只有联队指挥部小队装备了这种战斗机。

第五章 覆灭接力棒——1945年2月与3月德军昼间战斗机部队作战记录

的补充。盟军在这段时间内的损失几乎可以忽略不计。

3月14日，JG 53的作战日志有如下记录："美军战斗机在莱茵和达姆施达特－本斯海姆－奥本海姆三角区域执行'自由狩猎'，Ⅱ./JG 53和美军P-47机群展开激烈空战：哈姆斯少尉在迪堡跳伞负伤，施瓦茨中士阵亡。大约16时，Ⅲ./JG 53起飞后不久在达姆施达特－格里斯海姆空域和大批P-47遭遇，4名飞行员没有返航：大队指挥部的汉克尔少尉在奥本海姆以东阵亡，9中队的瓦格纳技术军士，11中队的泰萨里克和德吕格2位军士也都没有返回，本哈德少尉被P-47击落后成功跳伞。"

在老手越打越少的同时，也有个别德军飞行员凭借着个人技术和运气获得了不错的战绩。Ⅲ./JG 53大队长鲁肯巴赫上尉在不到2个月的时间里又击落了5架敌机，他手下的第11中队中队长根特·朗特少尉也在2月份里击落了3架P-47，他们都属于飞Bf 109K-4的王牌。朗特少尉于2月23日在和美军的1架野马格斗时与之相撞，负伤后跳伞逃生，他于3月份再次返回部队参战，又击落了3架战斗机和1架B-26。4月24日，他获得了自己的第22个也是最后一个个人战绩，由此成为德军飞Bf 109K-4的第一王牌。然而个人的努力无法挽回整体的颓势，随着盟军派出越来越多的战斗机进行"自由狩猎"，以及战斗轰炸机群频繁地低空攻击德军机场，德国空军连起飞都变得十分困难，更谈不上再去拦截高空的重型轰炸机群了，即便有部队成功升空，结局依然是悲惨的。

3月18日，德军高炮部队再次取得了不错的战果，他们击落了至少16架轰炸机，但是即便当天美军总共损失了24架轰炸机，这对于1300余架的出击总数而言也是微不足道的。在零星发生的空战中，JG 26损失了2名飞行员，Ⅰ./JG 2则在空战中失去了3名飞行员。

19日，英军第2战术航空队和美军战斗机群成功地对德军机场进行了低空突击。美军第78战斗机大队的任务是低空扫射在莱茵和奥斯纳布吕克地区的德军机场，他们在空中遭遇了Ⅱ./Ⅳ./JG 26和Ⅳ./JG 27的40－50架战斗机，当时德军的一些战斗机还在爬升中，根本来不及组成战斗队形。当血腥的空战爆发时，只有JG 26的Fw 190D-9已经率先爬升到作战高度，但他们不是美军的对手，

■ JG 53联队的根特·朗特少尉。

决死天空 二战末期德国昼间空战

■ 根特·朗特的座机Bf 109K-4。

很快就有4架战斗机被击落，其中3名飞行员阵亡。驻扎在阿赫玛基地的Ⅳ./JG 27升空后不久也遇上了美军战斗机群，他们的Bf 109K-4面对美军的P-51机群几乎没有任何胜算，几乎有1个中队的德军战斗机被揍了下来！Ⅳ大队总计有6名飞行员阵亡，5人负伤，其中仅第14中队就有4人阵亡！这成为该大队的最后一次出击，遭受如此惨重打击后的Ⅳ大队在21日再次在地面上遭到盟军轰炸机的毁灭性打击，30余架战斗机被炸毁，这个大队不得不彻底解散，残存的飞行员被补充进其他大队，地勤人员则被编入地面部队奉命前往布朗施威克，大队部的人员则被编入地面部队参加了最后的柏林战役。美军的记录显示在19日的战斗中损失了5架野马，击落了32架德机！

19日上午10时，Ⅰ./JG 27在准备转场的过程中突然遭到英军第130战斗机中队的喷火机群的突然攻击，滑跑中的德军飞行员大吃一惊，现场乱成一团。大队长当机立断命令各中队推迟起飞，几乎与此同时从战斗机师部传来的命令却是在这种极端不利的情况下该大队还要继续起飞！没有人愿意送死，

但该大队还是有2架战斗机被击毁：哈里希中尉和罗斯中尉阵亡；3中队长贝克曼 少尉的战机则直接撞入了树丛，当地勤人员把他拉出座舱的时候，他已经全身2度烧伤、左眼重伤。

3月24日，美军又出动了超过1400架轰炸机攻击了德军在西部的12个机场。中午时分，Ⅰ./Ⅲ./JG 27在施图梅德机场附近和大量野马战斗机展开激战，结局依然是惨败。已经伤痕累累虚弱不堪的JG 27继续遭到惨重损失，2个大队总共被击落16架战斗机，12名飞行员阵亡或者失踪。当时同样驻扎在施图梅德基地的某支夜间战斗机部队飞行员在他的作战日记中这样写道："盟军的低空攻击照常到来了，我们连吃饭都成了问题，因为厨师们整天都躲在防空洞里，没人做饭。中午在基地上空爆发了一场残酷的空战，我们的12架Bf 109对抗18架P-51，美国人的优势是明显的，无论高度、数量还是飞机性能都占上风。很快就有6架Bf 109被打了下来，而P-51只掉了1架，天空中出现了4顶降落伞，有1架梅塞斯密特直直撞到地面上炸成一团火球。下午美国人的4发轰炸机则将基地彻底炸

第五章 覆灭接力棒——1945年2月与3月德军昼间战斗机部队作战记录

瘫……"JG 27随后不得不再次后撤到布朗施威克和高斯拉地区。

3月初的时候JG 301曾经遭遇了毁灭性打击,到3月24日就轮到了同属第1战斗机师的兄弟联队JG 300。JG 300当天的死亡舞台在哥廷根以东空域,由24岁的拉德讷中尉率领的突击大队(Ⅱ./JG 300)以及Ⅰ./Ⅳ./JG 300的部分飞机在地面指挥下准备攻击将要经过这里的美军轰炸机群,但是以突击大队为核心的战术编队依然无法突破美军护航机群的封锁,在短时间内德国人就被击落了18架战斗机!其中只有2名飞行员得以幸存。重装笨拙的突击大队自然首当其冲:他们损失了15架战斗机,5中队失去了5名飞行员,而失去6名飞行员的6中队几乎等于全军覆没,美军的损失几乎是微不足道的,只有14./JG 300的伊兹奎多中士击落了1架野马,随后他的飞机就在转向时被另一架紧追不放的野马命中,不得不跳伞逃生。

此后直到3月底,美军的千机大空袭几乎没有一天中断,而德国空军的活塞式战斗机部队仿佛彻底从天空中消失了,油料和飞行员的紧缺彻底断绝了德国空军最后的战斗潜力。例如Ⅰ./JG 26在3月27日只剩下了9名飞行员,还有10余名飞行员因为缺少油料而无法飞回本大队基地!德国空军就这样用惨重的代价和极不对称的战果度过了3月,此刻距离战争结束已经只有6个星期了,但是他们的死亡命运并没有结束,200多名德军飞行员还将用自己的生命为行将覆灭的纳粹政权陪葬,此外还有不少年轻飞行员失踪。

■ 1945年3月,JG 301联队Ⅱ大队的战斗机群正处于"15分钟出击准备"状态。

第六章 最后的疯狂落幕——以"自杀"的方式为帝国殉葬

易北特别指挥部的建立

只要德国空军还有战斗机和燃料，那么仅存的年轻飞行员还是要不断升空作战，而其中大部分都不过是没有意义的送死而已。例如4月5日，盟军出动超过1000架重型轰炸机进入德国中部和南部，重点轰炸了纽伦堡和普劳恩，德国空军在付出了42架战斗机的代价后仅仅获得了其宣称的19个战果。Ⅰ./Ⅱ./Ⅳ./JG 26的Fw 190D-9当天几乎全体出击，他们宣称击落了3架喷火，但自己却被击落了8架。德军残存的战斗机部队中仍旧还有一丝战力的施拉格特联队尚且如此，更不用说其他一些多次遭受过毁灭性打击的联队了，而即便是JG 26此后也只能进行小规模出击了。显而易见，德国空军已经没有可能再和盟军强大的空中力量展开正式对抗，他们此刻能做的除了苟延残喘、静待覆灭到来以外，要想继续保持在天空的存在就只剩下"极端作战"这一条路了。

易北特别指挥部的诞生代表了德国空军带有自杀性质的大规模"极端"攻击行动正式登上二战舞台，虽然他们真正的决死出击只有一次，但已经足够让他们在二战的空战历史之中留下浓浓的一笔了。这种通过自杀性质的撞击来攻击敌方重型轰炸机机群的"战术创意"依然来自赫尔曼这位德国空军战术专家，他也曾是"野猪联队"的创建者。这位曾担任过第1和30战斗机师指挥官的原轰炸机部队军官的脑子里不断地会出现各种极端的战术创意，现在到了战争的最后阶段，这位名副其实的"野猪"创始人将变本加厉地设想出更多的疯狂战术并得以付诸实行。他在设计这样极端的撞击战术的时候显然不会过多考虑参战人员的生命问题，因此他提出的自杀性质的撞击战术在一开始就遭到了时任战斗机总监的格洛布上校和昼间战斗机总监达尔中校的强烈批评和反对。但是在纳粹高层的默许下这个极端的作战计划最终还是得以实施，希特勒没有明确反对赫尔曼的这个疯狂设想，但也没有下达正式的元首命令，其态度较为暧昧，只是要求严格保证自愿这个前提，而戈林这位德国空军最高负责人则给予了明确的支持。此外，坚决站在赫尔曼这边的另一位空军重要人物就是时任第9航空军指挥官的佩尔茨少将，他也是一

第六章 最后的疯狂落幕——以"自杀"的方式为帝国殉葬

■ 视察JG 301的Ⅱ大队和Ⅲ大队的佩尔茨少将。

位轰炸机指挥官,并且曾经担任轰炸机部队总监。回顾此前德军轰炸机部队和战斗机部队的重重矛盾,不难发现德军轰炸机部队的军官和战斗机部队的军官无论对于防空的理解还是个人品质显然存在着巨大差别,看到此刻这2位轰炸机军官的代表人物表现出来的远甚于战斗机部队军官的拼死抵抗的狂热,也就不难理解为何德军高层在战争的最后阶段会选择依靠轰炸机军官,而把战斗机军官打入冷宫了。

易北特别指挥部就是在这样的背景下在施坦达尔机场(柏林以西约88公里的这个机场,作为德国空军的重要作战基地之一在前文已经多次出现)正式建立了,该指挥部最早的名字是"易北训练班",这样的名字带有相当的隐蔽性和欺骗性,仿佛和德军其他名目众多的培训单位例如士官训练班、预备军官训练班、技术人员训练班等相类似,然而这个培训班的实质却是大大不同的。它之所以取这样的名字在当时也是出于名义上的要求,毕竟这样的作战设想并没有得到希特勒的明确准许以及正式命令。易北训练班的战术设想是在突击大队战术的基础上彻底走向极端,撞击是他们唯一的作战方式,而且不是少量或者单独的撞击,而是成规模成编队的集体撞击。易北特别指挥部的指挥官奥托·库内科少校曾是一名轰炸机飞行员,他是一位严厉而尽职的指挥官,非常胜任这样的管理岗位。在3-4月间大约有300余名德军飞行员自愿报名加入"训练班",这些人中有的是对胜利直至自己的生命失去了信心,而有些年轻人则是狂热的纳粹思想的受害者,他们认为自己是为了保卫国家才去执行几乎有去无回的带有自杀性质的极端空战任务。这些飞行员很清楚他们的

■ 易北特别指挥部指挥官库内科少校。

决死天空　二战末期德国昼间空战

■ Ⅲ./JG102训练大队的年轻飞行员合影,时间大约在1944年12月,这些新手们中的不少人都自愿加入了易北特别指挥部。

任务要求:"只有在极近的距离内才能开火(实际作战时撞击部队的战斗机火力比标准型要弱得多,这种所谓开火攻击只有名义上的意义),至少击落1架轰炸机后才能跳伞,必要时撞击轰炸机。""返航机会几乎为零"、"生还机会极小"这些情况都是志愿者在签字前明确了解的。虽然不能完全将易北特别指挥部归为自杀部队(例如它明确表述允许飞行员在完成撞击后在可能的情况下可以跳伞逃生),但是德国空军的重要人物们对于这样的作战设想能得出的结论也只有一个:用1名(成功撞击)飞行员的代价换取1架盟军轰炸机(包括斯佩尔、米尔希等德国高层将领也都明白这是有去无回的战术)。这些志愿者的具体来源十分混乱,不过可以肯定有部分来自于JG 300/301,有的来自于各个训练补充联队,例如JG 101/102等,甚至连JG 400这个原来装备Me 163火箭战斗机的联队也有9人报名加入撞击部队。

1945年3月12日,佩尔茨少将、格洛布上校和赫尔曼上校等人举行了会议,商定易北特别指挥部的作战计划,其中包括确定Me 262战斗机部队将为撞击部队提供空中掩护等具体内容。3月20日下午,各个准备参加这次行动的喷气战斗机和普通战斗机部队的前线指挥官们与赫尔曼等人再次举行联合会议,最终商定了具体的作战计划。而疯狂的赫尔曼上校在这段时间里更是全力投入组织准备工作,3月下旬,他利用在轰炸机部队的组织和人际关系调动了来自于KG (J) 6、27、30、55的大队和中队级别指挥官(每个联队至少提供1名大队长和2名中队长)加入了易北特别指挥部担任指挥组织工作,这些军官都具备相当多的前线作战以及领导经验,至少获得过德意志金质十字勋章。到3月24日,已经有184名飞行员到达施

第六章 最后的疯狂落幕——以"自杀"的方式为帝国殉葬

坦达尔机场。

奥托·施图姆普夫候补军士是易北特别指挥部为数不多的幸存者之一,他在该部一直待到了战争结束,他的回忆和记录为还原撞击部队的真实情况提供了重要的依据。当时不到20岁的施图姆普夫原是名滑翔机飞行员,在JG 101训练联队受训后转入EJG 1这个补充战斗机联队,他驾驶Bf 109大约进行了200次起降,在3月份自愿加入了易北特别指挥部,他同大队的队友至少有4人和他一同加入。施图姆普夫回忆这些和他差不多年纪的年轻人都认为已经无法通过正常手段来阻止盟军的空中进攻,特殊撞击部队成为了他们最后的希望。他们到达施坦达尔基地后受到了非常规的招待,日常衣食起居的待遇十分优厚。纳粹宣传部的哈特尔教授负责为他们洗脑——举办所谓政治讲座。他们在洗脑学习和训练期间的日常行动没有任何监管,可以自由活动,只是不能随便谈论自己将要执行的任务,至于党卫队严格监管这样的传闻施图姆普夫予以否认,认为这只是误传。

易北特别指挥部有限的训练只能强调基本的起降和编队技术,因为很多队员甚至连最基本的飞行技术都不熟练,一份德军资料表明他们的一个典型的7天训练期包括:2天的起降和简单集合训练,2天的编队训练和起降复习,最后3天进行战术性的接近(轰炸机)和简单规避飞行训练。显然这些有限的训练教授重点就是如何驾机撞击轰炸机,为了传授所谓如何驾机撞击轰炸机的基本经验,指挥部还专门找来了原JG 3"乌德特"等突击大队中有过撞击经历的飞行员来教授相关的经验。至于撞击作战是否有真正意义上的战术这个问题,回答当然是否定的,或许他们能依靠的只有运气,因为即便那些曾经在撞击中幸存下来的原突击大队成员对此又能有怎样的经验总结呢?此刻德国的实际状况也客观决定了这个指挥部的训练情况是极其糟糕的,甚至到了最后出击前不久,很多菜鸟们还都在继续接受一些老飞行员关于"如何有效接近轰炸机"的"教诲",更有甚者,有人甚至还在继续研读基本的驾驶操作手册!指望他们完成

■ 1名年轻的野猪联队飞行员和他的地勤人员,这名飞行员于1945年4月2日阵亡,成为纳粹最后垂死抵抗的牺牲品。

需要极其熟练的飞行技术和极好的心理素质才能完成的"撞击后逃生"的任务无异于天方夜谭。为减轻重量提高速度，易北特别指挥部主要装备的Bf 109战斗机（三分之二是Bf 109G-10/14和少量K-4）的机炮、弹药以及其他额外装备都被拆除，只留下发动机上部的2挺MG 131，同时出于撞击的考虑，连瞄准器也拆了。从这样虚弱的火力配置不难看出实战时要想对付美军坚固的重型轰炸机，撞击就是这些飞行员唯一的选择。

当初级训练结束后，这些飞行员将被分配到4个大队，每个大队计划编入30名飞行员。在施坦达尔基地驻扎着指挥部和1个大队，有2个大队驻扎在比特菲尔德和莱比锡附近的埃棱堡地区的机场，施图姆普夫所在的大队则被部署到加德雷根基地。4月5日，也就是最后出击前2天，飞行员们在早餐时得到了即将出击的消息，这如同兴奋剂一般刺激着这些年轻人的神经。当晚易北特别指挥部正式得到了集合命令，飞行员们开始向几个出击基地集中。于是上述这些基地立刻热闹起来，出现了数量众多的新飞行员，而这些基地还驻扎着其他战斗机部队，例如JG 301、KG(J)54等，于是机场上就出现了这样的场景：这些新老飞行员中很多人都曾经在训练或者作战部队中就已经相识，相见后自然十分亲热，还有一些年轻飞行员则尝试着同那些被他们视为榜样和偶像的王牌飞行员联络交谈，只是大家对于将要执行的死亡任务都闭口不谈，这在当时还属于高度机密。直到此时这些撞击飞行员们才正式被具体编成小队和机组，施图姆普夫候补军士所在的这个大队将要驾驶的战斗机是属于 II./JG 3的Bf 109G。很多小队长此刻的紧迫任务是给那些只飞过Bf 109几个起落的新人继续教授飞行技术，由此可见成立易北特别指挥部是多么的荒谬！

赫尔曼上校在和空军参谋部联络后确定4月7日为最终的出击日，空军高级司令部（OKL）之前在4日的报告中就有如下记录："在施坦达尔基地有大约150架战斗机组成的战术编队将执行出击任务。"KG(J)55"鹰狮"联队长布鲁纳少校曾经就撞击作战问题再次询问柏林方面是否需要做什么特别准备的时候，得到的回答是极其荒谬的："不，只需要一颗无畏的心。" OKL在4月5日的作战日志中正式记录了关于撞击作战的最后评估报告，这是根据佩尔茨少将提交的最后作战准备报告作出的，其中有这样的文字："出于（飞行员）心理状况的要求，这次出击不能等待太长的时间。"这些纳粹分子看来直到此刻还没有忘记人的基本心理特点，送炮灰上战场也要注意将他们调整到最佳状态！

撞击部队的"绝唱"攻击

4月7日星期六——出击日，这天早晨非常寒冷，能见度大约有15公里，空中云层覆盖度大约四分之三。10时30分——美军第8航空队的正式出击时间，他们出动了1304架轰

第六章 最后的疯狂落幕——以"自杀"的方式为帝国殉葬

炸机和792架战斗机飞往德国北部和中部,主要目标是德军的喷气战斗机基地以及残存的其他军工目标。当天第2航空(轰炸机)师(该师混编了B-17和B-24轰炸机)出动了10个轰炸机大队,编为4个大机群,护卫力量为58架P-47和229架P-51,总计7个战斗机大队;第3航空(轰炸机)师则出动了13个全部装备B-17的轰炸机大队,护卫力量为6个战斗机大队总计358架P-51;第三个轰炸机主力编队则来自于第1航空(轰炸机)师,护卫力量为2个P-51大队。第2航空(轰炸机)师在起飞后由于受到风向以及其他人为原因的影响导致编队集结时遇到了麻烦,因此其行动比预定计划时间拖延了15—20分钟,于是相对顺利的第3航空(轰炸机)师则比预定计划时间提前了几分钟而飞到了最前面,不幸的是,这个顺序的交换使得他们将在施坦胡德空域首先接受德军战斗机部队尤其是易北特别指挥部的"热烈迎接",继而不得不承受惨重的损失。

9时30分,易北特别指挥部下属的各个基地里还是一片混乱,很多战斗机因为基地油料供应输送不足都还没有加油!地勤人员只能从停放着的Ju 88和Ju 52内抽出燃油给准备出击的战斗机加油。10时50分,大约4个小队的飞行员已经坐在机舱内静静等待表示最后出击命令的绿色信号弹,机舱通讯此刻已经在繁忙地通报美军机群的动态。撞击部队的战斗机通讯系统只能接收信息,为了保证无

■ "德军战斗机!!"美军护航战斗机群在发现德军战斗机后直扑而去,编队飞行的轨迹交叉划过重型轰炸机群上方,构成一幅壮观的空战场景。

线电静默，送话器已经被拆除。此刻施图姆普夫所在小队的战斗机油箱还是空的，因为机场燃油已经彻底告罄了。11时16分，象征死亡的绿色信号弹腾空而起，Bf 109机群开始陆续滑跑起飞，易北特别指挥部的自杀攻击正式开始上演。

随着起飞和编队的完成，易北特别指挥部的183架①战斗机终于开始了其死亡之旅。根据作战计划，德军撞击部队将从11000米的极限高度向着美军轰炸机群俯冲，飞行在这个高度的德军飞行员必须忍受低温缺氧引起的生理上的折磨。德军撞击部队升空后首先在施坦胡德空域发现了美军机群，随后在吕内堡、尼恩堡空域陆续发现美军机群。此刻在施坦胡德空域的第3航空（轰炸机）师的轰炸机编队总长度几乎达到了200公里，这长长的编队也为德军战斗机部队提供了进行侧翼攻击的机会。另一方面，随着德军防空力量的日益虚弱，尤其近段时间盟军基本上已经完全控制了德国空域，因此无论是轰炸机机组还是护航战斗机的飞行员，都似乎已经习惯了相对"安全"的空袭德国任务，他们对于德国空军今天即将开始的决死攻击没有任何心理准备。德军即将开始的打击首先将落在第3航空（轰炸机）师的第13、45和93这3个轰炸机联队身上。

12时30分左右，德军战斗机群开始和美军机群接触，易北特别指挥部的突击编队（大约180余架大部分为Bf 109的撞击战斗机以及护卫的51架Me 262）②分批次开始了决死的突击：美军野马机群虽然全力拦截也无法完全打散德军的撞击编队——它们飞得太快了，而且全无畏惧，美军战斗机飞行员对于这种类似于日本神风特攻的自杀攻击显然没有任何心理准备。大约50余架撞击战斗机和一些Me 262突破了美军护航机的拦截后径直冲入了轰炸机群，第3航空（轰炸机）师的重型轰炸机群在突如其来的猛烈突击下开始出现混乱，尤其是第452和388轰炸机大队编队附近的护航战斗机力量"严重不足"，这个防御空隙最终为德军战斗机所利用。第452轰炸机大队1架编号为4338868的B-17首先被命中——1架Bf 109准确撞在了它的左侧机身后段和尾翼之间部分。这架轰炸机的尾部在遭到撞击后解体脱离，整架飞机很快就直直坠落，最后只有1名机枪手和无线电员跳伞逃生。很快第385和388轰炸机大队也各有1架B-17开始燃烧着坠落，其中第388轰炸机大队这架由拜尔少尉驾驶的编号为4338869的B-17的机身后部左侧遭到了1架Bf 109的准确撞击，飞机随即失控坠毁。紧接着，第490轰炸机大队的1架B-17也被1架Bf 109撞击命中，在控制发动机火焰的努力失败后，机组人员不得不跳伞。正忙着追猎德军战斗机的美军战斗机飞行员

---

① 有资料表明仅有120架，由于德军的记录十分混乱，因此确切出击数字也存在争议。
② 参照JG 7联队战史，当天他们的Me 262实际上并没有执行护航任务，而是自行进行攻击。

第六章 最后的疯狂落幕——以"自杀"的方式为帝国殉葬

都被眼前的一幕惊呆了,第339战斗机大队的1名飞行员亲眼目睹了1架Bf 109径直撞上1架B-17后解体为2大团火球,另一名属于第78战斗机大队的飞行员则及时击落了1架眼看就要撞上1架B-17的Bf 109。此时德意志的天空是如此惨烈,笨拙的重型轰炸机群的盒子编队如同火刺猬般向着四面八方喷吐着炽烈的自卫火力,机枪手都被久违的恐惧感刺激得双眼通红;疯狂的德军撞击飞行员们则竭尽全力寻求一切可能接近那些庞大的重型轰炸机的机会,在尽可能近的距离上做着各种难以想象的危险机动动作;同样已经杀红了眼的美军战斗机飞行员不顾一切地追逐着德军战机,竭力保卫着轰炸机编队。一道道气流划过天际,不时出现的撞击、爆炸和解体如同一个个感叹号映衬其间,这血腥而残酷的场景让所有的美军空勤人员感到胆战心惊,他们的无线电通讯里充斥着各种撕心裂肺的呼号!突然间,1架Bf 109做了个小角度俯冲,稍作调整后划着一道浅浅的弧线径直撞上了1架B-17的机尾右侧,解体的战斗机残骸如同礼花般四下散落,而庞大的轰炸机还在勉力支撑着,这架飞机属于第388轰炸机大队指挥中队,编号为4297105,飞行员希克曼少尉顽强地控制着受到重创的轰炸机继续飞行,为机组人员的跳伞赢得了大约5分钟的时间。

■ 某位画家笔下的易北特别指挥部撞击美军重型轰炸机的场景,德军撞击战斗机的主要撞击位置就是美军轰炸机的后半段机身以及尾部。

当第3航空(轰炸机)师陷入苦战的时候,落后的第2航空(轰炸机)师的轰炸机编队也开始陆续抵达,虽然他们已经接到了警报,但是对于兄弟部队的惨重损失还知之不详,不过为他们护航的野马战斗机群此刻已经严阵以待,警惕地盯着空中。不出所料,很快德军1个由30架Bf 109、Fw 190以及Me 262组成的机群开始向着他们突进,1架Bf 109非常顺利地撞上了1架B-24,这架轰炸机没有坚持多久就坠毁了。护航的美军第479战斗机大队的

139

决死天空 二战末期德国昼间空战

飞行员驾机扑向德军战斗机群,意图首先驱散他们的编队,逼迫他们远离轰炸机,当美军战斗机飞行员第一次亲眼看到Bf 109直直撞上B-24尾翼的时候,他们几乎难以相信自己的眼睛!今天的德军战斗机是如此的不同,仿佛每一架都透出了浓浓的杀气,其战术动作也极度危险,全然不顾什么基本的空战技术,P-51机群对于这种比德军突击大队更加疯狂的战术一时间竟有点茫然不知所措。飞在第389轰炸机大队编队最前方的B-24指挥机飞行员是大队长赫伯斯上校,他很快就经历了他从未曾想到的死亡方式:在阵亡前,他亲眼看到了1架几乎径直迎面撞来的Bf 109,这架战斗机直接命中了轰炸机的机头部分!飞在边上的第389轰炸机大队的第二架指挥机由昆克尔中校驾驶,这架B-24的机组成员达到了13人,因为它的飞机上装备了H2X地形雷达,多了2名雷达操作员。他们亲眼目睹了大队长座机如同交通事故般被撞掉了机头,容不得去想清楚究竟发生了什么,他们就必须为自己的生存担忧了。此时,他们的飞机被解体的指挥机残骸直接命中,发动机和机身都严重受损,昆克尔中校勉强控制着几乎失控的轰炸机,命令机组成员立刻跳伞。就这样,在一瞬间绰号"飞行蝎子"的第389轰炸机大队就失去了2架指挥机,这对于大队其他成员而言是怎样的打击啊!

护卫第2航空(轰炸机)师的第356战斗机大队的高斯勒少尉回忆道:"大约20架Bf 109突入我们的轰炸机群,我是小队长机,我立刻率队冲向1个梅塞斯密特双机组。这组Bf 109的僚机没有紧跟长机,而是调头扑向1架B-17,在极其近的距离开火命中并且击落了这架B-17。随后这架Bf 109及时转向再接近他的长机(这位技术娴熟的德军飞行员难道真的只是僚机?),但是在极短的时间内这两架Bf 109都被轰炸机的自卫火力命中,相继冒出浓烟。我穿过火力线继续射击,直到击落了领头的那架Bf 109,然后我稍稍转过机头,开始向着尾随的第二架Bf 109射击。上帝啊!此

■ 这张照片充分体现了美军B-17重型轰炸机的战场生存能力,这架被德军战斗机撞击后的B-17(其半面受损痕迹清晰可见)依然能够安全返回基地,而且全体机组人员无人受伤。

第六章 最后的疯狂落幕——以"自杀"的方式为帝国殉葬

刻我才确认紧随而来的不是德军僚机(那架飞机已经不见了),而是1架同样在追逐攻击的野马,我命中了自己人!我马上松开了紧摁机炮钮的手,但是已经晚了……"事后查明这架倒霉的野马属于第339战斗机大队,其发动机被直接命中很快就拖着浓烟坠落(命中它的除了高斯勒少尉,还有1架B-17的机尾机枪手,因为这架野马实在太勇猛了,以至于让队友们都来不及做出判断,直接被当作德军战斗机)。除此以外,还有1架野马也被自己的B-17机枪手"准确"命中了超过15发子弹!可见当时的天空是如何的混乱,在此期间德军的Me 262机群也加入了对美军轰炸机群的攻击,这让美国人受到了更多的损失。

由吉布森少校带领的被称作"热血100"的第100轰炸机大队在12时50分至13时26分之间遭到了大约50余架Bf 109和1架Fw 190的攻击,德军战斗机从多个方向对这个编队展开猛烈进攻,来自9点钟方向的攻击尤其炙烈。1架Bf 109在撞击了编号为38514的B-17后机翼脱落,旋转着坠落,而这架顽强的轰炸机在承受重击后依然勉强保持着飞行状态,它的后部机身左侧的三分之一以及尾翼都被严重损伤,德军战斗机的螺旋桨更是深深地嵌入了其机身后部!随后1架Bf 109冒着弹雨直直冲向1架编号为4297071的B-17,轰炸机的自卫机枪发射出的"火鞭"狠狠抽打在它身上,终于在它即将撞上的时候,将战斗机的机翼打掉了,然而战斗机的机身还是随着惯性撞上了这架B-17,不久后天空中就绽开了

7顶降落伞。该大队还有1架编号为448334的B-17的3号发动机被德军战斗机命中起火,螺旋桨也脱落了,这架轰炸机最后记录为失踪。

对于德军撞击战斗机的飞行员而言,其仅有的为数不多的生存法则就是要在撞击前抛掉座舱盖,在撞击后尽可能快地逃离座舱,飞行员必须保持冷静(如果此刻他还侥幸活着的话),及时解开安全带并脱下氧气面罩,此外在高速飞行和剧烈撞击的情况下离开座椅还需要极大的体力,任何疏忽都会导致最后的逃生希望破灭。即便能完成上述几个步骤,在如此极端的环境下要想真正跳伞逃生还需要很多运气,例如在将近几百公里每小时的高速、复杂的气流环境、自身战机机体状态以及各种可能出现的特殊状况下,人体显得极其脆弱,任何磕碰或者钩拌都会是致命的。如果这位飞行员克服上述所有困难并清醒地飘荡在空中之后,他还要保持一段时间的自由落体,尽可能快地坠落以降低高度,因为一般发生撞击的高度都在7000米左右,而他必须尽快落到4000米以下,否则任何拖延都会导致死亡。万一飞行员出于对高度和高速坠落的恐惧感在7000米高度提前开伞,那么由此引起的在4000米以上高度的长时间停留(伞降速度下,滞空时间会增加几分钟)将会是致命的打击——缺氧和低温将夺取飞行员好不容易获得的生机(他将在极短时间内无痛苦地死去)。

尽管遭到了德军突如其来的猛烈攻击,

决死天空　二战末期德国昼间空战

美军的轰炸机群还是坚定地按照计划向他们的目标前进。美军第479战斗机大队在乌尔岑空域遭遇到了一队德军普通战斗机部队，这些战斗机都还挂着副油箱，激烈的空中格斗从10000米高度一直打到低空！第385轰炸机大队指挥官吉佩尔上校这样记录道："今天我们的战斗机护卫明显力量不足，当德军战斗机蜂拥而至的时候，我们周围只有少量战斗机，而且和他们的无线电联络也极不顺畅。"这个大队在13时10分遭到了5架Bf 109的攻击，他们背靠太阳俯冲下来，随后有1架Bf 109撞上了低空编队的1架B-17，2架飞机纠缠着一同爆炸坠落。还有1架Bf 109在抛掉了座舱盖准备撞击时却发现错过了原来对准的轰炸机，这位菜鸟飞行员刚刚可能在忙着掀开座舱盖而顾不上飞行方向了，不过这架梅塞斯密特还是找到了另一个目标撞了上去，而且这名撞击飞行员的命还挺大，他成功逃离了座舱跳伞逃生。第490轰炸机大队的1架编号为4338082的B-17在此前已经遭到1架Bf 109的重创，机身严重受损，2号发动机起火，3号发动机的大火虽然被扑灭了，但已经无法正常工作。这架轰炸机包括飞行员杜鲁胡特中尉在内共有9名机组成员，机尾炮塔机枪手不得不首先跳伞。第3航空(轰炸机)师大编队的最后一部分是第4轰炸机联队的机群，虽然德军的主要攻击波已经过去了，但是零散的撞击还在继续出现，其下属的第487轰炸机大队的1架B-17被1架Bf 109撞击，不过牢固的B-17显示出了顽强的生命力，最终得以成功返航，而那架Bf 109则成了散落在空中的碎片。这个大队真正的损失则是由于自身编队投弹的误击造成的，1枚炸弹命中了高度较低的另一架编号为4339163的B-17，致使这

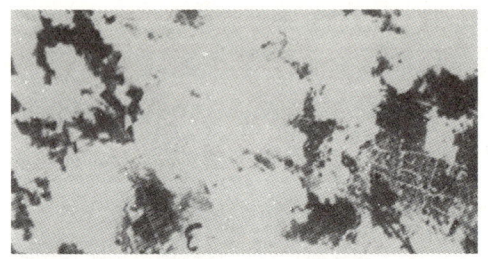

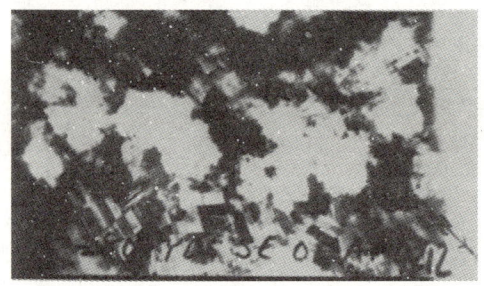

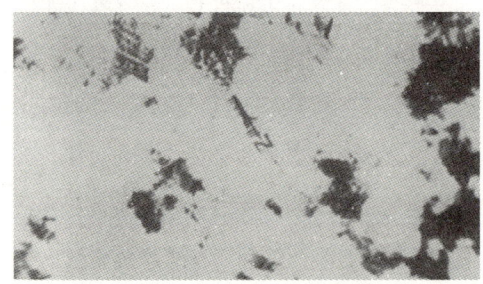

■ 易北特别指挥部基地施坦达尔在4月7日大规模"撞击"作战后的第二天就成为了美军轰炸机群的重点打击目标，照片显示了其受到轰炸的场景。

第六章 最后的疯狂落幕——以"自杀"的方式为帝国殉葬

架轰炸机起火坠毁,最终机组中有5人跳伞逃生。尽管遭到了德军撞击战斗机和喷气战斗机的重创,但是美军第8航空队的轰炸机群还是按照计划飞临预定目标投放了炸弹,首当其冲遭到打击的第3航空(轰炸机)师和前锋遭到损伤的第2航空(轰炸机)师都重整了队形从而得以完成预定任务,第三波第1航空(轰炸机)师的轰炸机编队则相对平静地完成了空袭任务,这个师当天没有损失轰炸机,只有27架轰炸机遭到了高炮的攻击严重受损。美军机群在返航途中比较平静,没有再遭到德军有规模的攻击,这场二战史上德国上空最后的大规模"极端"空战就此落下了血腥的帷幕。

德国空军当天大规模撞击作战的具体数据记录比较混乱,很多信息都不完整,根据一份关于本土防空的报告《本土防空作战1943－1945》的第4卷记录:"易北特别指挥部有133架参加作战的战斗机没有返航,77名飞行员阵亡。"而撞击部队和喷气机部队宣称的战绩也有几个版本,击落的美军轰炸机数量在50－60架之间,击落的战斗机数量则为6架左右。而美军方面的记录显示他们确认击落了超过120架德机,可能击落40架,重创42架,其中战斗机部队击落67架,美军损失的轰炸机数量为22架("完全损失"17架轰炸机,其中12架B-17和3架B-24被德军战斗机击落,1架被高炮击落,还有1架事故损失,此外还有4架B-24和1架B-17"全损"——受损原因没有记录。其余各种级别受损轰炸机数量则为147架,美军明确记录的遭到"撞击"的次数为8架次),损失的战斗机则为6架。但是如同前文已经描述,美军的损失统计如同其战绩统计一样十分复杂,上述损失数字只显示了确认损失的数量。根据阿诺·罗斯《极端空战——德军撞击战斗机部队》一书中的统计,美军当天各种损失统计显示总计有45架B-17、11架B-24和6架野马战斗机属于"战损"行列。死亡出击日结束后的第二天,易北特别指挥部的残余人员坐火车转到帕骚附近,这次旅行将持续4天。易北特别指挥部在新的基地还将继续执行极其危险的任务,而疯狂的任务设计者还是"野猪"赫尔曼,不过之后的战斗已经不值一提了。

德国普通战斗机部队的本土防空作战终

■ 纳粹德国空军的末日场景。

于走到了尽头，在3月份相继正式解散的战斗机单位包括：Ⅰ./JG 3、Ⅰ./JG 6、Ⅰ./JG 11、Ⅲ./JG 26、Ⅳ./JG 27和Ⅲ./JG 77；到4月份，这个名单中继续加上了：Ⅰ./JG 4、Ⅳ./JG 26和Ⅱ./JG 77。而其他剩余的昼间活塞式战斗机单位也都因为油料和飞行员短缺而基本失去了战斗力。

美军从4月10日开始继续猛烈攻击德国北部的喷气战斗机基地，大约1200架轰炸机当天轰炸了德国北部的空军基地。4月12日，美军的出击力度明显下降，只出动了约350架轰炸机，此后美军对德国的大规模战略空袭至此基本结束。4月13日，美军第56战斗机大队的P-47攻击了德国北部施莱斯威希附近的机场，摧毁了德军停放在地面上的大约95架战斗机。3天后德国南部的机场也成为盟军目标，美军第353战斗机大队摧毁了地面上至少110架德机，紧接着第二天，美军的野马机群又在地面上摧毁了至少200架战斗机，德国空军彻底覆灭，除了喷气机部队例如JG 7、KG(J)54"骷髅"等还能保持一定出击能力以外，其他普通战斗机部队的抵抗已经可以忽略，因此可以找到的相关作战记录很少而且十分混乱，以下仅简单介绍一些有确切记录的德军战斗机联队境况。

4月下旬，一直和盟军作战的JG 26的对手又多了苏联红军的雅克战斗机，4月24-26日，JG 26记录了击落8架雅克-3型战斗机。JG 26的Ⅰ、Ⅱ、Ⅳ大队在战争的最后时光还获得了新型战斗机——在"长鼻子多拉"基础上更换了发动机以及略微改进了武器装备的Fw 190D-12和D-13 (换装了Jumo 213E-1或F型发动机)，但是这些数量有限的新战机此刻对于德国本土防空已经没有任何实质性的意义了，Ⅱ大队长绍德上尉就是驾驶这些新战机中的1架升空后被击落的，他本人则被盟军俘获。JG 27记录在4月7日击落3架B-26和4架战斗机，10日击落3架双发轰炸机和1架P-47，16日和19日也有击落喷火的记录，而该联队还能作战的Ⅰ、Ⅱ2个大队在4月份的损失则有30架战斗机。在战争结束前，JG 53的Bf 109们还有零散的出击记录，Ⅱ./JG 53的大队长麦姆贝格少校于4月13日获得了自己6年空战生涯中的第53个战果，可能也是Bf 109王牌的最后战绩。

在战争的最后时光，德军昼间活塞式战斗机除了零散的出击，几乎没有任何成规模的抵抗。战斗到战争最后一天的德军普通战斗机单位是JG 5"冰海联队"（由于他们被部署在挪威战区，并不属于本土防空作战力量，因此本文中对于他们的情况省略），而盟军已经彻底摧毁了德国本土的空军。在盟军和苏军从两个方向横扫整个德国领土时，幸存下来的德军战斗机飞行员和地勤人员基本上都选择了放弃抵抗，因为他们已经在空中落败，他们的职责已经结束，根本没有必要为已经被扫入历史垃圾堆的纳粹政权殉葬了。

第七章 像天使一样飞翔——德军喷气式及火箭战斗机部队

最初的尝试
——Me 262试验指挥部

二战后期德国空军真正重要的新生力量原本应该是Me 262战斗机部队,关于Me 262这种二战中革命性的战机的曲折故事想必很多读者都已经早有所了解,事实上它在投入现役时遇到的种种问题也从侧面印证了德国空军覆灭的必然性。早在1938年秋季,帝国航空部就给了梅塞斯密特公司设计喷气式战斗机的任务,而这个设计任务的首要前提就是喷气式发动机的设计,于是宝马和容克公司承接了发动机的设计任务。1940年3月,帝国航空部决定最初的3架试验机采用宝马公司提交的BMW P.3302喷气发动机,并且获得了262这个编号,不过希特勒此时认为现有的螺旋桨战斗机已经足够帮助他完成野心,对于Me 262的研发并不重视。1941年4月,3架原型机完成,不过宝马发动机依然问题重重,于是Me 262V1(编号PC+UA)改用容克的Jumo 210G发动机于4月18日完成首飞。1942年3月,宝马公司提交了改进的BMW 003喷气发动机,但是技术问题使得Me 262直到1942年7月18日才真正完成使用喷气式发动机的试飞。随后其他几架Me 262试验型也陆续加入试验行列,1943年5月15日,战斗机总监加兰德将军首次亲自尝试了Me 262V4,试飞后他形容Me 262"像天使一样飞翔",同年10月他提议组建一个大约由12架Me 262组成的试验部队。

1943年底,梅塞斯密特专用试验基地之一莱西菲尔德基地迎来了4架Me 262的实验型,编号分别为V1、V3、V6和V7,这个位于奥格斯堡以南的机场将在今后成为喷气式战斗机

■ Me 262之父梅塞斯密特博士(右)。

决死天空 二战末期德国昼间空战

部队的一个重要试验和训练基地。Me 262的试验指挥部(Ekdo, Erprobungskommando的缩写)也于1943年12月初正式建立,指挥官是作战经验丰富的威尔纳·提尔费尔德上尉。到12月21日,除了提尔费尔德上尉以外,一些优秀飞行员也陆续试飞了这种新式战斗机,名单中包括JG 2联队长梅耶少校和轰炸机总监佩尔茨少将等空军重要人物。Me 262最初阶段的试验进展并不顺利,提尔费尔德上尉的指挥部也几

■(上)装有Jumo 210G活塞式发动机和2部BMW 003喷气发动机的Me 262V1。
■(中)Me 262V3正在加油,发动机进气口装有防止异物吸入的铁网罩。
■(下)1942年7月18日在莱布海姆准备进行首次喷气式动力飞行的Me 262V3,此时的Me 262仍采用后三点式起落架设计。

第七章 像天使一样飞翔——德军喷气式及火箭战斗机部队

■（上组图）这架Me 262V3首次升空瞬间的历史镜头。

决死天空　二战末期德国昼间空战

乎是个空架子,直到1944年1月底,来自JG 2的鲍达赫军士和JG 11的莱纳兹军士才陆续加入这个新生的指挥部。但是这个原本就很虚弱的指挥部却在2月1日遭遇到了一个重大打击,提尔费尔德上尉在试飞时发生事故,最终得以跳伞逃生,却因此负伤,而且摔掉了这个试验指挥部唯一能飞行的Me 262,飞行训练只能暂停!就这样又过去了2个多月,直到4月19日试验指挥部才获得1架新的编号V8的Me 262,提尔费尔德上尉总算又有了可以试飞的喷气战斗机了。

5月初,第26驱逐机联队3大队(III./ZG 26,不含7中队)的飞行员们接到命令,转场莱西菲尔德基地开始接受改飞Me 262的训练,第8和第9中队的地勤人员也开始接受新机种的培训。半个月后,这个单位获得了2架Me 262(编号S3和S4),包括2个中队长在内的首批10名飞行员正式开始训练。III./ZG 26的作战日志显示他们于5月9日执行转场任务,总计有14名飞行员将首先加入试验指挥部进行改飞训练,实际参加人数为10人,直到此时训练试验任务才算是正式展开。受命改飞Me 262

■ 照片中身着德国空军军服的就是威尔纳·提尔费尔德上尉,他1915年12月24日出生于柏林,在非洲长大。在他加入德国空军之前曾在哥廷根大学学习,二战开始时他属于II./ZG 26,驾驶Bf 110,先后参加了西欧、巴尔干和克里特等战区的作战,于1941年10月获得骑士勋章(14个空战胜利)。1942年5月,他转入II./ZG 2担任4中队长。几个月后被调入战斗机总监参谋部,重点负责驱逐机部分的技术以及战术部分的咨询以及研究。1943年12月15日,他成为III./ZG 26大队长,并且负责Me 262试验指挥部。

第七章 像天使一样飞翔——德军喷气式及火箭战斗机部队

的主力飞行员都来自原来的驱逐机部队，其重要原因是因为这些驱逐机飞行员已经接受了双发战斗机的基础训练，并且具备飞双发战斗机的实战经验，理论上应该比单发战斗机飞行员更加容易适应改飞训练。

直到此刻——1944年中期，希特勒依然拒绝将已经投入现役的Me 262作为战斗机用于空战："我拒绝任何关于将Me 262用于除了闪电轰炸机以外用途的谈话。"戈林自然紧随其后严令禁止，但是加兰德将军回忆空军内部一直没有放弃将Me 262重新作为战斗机的努力。在德国空军高层的努力下，提尔费尔德上尉的试验指挥部得以幸存，继续以莱西菲尔德为基地进行战斗机试验任务，但是至少名义上已经不是原来的"空战试验"，而是改为"前线适应性试验"。该指挥部此刻拥有6－9架Me 262和8名飞行员，而且暂时无法得到新的装备和人员补充。而此时的Me 262也依然问题重重，其发动机寿命是严重制约其实际作战效能的瓶颈，在起飞和降落阶段的安全性问题也没有完全解决。此外，由于初期生产缺少有效的质量控制手段，各种技术问题也层出不穷，试验指挥部的正常训练试验任务因此也时常被打断。Me 262在9000米高度最高速度超过860公里/小时，其续航时间和作战半径都远远超过Me 163，武器装备主要为4门MK 108型30毫米机炮。虽然Me 262本身依然存在众多问题，例如发动机、起落架等，并非一种完全成熟的战斗机，但是对于此刻的德国本土防空现状而言，Me 262

只能提前上阵，作为战斗截击机投入到濒临绝境的本土防空战之中。提尔费尔德试验指挥部很早就发展出适合Me 262高速特性的空战战术——所谓一击脱离战术，在完成一次攻击后即刻加速甩开对手，直到离开足够的距离后再回转爬升进行第二次攻击，避免和在转弯性能上明显占优的螺旋桨战斗机纠缠。试验指挥部很快在斯佩尔、凯塞林元帅等重要人物面前演示了这个为Me 262量身定做的空战战术，在这次空战演习中Me 262多次有效击落了扮演敌方的Bf 109。

然而在7月18日，Me 262试验指挥部再次遭遇惨重打击，这次他们彻底失去了指挥官提尔费尔德上尉。当天他驾驶Me 262（S6）升空，在朗德斯贝格空域附近攻击一个美军重型轰炸机编队，最终没能返航。他的座机可能是被美军的野马护航战斗机击中，也有可能由于机械故障坠毁，虽然提尔费尔德上尉得以脱离战斗机座舱，但是由于高度太低而没来得及打开降落伞就坠地身亡。但英美的资料却并没有这次"击落"Me 262的记录，因此他最有可能死于飞行事故。

提尔费尔德上尉阵亡7天以后——7月25日，该指挥部的施莱博少尉驾驶他的白色4号Me 262在高空攻击了英国皇家空军第544中队1架执行侦察任务的蚊式轰炸机。虽然德军记录这是Me 262的第一个正式空战胜利，但是根据英军方面的记录，实际上这架蚊式并没有被击落。当时飞行员瓦尔上尉在观察员劳班中尉的及时警告下成功地做了机动规避，

决死天空 二战末期德国昼间空战

3次避开Me 262的追尾攻击,当这架Me 262进行第四次攻击的时候,瓦尔上尉听到了自己的飞机传来2声闷响,他认为飞机被命中了,尽管如此,这架蚊式还是成功借助云层的掩护安全返航。虽然德军的战果记录存在确认问题,但是有一点是毫无疑问的,这是盟军方面第一次正式的关于空中遭遇Me 262的官方记录,世界上第一种喷气式战斗机正式登场亮相了。其实盟军方面早就通过各种渠道获悉德军Me 262的发展情况,例如英国皇家空军第2战术航空队(2TAF)指挥官阿瑟·坎宁汉将军在1944年4月就曾对他的密友表示:"我对于我们自己的喷气战斗机制造和服役的推迟这个问题感到非常紧张,德国人的喷气式战斗机在将来有可能会对我们的制空权构成重大威胁……"此后不久,坎宁汉将军继续向他的上级反映了喷气式战斗机的问题,终于到7月27日,英国皇家空军的第一种喷气式战斗机也正式亮相——拦截V1飞弹。

Me 262试验指挥部的工作并没有因为指挥官的阵亡而陷于停顿,虽然事故和意外频繁发生,但是他们依然继续向前迈进。7月30日,1架Me 262(出厂号W.Nr.170058)由于发动机燃烧坠毁,不过飞行员得以跳伞逃生。而他们也开始获得新的空战胜利,2个击落记录中的一个依然属于施莱博少尉,这次他击落了1架喷火侦察机。8月5日,霍斯特·盖耶上尉接替阵亡的提尔费尔德上尉指挥Me 262试验指挥部,盖耶上尉之前负责领导第25试验指挥部(稍后改编为第10战斗机大队)进行各种攻击轰炸机群的武器和战术试验,因此Me 262试验指挥部也得到了来自于第10战斗机大队的人员补充。3天后威伯少尉在慕尼黑西南空域击落了试验指挥部记录的第2架蚊式,属于美军第802侦察机大队。

8月15日,南非空军第60中队的1架蚊式起飞,它今天的任务是航拍德军的莱普海姆机场,而随后的经历将让2名飞行员皮纳上尉和洛克哈特－罗斯少尉终生难忘。"我看到了1架高速爬升的德军战斗机!"罗斯少尉首先发现了1架Me 262,他几乎不敢相信自己的眼睛。随后这架蚊式拼命做着各种机动动作

■ 施莱博少尉,最早加入Me 262试验指挥部的10名原Ⅲ./ZG 26的驱逐机飞行员之一。他是德军记录中第一个驾驶Me 262获得空战胜利的飞行员,也是Me 262初期作战中的一名重要飞行员,1944年11月26日,因为飞行事故丧生。

第七章　像天使一样飞翔——德军喷气式及火箭战斗机部队

■ 霍斯特·盖耶上尉（中），接替阵亡的提尔费尔德上尉指挥Me 262试验指挥部，是一名经验丰富的试验部队指挥官，后来负责指挥Me 262战斗机训练大队Ⅲ./EJG 2。

躲避Me 262的攻击，而这架Me 262则锲而不舍，一次一次攻击－爬升－攻击，死死咬住快到口的猎物不放。"快看，它又回来了！"罗斯少尉一次又一次紧张地提醒着皮纳上尉，而蚊式一次次的规避后其飞行高度也下降得非常厉害，这场生死追杀从高空一直杀到了低空，最终Me 262还是没能得手，放弃了攻击。死里逃生的蚊式已经精疲力竭，发动机不堪重负不断发出呻吟，最后勉强返回了基地，这两位飞行员的杰出表现（他们不仅在Me 262的多次猛烈攻击下生还，而且还拍摄了多幅清晰的照片）让他们获得了优异飞行十字勋章。除了这场遭遇战，当天Me 262试验指挥部的莱纳兹军士和克劳兹贝格军士长驾驶2架Me 262拦截美军的B-17轰炸机群，莱纳兹军士至少击伤了1架B-17。

8月18日，最早接受Me 262训练的8./ZG 26转场到莱西林－拉茨基地，他们将负责组建专门对付盟军侦察机的特殊指挥部，这个新的Me 262指挥部成员包括穆勒少尉、威伯少尉等经验丰富的喷气机飞行员。2天后1位美军战斗机飞行员记录了和Me 262的一次遭遇战，此刻大部分盟军飞行员对于Me 262都还是非常陌生的，记录中这样写道："我们和其他编队一同向北飞行，突然我发现1架敌机，外形很像A20，它看上去似乎在寻找有利的攻击位置，我们立刻转向准备攻击，但是这架敌机的速度太快，我们无法进入有效射击

决死天空　二战末期德国昼间空战

■ 2名同样来自于Ⅲ./ZG 26的Me 262试验指挥部的重要飞行员，驾驶摩托车的是穆勒少尉，后座的是威伯少尉。威伯少尉紧接着施莱博少尉之后获得Me 262部队的第二个空战胜利，他此后一直是Me 262战斗机部队的重要成员，后来成为第一个喷气战斗机联队JG 7的1名重要前线指挥官（中队长）。

位置……这架喷气式战斗机尽量避免和我们陷入缠斗，总是以45-69角度俯冲，在大约1000码距离开火，随后一直冲到我们下方2000米，然后加速直线离开大约10公里后再次爬升达到攻击高度，它重复了几次这样大范围的攻击，我们对此无能为力。"

8月24日，Me 262试验指挥部获得了第3个空战胜利——鲍达赫军士长击落1架P-38F-5侦察机，2天后施莱博少尉和莱克军士长分别击落了1架蚊式（皇家空军第60中队）和1架喷火战斗机（可能属于第683中队），而这天也是Me 262喷气式战斗机正式在德国国防军登记入籍的日子。

■ Me 262A-1a，"白色5号"，属Me 262试验指挥部，1944年8月。该机后来先后编入诺沃特尼大队以及Ⅰ./KG (J) 54。

第八章 闪电轰炸机？KG 51的Me 262

在希特勒"Me 262只能作为闪电轰炸机"的明确命令下，战斗机部队一直无法获得新的Me 262，而和Me 262相关的问题也将由轰炸机总监而非战斗机总监负责。在不可抗拒的元首令以及空军总司令戈林的暧昧态度下，Me 262很快被正式作为所谓"闪电轰炸机"分配到轰炸机联队。KG 51 "高山雪绒花"联队是第一个正式接受Me 262的空军联队，这个轰炸机联队很有特色，它的下属大队均以阿尔卑斯山的植物命名，因此也被称为"阿尔卑斯轰炸机联队"。它作为空军的主力轰炸机联队之一参加过法国战役和英伦空战，随后长期在东线作战，1943年中期以后撤回德国本土。到1944年初，它的Ⅰ和Ⅱ两个大队相继换装了Me 410，在接受Me 262之前在西线执行了一段时间的防空和远程突袭任务。5月中旬，Ⅰ./KG 51从西线撤回本土，准备换装Me 262。1944年6月2日，KG 51联队指挥部和Ⅰ大队先后进驻莱西菲尔德基地接受改飞训练，虽然这些飞行员很多都是经验丰富的轰炸机飞行员，但是对于驾驶这样的喷气式战斗机执行轰炸训练却都力不从心。为了研究发展使用Me 262执行空袭任务的战术，原属ZG 26的橡叶骑士勋章得主沃尔夫冈·善克少校在部分3./KG 51的基础上组建了一个特殊实战试验指挥部E-51，试验使用Me 262执行支援作战。这个指挥部到7月10日得到了12名飞行员和6架Me 262，但是仅仅4天以后他们就出了事故，摩斯巴赫军士长在执行训练任务的时候坠机阵亡。

7月19日，美军第8航空队对德国西南部和西部进行了猛烈空袭，莱西菲尔德和莱普海姆这两个梅塞斯密特试验基地也无法幸

■ KG 51联队标志"高山雪绒花"。

决死天空 二战末期德国昼间空战

■ 右一就是善克少校,他1936年加入德国空军,最初在里希特霍芬联队 I 大队服役,后转入 I./ZG 1,先后参加了进攻波兰、挪威和法国的战役。1941年4月获得骑士勋章,后负责Me 210的试验任务。1943年他成为新组建的第2对地攻击机联队指挥官,在地中海地区进行Fw 190对地攻击的实战试验。1944年5月,他在再次伤愈后进入空军技术部,6月他受命负责Me 262的轰炸试验任务。他总计执行了300余次实战任务,个人战绩为18个空战胜利。

的代表弗里茨·万德尔在给公司总部的一份报告中这样描述当时的情况:"善克少校此刻得到的作战命令显示,Me 262将更多地作为战斗机而非轰炸机使用。"这份报告中具体列举了Me 262作为轰炸机存在的种种问题,例如有效航程不足,机体、起落架和轮胎的强度问题,辅助油箱及缺少专用投弹瞄准具等问题,可见此刻的Me 262根本不具备成为轰炸机的能力。此外,希特勒此时还提出了一个要求,Me 262的飞行高度不得低于4000米,这使得Me 262的轰炸准确度更加无法得以保证。7

免,德军总计有10架Me 262毁于空袭,还有2架严重受伤,这其中有9架属于善克少校的E-51指挥部。这次打击使得善克少校能够用于试验任务的Me 262只剩下4架,不过很快他又得到了补充,他以9架Me 262的力量转场到法国境内执行对抗盟军登陆作战的空中支援任务,对在欧洲登陆的盟军部队实施"闪电轰炸"。

梅塞斯密特派驻该指挥部

■ 位于照片中间的就是梅塞斯密特技术代表弗里茨·万德尔。

第八章 闪电轰炸机？KG 51的Me 262

■ 1./KG 51的1架已经降落的Me 262。

月底,德国在法国境内开始了大撤退,善克少校的E-51指挥部也陷入了混乱之中,7月26日,他手下只有4名飞行员,真正可以执行任务的只有2人,残存的5架Me 262中倒是还有4架可以升空。8月22日,E-51指挥部撤到了兰斯地区,在这里他们总算得到了3./KG 51的补充支援,3./KG 51在这段时间的训练中也不断出现故障损失,8月3日和6日,他们失去了2位飞行员——罗特曼少尉和赫尔伯上士。该指挥部进入法国时的9架Me 262中有2架在起飞时由于飞行员操作失误坠毁,还有2架在降落时坠毁。但他们并没有放弃对盟军地面部队进行实验性攻击的任务,万德尔继续写道:"水平飞行时根本不可能用射击瞄准具投弹,善克少校的作战尝试没有任何成果。"没过多久,他们又损失了2架Me 262,原因依然是Me 262在降落时候的故障问题。

8月28日,面对不断逼近的盟军地面部队,善克少校不得不继续在问题重重的情况下带队升空,向后转场撤退,当天劳尔军士长的Me 262在特蒙德空域遭到了美军第78战斗机大队2架P-47的攻击,这是美军战斗机第一次正式遭遇Me 262。当时这2位美国飞行员——约瑟夫·梅耶少校和曼弗德少尉,在发现他们下方的劳尔军士长的Me 262后立刻以45度角俯冲加速到765公里/小时。劳尔军士长在梅耶少校开火前开始机动规避,试图躲开这迅雷一击,就在这时候这架Me 262突然直直地坠落——它不是被命中,而是由于劳尔军士长在突然做机动动作的时候操作过猛导致故障坠机!这是盟军方面最早的击落Me 262的记录。万德尔这样记录这架Me 262的经历:"1架Me 262由于导航错误和油料不足在机场附近迫降时严重受损,幸好飞行员没有受

决死天空　二战末期德国昼间空战

■ Me 262A-1a，属于善克少校的特殊试验指挥部E-51。

伤，而我们随后不得不在撤退的时候炸毁这架一时无法修复的飞机。其他的Me 262陆续转场前往比利时地区，有1架则再次因为导航错误而飞向另一个法国机场，随后不得不紧急迫降，此刻这架飞机左侧发动机由于油料告罄已经熄火，而且飞行员缺少应对这种情况的经验，因此在放起落架的过程中出现了操作错误。最主要的原因是Me 262只有安装于左发动机上的1台液压泵为起落架收放提供动力，这也成为Me 262的一个软肋之一，而在右侧发动机加装另一台液压泵的计划直到战争结束也没有真正实现。这架低速的Me 262成为英军喷火战斗机最好的目标，它在遭到多次攻击后起火燃烧，飞行员不得不驾着只放下了前主起落架和一个后起落架的飞机强行着陆，最后飞行员得以幸存，整架Me 262则完全被毁。"

善克少校的E-51指挥部到9月1日得到了新的Me 262和飞行员，Ⅰ./KG 51的改飞训练也基本完成，但是E-51特殊指挥部的很多飞行员只是接受了紧急短促的飞行训练，真正的实战准备依然远远不足。E-51指挥部到8月30日的时候已经转场到荷兰境内的福克尔机场，面对绝对优势的盟军空中力量，他们还是继续执行了尝试性的对地攻击任务，目标包括安特卫普、卢万等。面对德军的这个小刺头，英国人决定直接推平，9月3日，皇家空军出动大约130架兰开斯特轰炸机轰炸了福克尔机场，2架Me 262在地面被摧毁，其中1架是善克少校的座机(出厂编号Nr.170016)。

第八章 闪电轰炸机？KG 51的 Me 262

■ 1./KG 51大队长克劳斯·海布棱上尉，1943年6月获得骑士十字勋章（左），该大队在装备Me 262前曾经在1943年先换装Me 410加入德国本土防空作战（右）。

这次空袭也对机场设施造成了严重破坏，善克少校不得不带队继续后撤到德国境内的奥斯纳布吕克附近。9月8日，善克少校指挥部的维德曼少尉驾驶他的编号为"9K+OL"的Me 262A-1a在试图轰炸比利时迪斯特地区时被盟军地面高炮击落阵亡，这架飞机残骸则成为第一个被盟军实地检验的Me 262，它的2台受损发动机即刻被送往英国研究。第二天，德军在同一地区再次损失了1架Me 262。

这两次损失的原因之一是Me 262的无线电通讯设备在实战中存在问题，导致指挥通讯失灵。为此德国空军总部立刻命令向善克少校指挥部派遣无线电专家解决这个技术问题，万德尔这样记录道："善克少校的指挥部现在开始执行轰炸任务，他们在空中时常遭遇到大批盟军战斗机，但是只有很少的飞行员和敌机展开格斗，因为这个指挥部的主要任务是轰炸，所以他们一般不会尝试去攻击盟军战斗机。通常Me 262的飞行高度都限制在4000米以上，飞行时间大约为50分钟，作战范围约230公里，投弹目标区域则为城市内部，例如街道等，我目前很难对这些攻击行动的效果进行评估。我们在这段时间里损失了第3和第4架Me 262，我还没有掌握这2架飞机的具体情况，但是从目前掌握的信息来看，他们很可能是因为导航指挥通讯的问题而飞错方向，直接撞入盟军的防空火力范围之内而被击落……这些Me 262装备的无线电通讯系统 (FuG 16ZY和FuG 25a) 的实际工作状况非常差……在这段约3周的时间内，善克少校指挥部总计出动了约50架次，而通讯设备的问题和投弹高度的限制使得他们受天气状况的影响非常大，实战效果一般。"

正如万德尔所说的那样，尽管喷气机的小规模出击一直不断，但战果乏善可陈且损失不断。E-51指挥部在9月10日出动了15架Me 262对盟军进行空袭，3./KG 51的威尔纳·戛特纳少尉的Me 262 (Nr.170013) 被盟军高

决死天空　二战末期德国昼间空战

炮命中，他本人最后记录为失踪。第二天，善克又损失1架Me 262，这架战机在阿纳姆空域被击落，飞行员海尔伯特·绍德军士阵亡。9月13日，Ⅰ./KG 51指挥官命令善克少校继续扩展空袭目标的范围，这天E-51出动5架Me 262攻击洛美尔地区，另外2架Me 262的目标则是盟军在海希特尔和马斯舍尔德运河地区的基地。9月17日，布赖特斯贝克军士驾驶Me 262在一次事故中坠机丧生，这一天也是盟军"市场－花园"行动的开幕日，于是KG 51也加大了空袭的力度。18日，Ⅰ./KG 51出动3架、Ⅲ./KG 51出动12架Me 262攻击了尼佩尔特地区的盟军阵地。19日，Ⅰ./KG 51出动14架Me 262攻击盟军的滑翔机，负责拖曳的盟军轰炸机群遭到了猛烈打击。善克少校的

E-51指挥部从9月20日开始直到10月7日一直在攻击美军第82空降师的阵地，他们在此期间的作战力量为11架Me 262和12名飞行员，飞机主要挂载1个内装SD10小型爆破弹的AB 500吊舱或者2枚SD 250炸弹。9月18日，1架Me 262被英军第416战斗机中队的1架喷火击伤，30日，英军第441中队的喷火击伤了另一架Me 262。这段时间里Me 262的实际空袭效果非常一般，原因在前文已经叙述：飞机数量少、缺乏必要的投弹瞄准具、4000米的高度限制等等。

从此时开始，KG 51的部分作战行动是和哈棱斯勒本战术编队联合进行的，这个战术编队是哈棱斯勒本中校于1944年9月20日在原KG 2联队指挥部的基础上建立的，指挥官由中校本人担任。根据KG 2联队战史，在1944年9月23日，这个战术编队下属Ⅲ./KG 51和善克少校的试验指挥部、第2夜间对地攻击大队以及Ⅲ./KG 3，他们主要执行近距离支援任务，攻击步步进逼的盟军地面部队。第2夜间对地攻击大队（只有1、3两个中队）装备Ju 87，后改为Fw 190和Ar 66；Ⅲ./

■ Ⅲ./KG 51的Ju 88A4轰炸机群，清晰可见其别具特色的联队标志。

第八章 闪电轰炸机？KG 51的Me 262

KG 51后改名为第20夜间对地攻击大队 (NSGr 20)，装备Fw 190G-8；I./KG 51依然装备Me 262，显然此时关于禁止Me 262在轰炸行动中飞到4000米以下低空的禁令也已经被解除。哈棱斯勒本战术编队此后先后隶属德军西部空军司令部和第2战斗机军指挥，1945年2月最后划归第15航空师，这个战术编队在其总计大约3100架次任务中损失了142架战机。

■ Me 262A-1a，"黑色F"，属于善克少校的特殊试验指挥部E-51，其安装的ETC 503炸弹挂架清晰可见。

在这一阶段里哈棱斯勒本战术编队针对盟军前线机场和阵地发动了一系列的小规模空袭，其中最具代表性的是10月1日和2日对部署在荷兰葛雷夫机场的英军第421中队的喷火机群的空袭，尤其后一次取得了相当大的战果，英军总计损失了35架战机。以下是皇家空军第421中队提供的报告："11时，来袭的德国飞机在3000英尺的高度投下了2枚炸弹，炸伤了3名飞行员，另有1名军官和6名飞行员受轻伤。中午，第二波空袭来袭。接着，第三波空袭比前2次更为猛烈，有1名飞行员在轰炸中丧生，另有多名居住在机场附近的荷兰平民在空袭中受重伤。"

3./KG 51在10月3日的作战力量为10架Me 262和12名飞行员，第二天该中队继续对奈美亨地区以及葛雷夫机场的盟军目标进行空袭。当天的天气状况很不理想，Me 262只能透过云层缝隙进行投弹。10月5日该中队又一次损失了2名飞行员，其中布特曼上尉的Nr.170093被加拿大皇家空军第401中队的喷火机群联合击落，包括中队长鲁德·史密斯在内总计5名飞行员分享了这个战果，这也是英军正式击落的第一架Me 262，另一位阵亡的飞行员则是驾驶Nr.170082机的弗朗科军士。从这次以及其他一些类似的遭遇战中，盟军飞行员发现：虽然他们的飞机在平飞速度上不及Me 262，但假如他们具有高度优势并将其转化为速度还是可以追上Me 262并且进行攻击的。而且盟军绝对优势的空中力量可以对此时一般最多为4架一组的Me 262展开群狼追逐战术，使得德军飞行员在慌乱中出现操作失误，这对于操纵极其敏感的Me 262而言是致命的威胁。

III./KG 51在10月7日的空袭中投放的装载SD1小型炸弹的AB500吊舱再次出现问题——1个AB500在Me 262下方100米不到就

决死天空 二战末期德国昼间空战

自行爆炸！这个事故使得德国人最终决定不再使用这种SD1炸弹。此时KG 51的第12补充中队也开始进行Me 262飞行训练任务，但是很快在10月11日就在莱西菲尔德基地因为事故损失了1架编号为Nr.170036的Me 262。当天3./KG 51再次对奈美亨地区以及葛雷夫机场的盟军目标进行攻击，这次他们使用SC 250炸弹和改装SD 4小型炸弹的AB 500吊舱，但是攻击效果非常一般，因为盟军方面已经有了充分的准备。但是他们在12日15时38分的偷袭却取得了成功，1架Me 262在葛雷夫机场投下了2枚SC 250炸弹，造成5名英军飞行员死亡、1架喷火被毁、9架受损。另外7架Me 262对福克尔、埃茵霍温、奈美亨以及赫尔蒙德等基地的偷袭也取得了一定的战果，这也是善克少校指挥部第一次在地面导航指挥下作战。

10月13日，英军第3中队的鲍勃·科勒少尉驾驶他的狂怒V型战斗机在福克尔上空和1架Me 262展开了激烈格斗，最后这架Me 262被命中后"如同一枚飞行的炸弹"一般凌空爆炸，这架编号为Nr.170064的Me 262属于Ⅲ./KG 51，飞行员是德尔托维斯基军士长，他侥幸在爆炸前跳伞逃生，轻伤幸存。第二天，3架Me 262对福克尔基地进行了报复性攻击。

15日，KG 51的2架Me 262对盟军进行攻击，其中3./KG 51的荣汉斯军士在莱茵空域遭到美军第78战斗机大队1架P-47的攻击后被严重击伤，荣汉斯身受重伤，获得这个战果的是兰博少尉。当时兰博少尉发现位于他下方的Me 262后，立刻驾驶P-47高速俯冲而下，当他从后接近到大约1000码的距离时开火。此刻荣汉斯军士驾驶Me 262急速左转，试图避开这次攻击，而他这个情急之下的紧急规避动作却犯了一个严重错误，P-47即便相对于P-51笨重，但是转弯性能依然超过Me 262。兰博少尉自然不会放弃这样的机会，他成功向内切入转弯的Me 262航线，这次他有了很好的射击窗口——Me 262被连续命中。虽然随后由于地面猛烈的德军高炮火力，兰博少尉不得不放弃继续追逐攻击的机会，但是这架Me 262最终伤重迫降坠毁。当天该大队的另一名飞行员福斯特少尉在波美特空域击落了另一架Me 262，虽然福斯特少尉宣称自己仅仅击伤这架Me 262，事实上这架喷气机受伤极其严重，迫降时完全被毁，最终这一天以美军大获全胜而告终。

10月20日，善克少校的试验指挥部出动了3个架次的Me 262，分别攻击埃茵霍温、奈美亨以及其周边地区，21日Me 262们又一次光顾葛雷夫机场，这次突袭再次使得英军遭到重大损失，1名飞行员丧生，第127联队的18架喷火受损，不过英军第3中队宣称乌贝丝少尉、达弗少尉以及爵兰德少尉总共击伤2架德军喷气式战斗机。10月底，善克少校的试验指挥部正式并入KG 51，此刻该部拥有25架喷气式战斗机，总共已经执行了400架次任务，一些飞行员甚至在一天中就执行了6次任务，但是恶劣天气严重影响了一些攻击行动。10月25日，该指挥部执行了倒数第二次

第八章 闪电轰炸机？KG 51的Me 262

任务——马斯河空域的侦察任务，第二天，这个部队遭到了最后的损失——一架Me 262被毁，另一架则在地面上被英军第3中队击伤。善克少校的试验指挥部到此暂时结束了他短暂的实战试验任务。

此刻分别驻扎在莱茵、霍斯特尔和霍普斯滕这三个基地的Ⅰ./KG 51的大队指挥官已经换成了海因兹·乌劳少校，大队副官哈拉德·霍夫施达特中尉，下属1、2、3中队的中队长分别是帕尔中尉、阿布拉姆兹科上尉和温克尔上尉。这个大队在10月20日登记的作战力量为31架Me 262，其中26架可以起飞作战。善克少校则继续负责该大队的训练和战术发展，到12月5日，他将正式接替迈斯特中校担任KG 51联队指挥官。

11月2日，Ⅰ./KG 51正式执行第一次实战任务，他们出动4架Me 262攻击盟军机场，其中2架挂载AB 250炸弹吊舱，2架挂载SD 250炸弹，这次空袭最终以3中队中队长温克尔上尉的负伤而告终，他的Me 262 "9K+CL" 迫降在荷兰葛雷夫机场，史蒂文斯中尉暂时接替他担任中队长。此刻KG 51的Me 262力量也在继续扩充，福斯少校指挥的Ⅱ./KG 51在11月份获得了第一架Me 262，到12月4日该大队的实力达到了35架Me 262和54名飞行员。Ⅱ大队的3个中队长分别是库鲁斯基中尉、阿贝尔上尉和巴兹中尉。

KG 51在这段时间里遭到了严重损失，特别是11月13日盟军对其莱茵基地的一次空袭使其遭到了尤为惨重的损失，阵亡人员中包括美劳中尉、霍夫曼军士等人，5./KG 51所在的海斯普基地遭到了猛烈轰炸，人员装备损失惨重。11月25日，Ⅰ./KG 51的1架Me 262被盟军高炮击落。26日，2./KG 51的雷曼中尉在科尔辛维斯泰德特以南3公里处坠机身亡，4天后该大队的罗施上尉驾机在荷兰赫尔蒙德以西执行侦察任务时失踪。30日，盟军高炮部队在同一空域击落了隶属2./KG 51的撒尼奥中士的Me 262（出厂编号Nr.170120）。不过在轰炸机部队优先获得Me 262补充的情况下，尽管损失不断，Ⅰ./KG 51在11月下旬的实力依然维持在48架Me 262和46名飞行员。Ⅰ./KG 51在11

■ Ⅰ./KG 51的大队指挥官海因兹·乌劳少校（右）。

决死天空
二战末期德国昼间空战

■ I./KG 51的2架Me 262正在起飞。

和12月期间总计大约执行了300架次对地攻击任务,目标主要是盟军在比利时和荷兰地区的地面部队。

12月9日,Ⅳ./KG 51的汉斯·赞德军士长驾驶的Me 262"9K+IM"遭到美军第352战斗机大队486中队的爱德华兹少尉的攻击,爱德华兹咬住这架Me 262的尾部,在最大有效攻击距离上开火,幸运地命中多发。赞德军士长试图加速逃离的时候1台发动机起火,于是爱德华兹少尉得以继续咬住这个猎物,接近到300码距离后再次开火,最终这架Me 262被多次命中坠落到地面,解体后炸成两团火球。紧接着在第二天,Ⅰ./KG 51的罗特少尉的Me 262"9K+FL"被英军第56中队的1架暴风击伤,罗特的队友莱姆柯的Me 262"9K+WL"则被盟军地面高炮击落,当场阵亡。当德军的阿登反击开始后,KG 51继续执行其对地支援任务,哪怕收效甚微。

■ 1架Me 262残骸。KG 51的巴特尔少尉在1945年5月8日,德国投降前的最后一天,驾驶这架编号为9K+FB的Me 262升空,此刻对他而言没有什么任务,他只想驾机回家!这架Me 262的发动机后来起火,巴特尔少尉迫降成功后顺利返回了自己的家。

第九章 真正的Me 262战斗机部队——诺沃特尼大队

8月底,加兰德将军正式提交了Me 262的训练计划报告,该报告提出在莱西菲尔德、莱西林-拉茨和艾尔福特-丙德斯勒本这3个基地将分别组建1个中队级别的Me 262特殊指挥部,具体任务包括发现并且解决Me 262的战术问题、训练以及编队战术发展(双机、4机、中队直至大队作战)等等。因此,除了此前一直负责训练和试验的Me 262试验指挥部之外,另一个重要的特殊指挥部——诺沃特尼特殊指挥部(按照德军惯例这些指挥部一般都用指挥官名字命名)也将开始正式负责执行空战试验任务。这和前面提到的主要负责某一型号飞机测试的试验指挥部不同之处在于,特殊指挥部主要负责实战测试。第三个特殊指挥部则要到9月22日才正式在艾尔福特-丙德斯勒本建立,指挥官是维格曼中尉。

在此期间,依然属于试验性质的Me 262部队继续获得一些新的战绩,9月5日,施莱博少尉再次击落1架美军第7航拍侦察大队的喷火XI型,这架侦察机在斯图加特上空被Me 262的30毫米机炮"撕碎",飞行员西尔伯少尉幸免于难,跳伞逃生后被俘。第二天,戈培尔军士长宣称击落了1架英军第540中队的蚊式,飞行员弗莱明少校失踪。9月11日,美军重型轰炸机群第一次正式记录了和Me 262的空战,担任护航的第339战斗机大队1架由琼斯少尉驾驶的P-51被鲍达赫军士长击落。

■ 阿赫玛基地的一排Me 262A-1a,属于诺沃特尼大队。

决死天空 二战末期德国昼间空战

■ 诺沃特尼大队的1架Me 262，摄于阿赫玛基地。

9月13日，美军第8航空队记录了击落第二架Me 262的战果，这个战绩属于第364战斗机大队的瓦尔科少尉。这架Me 262很可能属于莱西林基地的试验指挥部，该基地的威伯少尉随后在9月14日和18日分别宣称击落了1架蚊式，这2架蚊式很可能属于英军第540和544中队。

9月23日，原Me 262试验指挥部的实际作战力量为12架Me 262和17名飞行员，根据加兰德将军的回忆录，由于希特勒的严令限制，直到此刻Me 262战斗机部队依然还不具备"合法"的外衣。因此对于喷气式战斗机部队而言极其重要的一个日子是9月26日，戈林终于同意原在莱西菲尔德基地和莱西林基地的2个Me 262特殊试验指挥部合并组建第一个喷气式战斗机部队。这天战斗机总监正式下达了关于重组喷气式战斗机部队的补充命令，最早接受喷气机训练的Ⅲ./ZG 26改编为Ⅲ./JG 6，以这个大队为基础，同时补充Me 262试验指挥部部分力量以及其他相应的一些指挥通讯单位，正式组建大队级别的特殊指挥部，即著名的诺沃特尼大队，基地设在奥斯纳布吕克附近的阿赫玛。该大队此时的首要任务是进行对抗美军重型轰炸机机群的各项准备和实战试验，根据纸面编制，这个大队下属3个中队（每个中队16架Me 262），大队指挥部4架，共计52架Me 262，这个大队将是今后第一个喷气式战斗机联队JG 7的核心种子力量（Ⅲ./JG 7）。27日，原Me 262试验指挥部和原Ⅲ./ZG 26的剩余部分改编为第2补充战斗机联队10中队（即10./EJG 2，也有资料表明是第10补充战斗机大队10中队——10./EJG 10)，这个中队依然负责飞行员的训练任务。

诺沃特尼大队在10月初的实际作战力量大约为30架Me 262，而这种飞机存在的各种技术问题此刻依然是部队损失的一个重要原因，例如在10月4日，2中队长陶姆上尉的Me 262在着陆时由于1台发动机发生故障导

第九章 真正的Me 262战斗机部队——诺沃特尼大队

■ 照片中正在打电话的就是沙尔中尉。

致机毁人亡，随后将要接任中队长职务的沙尔少尉也在这天遇到了机械故障，不过他幸运地迫降成功。值得一提的是，在1944年10月刚刚获得骑士勋章的沙尔少尉来自于Ⅰ./JG 52，此后先后担任诺沃特尼大队和JG 7的中队长，成为德军驾驶Me 262的第二王牌，获得14个击落记录，其个人总战绩达到了123个。

10月6日，乔治·皮特·埃德上尉驾驶Me 262可能击落了美军第9航拍侦察大队的1架P-38F-5，当天美军第353战斗机大队的Me 262击落记录则没有得到官方确认。

10月7日，诺沃特尼大队第一次成规模正式出击，目标是分别飞往马格德堡、卡塞尔、卢朗德和普里茨空域的4个美军轰炸机群。2中队长沙尔少尉和莱纳兹军士从海斯普基地起飞后各自击伤1架B-24，而1中队的运气就没有这么好。美国人在此期间也已经确信德军的新式喷气战斗机正式加入作战，随着遭遇战次数的增加，他们很快找到了Me 262的弱点。例如它的转弯缠斗性能(俗称"狗斗")很差，而且Me 262在起降阶段更是弱不禁风，于是掌握着空中优势的美军开始派遣战斗机游弋在德军基地附近攻击Me 262。这种游猎战术在这天获得了第一次成功。1中队的3架Me 262分别由布雷中尉、考伯特少尉和卢

诺沃特尼大队

大队指挥官：诺沃特尼少校
副官：维格曼中尉
大队技术军官：施特莱希上尉
1中队中队长：布雷中尉
2中队中队长：陶姆中尉
3中队中队长：乔治·皮特·埃德上尉

165

决死天空 二战末期德国昼间空战

■（左）诺沃特尼少校是德国空军排名第5的著名王牌，个人战绩达到了258架。他1920年出生于奥地利，19岁生日前2个月加入德国空军，接受了完整系统的战斗机飞行训练。1941年他进入JG 54的补充大队，逐步由一名菜鸟成长为王牌飞行员，1942年成为JG 54的1中队长，到1943年8月，其个人战绩就令人惊讶地增加到了150架，并且很快继续超过了200架，到同年10月达到了250架！而这些战果是他在仅仅442次出击中获得的，他也因此成为德军第8名在骑士勋章上镶上钻石的军人。1943年11月中旬，年仅24岁的诺沃特尼就成为了一名大队长。在获得255个战绩后成为驻扎在法国的101训练联队指挥官，负责飞行训练工作，德国空军希望能借助他的经验和成功经历来培养新的飞行员。1944年7月以后诺沃特尼就接到了组建并且指挥Me 262特殊指挥部的命令，在他驾驶Me 262阵亡前，他还击落了3架敌机。

■（右）诺沃特尼的葬礼现场。

塞尔军士驾驶，刚开始滑跑准备起飞的时候就被第361战斗机大队的德雷少尉发现，他立刻驾驶P-51从5000米高空高速俯冲下来，攻击了还在滑跑中的卢塞尔军士。这架Me 262的起落架被命中，机体倾斜，发动机和地面发生了剧烈的摩擦，不过卢塞尔军士及时跳了出来，毫发未伤。之前已经升空的布雷中尉和考伯特少尉就没有这么好的运气了，此刻这2架Me 262如同待宰的羔羊，几乎没有作战能力，他们在大约300米高度被德雷少尉一顿痛打，其中1架Me 262很快变成了一团火球，另一架的方向舵被命中后也很快坠毁，布雷中尉幸运地在低空跳伞获救，考伯特少尉阵亡。

德雷少尉后来回忆说："这架Me 262此刻大约爬升到1000英尺，速度大约只有200英里/小时，而我的速度则达到了450英里/小时，我在距离大约400码时以30度修正角开火。随着越来越接近这架Me 262，我可以看到它的机翼机身都被命中，当我飞越它的时候，我能看到它的右翼根部开始起火，随后我回头再看的时候，这架Me 262已经在天空中炸成一团火球……"德雷少尉由此成为第一位在1天之内击落2架Me 262的盟军飞行员，他的战绩随后得到了德军喷气机王牌乔治·皮特·埃德上尉的证实，他在地面亲眼看到了这次成功的猎杀，德雷少尉因此获颁优异飞行十字

第九章 真正的Me 262战斗机部队——诺沃特尼大队

勋章。

面对盟军新创的这种猎杀攻击，诺沃特尼向上级提出：Me 262在起飞和着陆时必须得到Fw 190和强有力的高炮的掩护。于是罗伯特·怀斯上尉的Ⅲ./JG 54下属第9和12两个中队就被部署到诺沃特尼大队基地附近，这个德军中第一个装备"长鼻子多拉"Fw 190D-9的优秀战斗机大队将担负起保卫起降阶段极其脆弱的Me 262的任务。2个中队分别进驻相距仅10公里的阿赫玛基地和海斯普基地，有意思的是，诺沃特尼本人就是在JG 54"绿心"联队完成了从补充大队的一名普通少尉到Ⅰ大队指挥官的成长历程，并且在这个联队取得了255个空战胜利。

虽然Ⅲ./JG 54已经是德军目前最好的常规昼间战斗机部队之一，也是前段时间诺曼底战区表现最为突出的大队，但是面对铺天盖地前来猎杀的美军战斗机群，他们不得不一次又一次付出惨重的代价来掩护珍贵的Me 262机群。10月15日，负责海斯普基地的海尔曼中尉的9中队就在掩护空战中损失了6架Fw 190D-9，其中4名飞行员阵亡。对于这些"长鼻子多拉"而言，危险不仅仅是成批的野马或者P-47，己方机场炙热的高炮火力也是不可忽视的威胁，毕竟炮弹是不长眼睛的。多特曼中尉指挥的驻扎在阿赫玛基地的12中队就曾在2天之内被自己的高炮打下了3架飞机！这段时间里德国空军陆续出现的Me 262以及Me 163高速战斗机引起了盟军的高度重视，开始寻求应对之策，除了上述的战斗机猎杀战术以外，他们也开始训练轰炸机组如何应付这些高速杀手，10月10-17日，由英国皇家空军战斗机司令部和美军第65战斗机联队联合负责进行一系列模拟对抗喷气式战斗机的战术演练，英军第616中队的麦克多维尔中校负责指挥4架"彗星"喷气式战斗机扮演德军的进攻角色。

10月27日，OKL（德国空军最高司令部）下达命令：出于"安全"考虑，一系列新式战机将采用新的伪装代号：Me 262——银；

■ Me 262A-1a "白色19号"，诺沃特尼大队，1944年10月。

Ar 234——锌；Me 163——铅，DO 335——铜。关于 Me 262 的代号也是一个很有意思的故事，最早它有2个官方正式代号，一个是"雨燕"，而希特勒建议称呼它"暴风鸟"，到了6月17日，它又被改名为"闪电轰炸机"，直到11月26日，Me 262才真正确定它的名字，就是最初的"雨燕"。

再回到诺沃特尼大队，这个试验部队并没有因为第一次正式出击遭到的惨重损失而止步不前，他们很快就继续升空作战。10月10日，之前侥幸逃生的布雷中尉宣称击落1架P-51，不过他本人也在2天后再一次驾驶Me 262紧急迫降，同一天，大队指挥部的莱纳兹军士在宣称击落1架P-51后也被迫紧急迫降。10月13日，诺沃特尼大队再次出现非战斗损失——1架Me 262在起飞时坠毁，飞行员鲁特军士阵亡，另一架Me 262在紧急迫降时严重受损。此后直到10月28日，恶劣的天气使得该大队无法继续出击。当天气好转之后，数架Me 262起飞后直扑美军轰炸机群，布雷中尉的Me 262在起飞时发生事故坠毁，这次他再没有好运气逃生了，威伯中尉随即接替布雷中尉指挥1中队。攻击轰炸机的德军喷气机遭到美军护航机的拦截，沙尔少尉和施莱博少尉分别宣称击落1架P-51和P-38。不过沙尔少尉在降落时候遇到严重麻烦，他本人幸运地没有受伤。施莱博少尉在10月29日再次宣称击落1架美军第7航拍侦察大队的P-38，随后这位经验丰富的喷气机飞行员经历了一次鬼门关：他的座机和1架喷火相撞！而他竟然成

■ 德军昼间战斗机总监特劳特罗夫特上校正在莱西菲尔德基地查看Ⅲ./EJG 2的1架Me 262B-1a教练型。

第九章 真正的Me 262战斗机部队——诺沃特尼大队

功脱离座舱,毫发无伤地跳伞降落,那架喷火属于英军第4中队,飞行员是威尔金少尉。大队指挥部的布特纳技术军士和戈培尔军士长也在这天各自宣称击落1架P-47。

诺沃特尼的喷气机试验大队在最初使用Me 262期间遇到了很多技术问题,例如过高的降落速度引发的事故危险(轮胎材质和起落架的强度不够,很容易爆胎和折断),机炮弹链强度不足导致在高机动下脱落使得武器失效等等,即便地勤人员尽了最大努力,但是一次能出动的Me 262很少能超过3架,到10月底,真正能出击的Me 262依然只有3架!而在此期间该大队宣称取得的战绩为22个击落记录,显然此刻尚不成熟的Me 262存在很多技术缺陷,尤其是发动机和起落架问题凸现,但是这些是否就是造成如此众多意外事故并且影响实战出击的主要原因呢?当时在阿赫玛基地负责领导梅塞斯密特一个技术支持组的万德尔在他的一份报告中还提出了另一个重要原因——飞行员训练不足:"诺沃特尼大队从10月3日正式开始执行作战任务,

到10月24日他们总共在3个白天出击过。昼间战斗机总监特劳特罗夫特上校在他们第一次出击后专程前来祝贺,他宣布将从其他战斗机部队调派优秀飞行员过来增强喷气机部队实力。诺沃特尼虽然是东线最优秀的战斗机飞行员,但是他还没有完全适应西线的空战,而年仅23岁的他作为指挥官也显得过于年轻,尤其是领导喷气机部队这样的精英新生力量。他在最近的几次作战中暴露出了如下问题:一、10月7日第一次出击时,阿赫玛基地附近空域有大量敌军战斗机,诺沃特尼大队从阿赫玛出动4架Me 262,大队另一个基地——距离6公里的海斯普——也起飞了2架。然而从阿赫玛基地起飞的4架中有2架在起飞时、1架在降落时被击落,海斯普基地出动的2架中损失了1架,同样是在降落时被击落的。而他们当天总共取得的战绩为不确定的3-4架,Me 262也和其他战机一样,在起降时非常脆弱,因此在出击时必须保障机场上空的制空安全。二、飞行员和中队长之间没有形成紧密的团队,对于实战战术存在分

■ Me 262A-1a "白色4号", 诺沃特尼大队, 1944年10月。

歧，缺少战术训练。三、飞行员对于Me 262的熟悉程度不足，10月中旬后由于天气状况不佳，部队一直无法出击。然而根据实际情况，Me 262是可以出动的，原因还是人员训练问题，即便诺沃特尼本人在此期间的一次降落时也出现了问题，导致飞机严重受损。四、对于最早使用新式战机的部队而言，必须利用每次出击积累经验，尽量克服解决新战机出现的各种问题，因此飞行员必须对这种新飞机有足够的认识。第三点和第四点也是目前整个德国空军存在的问题，对于最早使用这种新式复杂武器的人员而言，必须完全掌握这种武器的特性，而实际上这个要求对于此刻的诺沃特尼大队而言是达不到的，飞行员们缺乏足够的理论和技术培训，而操作失误则成为事故的一个重要原因。诺沃特尼大队在飞行员学习训练这个环节做得很差，举个例子，大队技术军官施特莱希上尉并不是专门的技术人员，而在海斯普基地的中队技术军官更是一个十足的门外汉——年仅19岁的卢塞尔军士！他自己都已经因为操作失误鲁莽地毁掉了2架Me 262！"

万德尔的报告得到了当时接替提尔费尔德上尉指挥Me 262试验指挥部的盖耶上尉的证实，他回忆道，当时诺沃特尼本人也仅仅在莱西菲尔德基地接受了短期的飞行训练，初步具备驾驶Me 262的技术，但是这位自信的王牌飞行员却认为自己已经能够充分驾驭这种新式战斗机了。

德国空军在1944年11月初真正具备实战能力的Me 262大队有2个，除了作为战斗机部队的诺沃特尼大队，另一个就是前文已经具体介绍的执行轰炸任务的Ⅰ./KG 51，此外在莱西菲尔德基地还有一个Me 262试验指挥部进行拦截盟军侦察机的作战尝试。11月1日，诺沃特尼大队再次出击，4架Me 262攻击了美

■ 1944年11月7日，正在视察诺沃特尼大队的战斗机总监加兰德将军。

第九章 真正的Me 262战斗机部队——诺沃特尼大队

军第20和352战斗机大队的P-51，3中队的邦茨哈夫候补军士在荷兰兹沃勒空域击落了美军第20战斗机大队77中队的1架P-51，飞行员丹尼斯·J.阿里森少尉。就在邦茨哈夫准备继续攻击其他美军战斗机时，第352大队的1架P-51（飞行员威廉姆·T.葛布少尉）和第56大队的1架P-47（飞行员瓦尔特·R.克罗斯少尉）向处于爬升状态的Me 262一起开火，将其击落，不过邦茨哈夫还是跳伞逃生，而且侥幸没有受伤。葛布少尉日后回忆说："这架Me 262突然转向我飞来，我跟着急速转向并且内切转到它的后面，大约接近到200码距离我开火命中它的尾部，当这架Me 262试图垂直爬升的时候我在150码距离再次命中它的右侧发动机……"而同样参与这次攻击并且从下方射击的克罗斯少尉的照相枪也记录下了准确的命中图像，因此他也获得了1/2战果。

诺沃特尼大队在第二天宣称击落了3架美机——布特纳技术军士击落1架P-51和1架P-47，鲍达赫军士长击落1架P-47，自己损失了1架Me 262——曹纳候补军士驾驶的飞机在从阿赫玛起飞的时候1台发动机突然停车，机毁人亡，此外还有1架着陆时受损，不过飞行员戈培尔军士长没有受伤。

11月4日，戈培尔军士长在杜梅尔湖上空击落美军第365战斗机大队维拉德·W.罗耶中尉驾驶的P-51，但是他此后不得不迫降到鲍穆特地区，飞机毁损，当天美军第359战斗机中队的兰恩上尉宣称命中1架喷气式战斗机，很可能就是戈培尔军士长的这架Me 262。诺沃特尼大队当天还损失了两架Me 262，一架属于之前曾幸运逃生的邦茨哈夫候补军士，他的Me 262由于不明原因在吕内堡空域失踪；赞德军士长驾驶的另一架Me 262在试图用1台发动机紧急着陆时撞毁，但是赞德被甩出座舱幸免于难，毫发无伤。

2天后，诺沃特尼大队又损失了4架Me 262，德国当时宣称其中3架都是由于油料耗尽而在紧急迫降时被毁，3名飞行员分别是施邦博格少尉、克劳策军士长和莱纳兹军

■ 地勤人员正在维护1架属于诺沃特尼大队的Me 262A-1a"白色15号"。

决死天空　二战末期德国昼间空战

士长,他们全都侥幸生还。不过根据美军方面的报告,施邦博格少尉的Me 262是被第357战斗机大队耶格尔上尉(这位传奇飞行员将于1947年10月14日驾驶贝尔X-1首次突破音障)驾驶的P-51击落的。当时耶格尔上尉发现了这架准备着陆的Me 262,他即刻俯冲下来,速度超过了800公里/小时,他不顾地面上猛烈的高炮火力,6挺机枪同时开火,击毁了Me 262的机翼,随后驾机漂亮地爬升脱离,并且确认这架Me 262坠落到机场附近的树林中。当时德国威瑟飞机制造厂的一份报告却和耶格尔上尉的描述有点出入,报告中写道当天11时25分观测到施邦博格少尉的Me 262(出厂编号Nr.110389)在工厂机场上空800-1000米高度盘旋,突然间地面警报骤响,高炮部队即刻开火。由于他们将施邦博格少尉的Me 262以及他身后的那架P-51都误认为敌机,施邦博格少尉随后以高速试图迫降,2分钟后坠落在机场西南部。这架Me 262由于巨大的惯性先蹦了几下然后一直滑出树林,直到最后撞上一处粮仓和停在边上的1辆马车才停下来,2匹马不幸在这次意外中丧生,1辆农用车辆被毁。此时飞机已经燃起熊熊大火,飞行员掀开舱盖跳了出来。随后当地人和机场地勤人员一同扑灭了大火,施邦博格少尉也被及时送往医院,他的脸部被烧伤,头部也受到创伤,几天后德军还专门派来了9人救援组回收Me 262残骸。至于莱纳兹军士长也可能是被美军第361战斗机大队的威廉姆·J.奎恩少尉击落的。当天诺沃特尼大队损失的第4架Me 262则是在返回海斯普基地着陆时由于起落架问题而被毁,6日全天这个Me 262大队总共获的战绩却只有1个——沙尔少尉击落1架P-47。

11月7日,凯勒将军和加兰德将军前往诺沃特尼大队视察,但是他们最终将要看到的

■ 美军357战斗机大队詹姆斯·W.肯尼少尉的战斗机摄像枪在格斗中拍摄的1架掠过的Me 262(沙尔少尉)。

第九章 真正的Me 262战斗机部队——诺沃特尼大队

却不是什么胜利，而是这个Me 262战斗机大队诞生以来最惨痛的损失。11月8日早晨，基地警报突然响起——美军轰炸机群到来的消息得到确认，于是诺沃特尼少校和维格曼中尉驾驶2架Me 262从阿赫玛基地起飞，骑士勋章获得者沙尔少尉和布特纳技术军士则从海斯普基地起飞，但是2架Me 262在起飞时就发生事故：诺沃特尼少校的Me 262出现发动机故障，而布特纳技术军士则在滑跑加速时轮胎爆裂，只有沙尔少尉和维格曼中尉两人升空前往攻击美军机群并安全返航，他们分别击落了1架P-51和P-47。中午刚过不久，返航中的美军机群再次接近基地，诺沃特尼少校和沙尔少尉再次驾机起飞，沙尔少尉很快报告击落2架P-51，根据美军记录，实际上他击落的是第357战斗机大队的2架P-47，飞行员分别是查尔斯·C.麦克莱威少尉和威廉姆·L.霍福特少尉，其中麦克莱威少尉的P-47并没有直接坠落，就在他挣扎着想控制住飞机时遭到了1架Bf 109的攻击，最后他迫降被俘。

不久沙尔少尉的发动机出现暂时性故障，就在此时他遭到了第357战斗机大队詹姆斯·W.肯尼少尉的攻击。肯尼少尉在报告中这样写道："科温少尉和我正在返航途中，他的发动机不太正常，我们离开攻击目标大约已经有1个小时的航程。此刻我们发现1个B-17机群没有战斗机掩护，科温少尉建议我们过去保护他们，当我们爬升飞往B-17机群上空的时候突然发现奥斯纳布吕克空域附近有1架敌机快速接近，我们向它飞近后确认这是1架Me 262。这架敌机开始爬升、转弯，随后从5点钟方向攻击轰炸机群，我飞到了它的背后，科温少尉紧跟着我，我在接近到大约400码距离时开始开火，但是并没有命中。随后我看到这架Me 262冒出浓烟，我再次转到它的背后，德军飞行员试图溜走，但我两次高速飞越它，第一次它继续直直向前飞，第二次它向右转向，我切入内圈再次从后面咬住它。随后德国佬突然开始加速并且爬升到4000英尺脱离，我可以看到它的右侧发动机也开始冒烟，我想它可能已经没有油料了，但是没有高度优势的我已经无法再追上它了。"

沙尔少尉在眼看就要被击落的时候及时爬升脱离，显然他还是幸运的，但是诺沃特尼少校却没有这么好的运气了。诺沃特尼在击落1架B-24和1架P-51后被一群P-51追逐，在他躲进云层之前必须尝试摆脱追兵，当诺沃特尼驾机180度急转后却靠近了第364战斗机大队的理查德·W.史蒂文斯少尉的P-51，史蒂文斯自然不会放过这个机会，他切入并且从后方咬住诺沃特尼，在450米距离上连续开火约2秒钟。这架Me 262的速度越来越慢，史蒂文斯少尉继续补了它一梭子并且一直紧跟不放，随后这架Me 262飞往一个机场。不久后Me 262突然猛烈向左急转，随后消失在云层中。德军地面无线电员听到的诺沃特尼最后的声音是："击落3架……左侧发动机停车！……继续遭到攻击……被命中了……"随后这架Me 262就坠毁在布朗姆舍，诺沃特

决死天空　二战末期德国昼间空战

■ Ⅲ./EJG 2的飞行员和地勤人员正在进行Me 262的维护工作。

军的超级王牌诺沃特尼后，他还惊讶地问道："他究竟是谁？"

诺沃特尼阵亡后他的Me 262大队暂时撤出战斗进行休整，乔治·皮特·埃德上尉暂时接任大队指挥官，他们在此前大约5周的作战中已经损失了26架Me 262，其中大部分是由于机械故障和操作失误坠毁，获得的战绩可以确认的有18个。这个大队试验性质的作战就此结束，很快他们就被调回莱西菲尔德基地继续接受训练。万德尔在他的报告中对诺沃特尼大队在11月8日的表现继续提出了批评："（诺沃特尼）大队在今天发生了4次坠机以及事故①，7日和8日两天一直在诺沃特尼大队基地的加兰德将军命令这个大队重新回到莱西菲尔德基地接受培训。我已经在之前的报告中明确提出了大队训练上存在的严重问题，飞行员只是接受了部分喷气式战

尼没有能够跳伞，这位骑士勋章上获得过镶钻荣誉的王牌飞行员就随着他的Me 262一同坠毁，最后个人战绩停留在258架这个数字上，他真正的坠机原因至今依然是个谜。而史蒂文斯少尉自己关于这段经历的回忆更是有意思，当时他还是一名飞行新手，只想着能完成自己的任务，当队友告诉他击落了德

斗机的飞行训练，有的甚至只是驾驶Me 262飞了2次后就参加实战。在诺沃特尼遭到一群P-51攻击而阵亡后，加兰德将军命令他们'转移'，但是大队在8-10天内将恢复力量。"德国空军11月份对于Me 262部队的一份评估报告这样写道："由于错误的战术导致Me 262的实战尝试没有获得成功，损失高于战绩，

---

① 除了诺沃特尼的2次和布特纳技术军士1次事故或坠机外，还有鲍达赫军士长也在当天坠机，很有可能是被第361战斗机大队毛利斯少尉的P-51击落，不过这位经验丰富的军士长最后跳伞逃生。

第九章 真正的Me 262战斗机部队——诺沃特尼大队

■ 辛讷少校（中）和他的地勤人员在北非战场（隶属JG 27），他在1944年6—8月期间曾担任Ⅰ./JG 27大队长。

必须尽快研究新的战术……"

诺沃特尼大队回到莱西菲尔德基地后暂时并入那里的Me 262试验指挥部（即Ekdo 262，这个指挥部另一个名字是Ⅲ./EJG 2——第2补充战斗机联队Ⅲ大队）。11月16日，Ⅲ./EJG 2的11中队中队长格罗布中尉驾驶Me 262A-2a在文特劳巴赫地区坠机身亡。此时Ⅲ./EJG 2的实际力量为18架Me 262和12名飞行员，还有69名学员，很多已经解散的空军单位的飞行员陆续加入这个由盖耶上尉负责的Me 262试验指挥部接受改飞训练。在这段时间内美军和Me 262几乎没有发生过接触，即便有一些击落记录也无法得到双方共同证实。11月26日这天对于Ⅲ./EJG 2而言是一个重要的日子，3名在该大队受训的飞行员驾驶Me 262取得了这段时间喷气机部队难得的战果，这3人是辛讷少校（原Ⅰ./JG 27指挥官）、穆勒少尉和布赫讷军士长，他们驾机成功拦截了盟军的侦察机。布赫讷军士长击落1架美军第7航拍侦察机大队的P-38F-5，飞行员埃文·J.李奇

决死天空　二战末期德国昼间空战

■ Me 262的全景座舱视界不错，风挡装有90毫米厚的防弹玻璃。

少尉直到自己被布赫讷军士长命中之前都没有发现这架偷袭的Me 262，李奇成功跳伞后被俘。辛讷少校则拦截了一个由1架P-38F-5和3架P-38战斗机组成的侦察机群，经过一番格斗，辛讷少校最后驾机从下方攻击了这组P-38，击落了其中1架由尤里斯·R.托马斯少尉驾驶的P-38，托马斯少尉最后跳伞被俘。穆勒少尉则宣称严重击伤了1架南非皇家空军第60中队的蚊式。

第十章 Me 262战斗机联队的诞生——KG（J）54和JG 7

德军战斗机部队在对抗盟军空中进攻的表现让希特勒很不满意，他越来越倚重空军中的轰炸机部队。此刻的轰炸机总监就是年轻的迪特里希·佩尔茨少将，这位成功卓著的轰炸机指挥官早在1943年11月就被希特勒任命为所谓"攻击英伦指挥官"，此后接手指挥第9航空军，成为德国空军最年轻的将级前线指挥官。这个特殊的航空军混编有Ju 88、Ju 188、Do 217、Me 410、He 177和Fw 190等各种机型，任务就是轰炸英国，但是由于缺少合格的有经验的飞行机组以及英军强大的防空力量，第9航空军的战绩很不理想，到1944年5月，第9航空军的作战飞机数量更是从550架下降到了144架，如此严重的战损使得这支部队不得不暂时撤出第一线休整，因此第9航空军剩余的200多个轰炸机组也就临时"失业"了。

1944年夏季以后，随着KG 6、KG 27、KG

■ 迪特里希·佩尔茨少将正在视察第9航空军下属一个单位，时间大约在1944年初。

30、KG 40、KG 54和KG 55等轰炸机联队相继解散,如何充分利用这些暂时闲置的轰炸机飞行员变得日益急迫,而德国本土防空局势的持续恶化也使得所谓轰炸机飞行员改训为战斗机飞行员的计划更加势在必行。于是佩尔茨少将在一些空军将领的支持下向戈林建议让这些经验丰富的轰炸机飞行员改飞Me 262,他提出的理由是这些飞行员都具备在恶劣天气条件下的仪表飞行能力,并且对多台发动机的飞机非常熟悉,这些能力都是那些单发战斗机飞行员所欠缺的(笔者注:后来的情况证明轰炸机飞行员实际上更加欠缺空战能力,飞惯了大型飞机的他们根本无法适应激烈的空中格斗)。戈林对这个建议非常感兴趣,由此导致了轰炸机部队和战斗机部队之间的严重矛盾,核心焦点就是Me 262的分配问题。加兰德和施坦因霍夫上校等战斗机部队的元老指挥官对于把Me 262交给轰炸机飞行员这样的计划都表示了强烈反对,加兰德将军在他的日记中写道:"我一直试图证明只有战斗机飞行员才能有效地利用Me 262这个先进武器,最大限度地发挥它的战斗力。而那些轰炸机飞行员无法适应从螺旋桨飞机到喷气式飞机的过渡,也无法面对高速激烈的空中格斗……"

■ 施坦因霍夫上校。

让轰炸机飞行员改飞喷气战斗机是个鱼和熊掌不可兼得的命题,昼间战斗机部队当然不喜欢轰炸机部队的人,但他们自身也有弱点,为了缩短训练时间以及节约物资,德国空军的昼间战斗机飞行员只接受过为时较短的盲飞训练,到了战争后期,训练时间更是大大缩短。相反驾驶双发战斗机、轰炸机以及侦察机的飞行员都接受了全套的盲飞训练,例如对于计划改编为全天候Me 262战斗机联队的KG (J) 54来说,盲飞是其飞行员已经具备的一项最基本的技能。当时隶属于佩尔茨少将,担任第9航空师指挥官的"野猪"创始人赫尔曼上校这样记录道:"帝国元帅坚信将喷气式战斗机交给轰炸机部队的一个前提理由就是:任何天气条件都能出击这个'全天候'的要求,他希望自己的战斗机部队能在任何气候条件下还能以足够庞大的编队升空作战,即便在厚厚的云层中也能通过良好的导航和仪表飞行找到并且消灭敌人。"

对于由战斗机飞行员还是轰炸机飞行员来驾驶Me 262执行任务的问题,在德军战斗机部队内部也存在着另一种意见,例如时任JG 54联队长,后来接替加兰德成为德军战斗

第十章 Me 262战斗机联队的诞生——KG（J）54和JG 7

■ KG 54的Ju 88A-4型轰炸机，清晰可见联队标志"骷髅"。

机总监的格洛布上校就和加兰德之间对这个问题存在争议。Me 262飞行员卡尔·施诺尔对这个问题谈了他自己的看法："加兰德和格洛布绝不是朋友，在他们两人中我更倾向于格洛布。我认为加兰德只是一个优秀的战斗机飞行员，而格洛布却更像一个清醒的思考者，他比加兰德更加优秀。格洛布希望更多接受过完整盲飞训练的飞行员能够尽快操作Me 262作战，所以他建议让轰炸机飞行员进行Me 262的飞行训练，与此同时，也让一些战斗机飞行员接受盲飞训练以更好地操作Me 262。我们联队（JG 7）的许多同伴就是由于缺乏盲飞训练，在进入云层后由于迷失方向、陷入无法纠正的高速俯冲而损失的。"

显然在希特勒、戈林这些德国最高层领导的支持下，轰炸机部队在这场争执中明显占了上风，佩尔茨少将的第9航空军正式开始负责轰炸机部队改编为战斗机部队计划的具体实施，这个航空军的名称也正式标上了表示"战斗机"部队的旁注，即"IX Fliegerkorps (Jagd)"。1944年9月，佩尔茨少将下属的1个优秀轰炸机联队——KG 54"骷髅"联队成为第一个正式换装Me 262的轰炸机联队。KG 54是轰炸机部队中的主力联队，它的第一个大队参加了波兰、荷兰、比利时和法国战区的作战，在升级为联队之后参加了对英作战，随后该联队转往东线划归第5航空军指挥。1942年，KG 54转驻意大利战区，1944年KG 54的Ⅰ、Ⅲ两个大队进入法国战区执行对英作战任务，随后在盟军的登陆作战

决死天空　二战末期德国昼间空战

中KG 54遭到了严重损失,2个大队的剩余力量退回德国本土。1944年9月中旬,I大队首先告别了他们的Ju 88,开始接收Me 262。I./KG 54的全体飞行员坐火车转场到基贝尔施达特基地,几天后,KG 54的联队指挥部也抵达这个基地,开始了转为喷气式战斗机部队的各项训练。10月1日,KG 54正式得到KG(J)54的番号,意义为"执行战斗机任务的轰炸机联队"。虽然KG(J)54是第一个装备Me 262执行空战任务的轰炸机联队,但是由于飞机产能不足,他们获得新装备的速度非常缓慢,最初I大队只获得了1架双座Me 262B-1a,为了让轰炸机飞行员能尽快适应操作高速战斗机,德国空军不得不临时给他们调拨6架Fw 190F-8用于日常训练。根特·格利茨候补军士回忆道:"1944年9月,我来到了基贝尔施达特,在这里我第一次听说了关于Me 262的一些信息。我们其实还是想继续飞Ju 88,那对我们而言再熟悉不过了。每当我们谈及可能换装新飞机的时候,我们总是想着最有可能是Ju 188或者Ju 288,关于Me 262我们可谓一无所知。盟军在诺曼底登陆后,我们这些老飞行员已经不再相信什么新式武器能改变战局这样的鬼话了。有一天,从莱西菲尔德基地来了一名军官——诺沃特尼少校给我们上技术课,我们第一次了解了关于Me 262的技术数据,它的高速性能给我留下了深刻的印象。此后当我第一次坐进这种喷气机的座舱时,感觉里面很舒适,接下来的问题是该如何驾驭这匹快马。"

德军战斗机部队和轰炸机部队由于Me 262等问题结下的深深矛盾也在继续产生着影响力,轰炸机部队必须自己解决改编为战斗机部队时所遇到的一切问题,他们没有得到任何来自战斗机部队的帮助,例如没有一名经验丰富的战斗机飞行员,抑或是战斗机大队长、中队长被分配到轰炸机部队。雪上加霜的是KG(J)54的基地基贝尔施达特还遭到

■ I./KG(J)54的1架Me 262 B-1a双座教练机,机头可见闪电标志,拍摄时间大约是1944年底。

第十章　Me 262战斗机联队的诞生——KG（J）54和JG 7

了盟军的空袭，损失了大量物资和1名军士长。该联队的第一个正式损失出现在10月12日，施瓦茨军士长驾驶编号"B3+TH"的Fw 190A-8在执行任务时坠机身亡。到10月20日，KG（J）54总共获得了10架用于日常训练的Fw 190F-8，同日，KG 54原来的第Ⅳ（补充）大队解散，该大队人员在1945年1月重组为Ⅱ./KG（J）54。由于Me 262的短缺，Ⅱ大队的换装组建计划一直进行得相当缓慢。11月初KG（J）54的主要任务依然还是训练，由于Me 262数量不足，Fw 190成了最重要的补充训练机，至少这些轰炸机飞行员还是可以练习一些基本空战技术。11月11日，Ⅰ./KG（J）54（KG 54的1中队）的施奈德候补军士驾驶1架Fw 190A-5执行任务时在低空被击落。KG（J）54损失的第一架Me 262于11月20日出现在基贝尔施达特基地，这架出厂编号Nr.170107的Me 262在起飞时由于1台发动机起火而失事，阵亡的飞行员是2中队的施佩候补军士。该中队在12月2日再次失去1名飞行员——曼策尔下士，同样是在训练飞行中坠机失事，他的编号为110551"B3+DH"的Me 262A-2a坠毁在格罗茨豪芬以南。到12月7日，Ⅰ./KG（J）54的实际作战力量为大约10架Me 262，尽管这个联队无论在飞机数量还是人员训练上都还没有完全达到实战要求，但还是陆续开始了一些作战行动，以下是一些相关记录：12月10日，KG（J）54的一小队Me 262前往空袭亚琛的盟军基地，1架Me 262

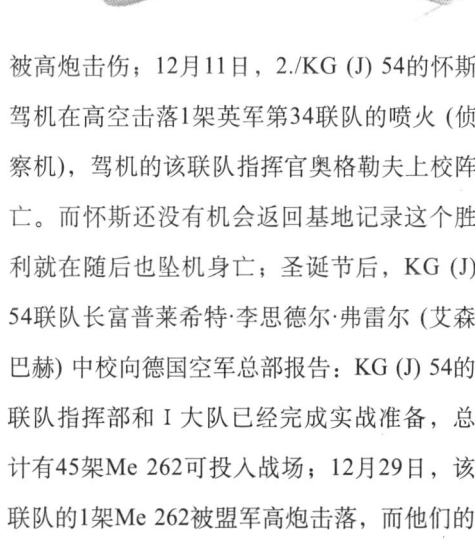

■ Me 262A-1a/U3，"白色3号"，1./NAGr 6（第6近程侦察机大队1中队，该大队是在侦察机总监冯·巴斯维希少将命令下组建的特殊侦察机部队）

被高炮击伤；12月11日，2./KG（J）54的怀斯驾机在高空击落1架英军第34联队的喷火（侦察机），驾机的该联队指挥官奥格勒夫上校阵亡。而怀斯还没有机会返回基地记录这个胜利就在随后也坠机身亡；圣诞节后，KG（J）54联队长富普莱希特·李思德尔·弗雷尔（艾森巴赫）中校向德国空军总部报告：KG（J）54的联队指挥部和Ⅰ大队已经完成实战准备，总计有45架Me 262可投入战场；12月29日，该联队的1架Me 262被盟军高炮击落，而他们的第一次正式实战任务也无功而返。

尽管有着不可抗拒的元首令的限制，但是在10月份依然有52架Me 262作为战斗机型下线投入德国空军战斗机部队，诺沃特尼大队获得了其中大部分。同月生产的Me 262轰炸机型则有65架，其中KG 51获得了52架，KG 54获得5架，5架改装为双座教练机，侦察机部队也获得1架，其余2架则被投入其他单位，例如战机转运联队。此刻德国总共生产了约265架Me 262，除去梅塞斯密特公司的损失，实际投入现役的数量为235架。德国空军计划在11月和12月分别生产130－200架Me 262。

这段时间Me 262在和美军轰炸机以及护航战斗机较量上的表现终于让希特勒开始改变主意，他意识到Me 262作为战斗机对于此刻德国本土防空的价值。于是在11月初举行的军备生产会议上，这位固执的元首终于放开了严格的禁令，Me 262直到此时开始才"合法"地作为战斗机服役了，但是在Me 262的分配上，希特勒依然只允许在轰炸机联队和侦察机联队获得足够替代Me 262的Ar 234喷气式轰炸机的前提下，战斗机部队才能获得额外的Me 262，并且Me 262战斗机型"必须具备在必要时候挂载250公斤级炸弹执行空袭任务的能力"。

11月18日，美军第8航空队大约60－80架P-47和P-51攻击了莱普海姆基地，摧毁了17架Me 262，击伤其他19架，这次成功的突击使得德国空军数天内没有Me 262可以飞上天。德国的飞机生产厂在11月份仅仅生产出了78架Me 262，加上修复的3架，总计有81架Me 262可以投入部队，其中KG 51的Ⅰ大队获得了18架、Ⅱ大队25架、Ⅳ大队4架，5架改装为夜间战斗机，2架改装为教练机，Ⅲ./JG 7 (前身即诺沃特尼大队) 得到了5架，战斗机总监得到了12架用于武器测试，其他一些单位也分到了少量Me 262，例如TLR (2架)、EJG 2 (3架)，第6近程侦察大队 (2架)[①]。第1战机转运联队得到3架，这个联队的主要任务是将新出厂的Me 262运送到各个作战部队，联队指挥官是齐德勒上校，该联队最早成立于1942年5月，到1944年下属约7个大队，分别负责德国北部、东部、南部、东南部、西南部、西部和中部地区，虽然这个联队主要由解散的空军部队和不适合前线作战的飞行员组成，但也有部分优秀飞行员在里面服役。

此时德国方面为了保证Me 262和He 162的产能，开始削减甚至停止其他一些机型例如Ju 88、Ju 388、He 219、Do 335、Me 163等的生产。12月份的生产状况有所好转，生产出了114架Me 262战斗机型、修复了17架，总计131架。其中45架留在生产工厂，负责本土防空的"帝国"航空队获得17架，Ⅲ./JG 7获得41架，Ⅰ./KG (J) 54获得15架，2架进入补充战斗机大队，1架改装为双座教练机，维尔特指挥部 (夜间战斗机部队的一个试验部队，主要任务是捕捉英国皇家空军的夜间幽灵"蚊式"。获得了4架，属于侦察机部队的布朗内格指挥部也得到了1架 (布朗内格中尉早在1944年6月就得到命令在莱西菲尔德基地组

---

① NAGr 6——第6近程侦察机大队，这个短程侦察机部队装备的Me 262在机首只配备了1门30毫米航炮，另外在机首下面两侧各安装了1架Rb50/30相机，而机首上面2个"泪滴"状突起是用来容纳胶卷盒的，飞行员可以通过座舱底部的一个小窗口来校正相机。

第十章　Me 262战斗机联队的诞生——KG（J）54和JG 7

■ 正在进行起飞准备的Me 262A-1a/U3，"白色3号"（I./NAGr 6），它们的一个重要任务就是侦察盟军地面部队的动态。

建1个特殊指挥部，进行使用Me 262执行侦察任务的尝试，8月26日他们得到第一架Me 262侦察型，到11月28日共拥有6架Me 262和4名飞行员，其中3架可以起飞，11月底该指挥部划归杜拉赫的第5战斗机师），还有几架则被用于特殊改装试验。12月中旬改装的9架Me 262教练型分别被分配到Ⅰ./JG 7 (2架)、KG (J) 54 (4架)、KG 76 (1架)、Ⅲ./EJG 2 (1架)、战机转运联队 (1架)。

随着11月初希特勒禁令的解除，特别是诺沃特尼阵亡后，希特勒终于允许扩充喷气战斗机部队规模，加兰德将军开始正式组建新的喷气式战斗机联队JG 7。于1944年8月成立的JG 7最初装备的是Bf 109G-14，原JG 77指挥官、已经获得170个击落记录的施坦因霍夫上校于11月12日正式授命接手第一个喷气机联队JG 7 (实际上施坦因霍夫只是JG 7的过渡指挥官，并没有真正领导过这支部队，因为他很快由于空军上层的矛盾而被解除职务"等候新的派遣")。11月19日，原来的诺沃特尼大队被正式命名为Ⅲ./JG 7，编入该联队，原Ⅱ./JG 3的飞行员和其他一些准备改飞Me 262的部队也被补充了进来。说到JG 7，这个番号原属于1944年8月就已经在柯尼斯堡成立的战斗机联队，但是这个联队的Ⅰ、Ⅱ两个大队由于人员和装备紧缺而只能存在于纸面上，无法正式组建，直到11月这个联队才开始装备喷气式战斗机，总算真正建立起来。此刻Ⅲ./JG 7的首任大队长是埃里希·霍哈根少校,这位优秀的战斗机飞行员早在1943年就曾经担任过JG 27的Ⅰ大队长。

由于JG 7有大量原KG 1"兴登堡"(该联队解散)的飞行员加入,重新接受改飞Me 262的训练,因此最初JG 7接过了"兴登堡"这个荣誉称号,此后为了纪念不久前阵亡的诺沃特尼,联队正式命名为"诺沃特尼"。除了已经成型的Ⅲ大队,Ⅱ大队的组建要到1945年才能实现,而且这个大队最终并未真正具备作战能力。11月27日,原先装备Bf 109的Ⅱ./JG 3成为JG 7的Ⅰ大队,在卡尔腾科尔辛基地进行改飞训练。该大队指挥官是提奥多·威森贝格上尉,1中队长汉斯·格伦贝格中尉,2中队长弗里茨·施德勒中尉,3中队长汉斯·瓦尔德曼中尉,这几位都是德国空军赫赫有名的王牌飞行员。

威森贝格上尉是一位优秀的飞行指挥官,这位宝剑橡叶骑士勋章得主此时已经有了200个战绩。他在1941年秋季进入1(Z)./JG 77,1942年转入6./JG 5"冰海联队",1943年6月成为7./JG 5中队长,当时个人战绩达到了91个,同年8月获得橡叶骑士勋章;1944年4月成为Ⅱ./JG 5大队长,其大部分战绩是在驻挪威和芬兰战区服役期间获得的,他回到德国本土后在和美军的交锋中也表现优异,有力地回敬了那些嘲笑"东线、北线王牌容易获得战绩,到了西线就不行了"的人们。威森贝格上尉为Ⅰ./JG 7的建立和成长起到了至关重要的作用,加兰德的选择被事实证明是正确的,威森贝格在1945年初正式接替施坦因霍夫上校担任JG 7联队长。3中队长瓦尔德曼中尉也是一位优秀的飞行员和前线指挥官,他曾在JG 52服役,在东线获得了125个战绩,于1944年获得骑士勋章,1944年6月他的中队编入JG 3 (8./JG 3),参加了诺曼底前线作战。1944年11、12月间这个中队成为3./JG 7,开始接受改飞Me 262的训练。他于1945年3月18日阵亡,个人最终战绩134个。

11月26日,9./JG 7损失了一名经验丰富的喷气机飞行员——曾经获得Me 262战斗机试验部队首个击落记录的施莱博少尉,他在莱西菲尔德基地由于飞行事故丧生。当天Ⅰ./

■ JG 7的Ⅰ大队指挥官是提奥多·威森贝格上尉,他于1945年1月后担任JG 7联队长。

第十章 Me 262战斗机联队的诞生——KG（J）54和JG 7

■ 1944年11月期间，莱西菲尔德基地，从左至右：乔治·皮特·埃德上尉、埃里希·霍哈根少校，此刻他因为头部受伤尚未痊愈而带着护头棉套，安德斯少校（EJG 2指挥官），德军昼间战斗机总监特劳特罗夫特上校。

JG 7也损失了1名飞行员——鲁道夫·阿尔弗军士长，他在进行低空飞行训练时坠毁在弗斯滕费尔德布鲁克附近。此刻Ⅲ./JG 2的训练能力不能满足联队级别的需要，整个联队的换装训练工作此时的进度都很缓慢。Ⅲ./JG 7在11月底的纸面实力应该为40架Me 262，而实际上只有11架能够出击，这个数字在随后一段时间内也无法得到改善，原因依然主要是盟军的猛烈空袭、Me 262自身的技术问题以及飞行员的训练问题。到12月份，JG 7至少有10架Me 262坠毁，还有5架严重受损，而且人员上的损失也是相当严重的，当月Ⅲ大队至少有4名飞行员丧生，大多是在训练飞行时由于故障或者操作失误发生事故，例如12月6日兰内候补军士就在一次训练飞行中丧生，12月15日、23日、29日又相继发生了训练事故。

JG 7和这些损失对应的战绩却是微不足道的，12月2日，威伯少尉击落美军第5航拍侦察大队的1架P-38，就在他完成攻击的同时也遭到了美军负责护航的第352战斗机大队的野马的攻击，其中瓦尔特·A.辛森少尉宣称至少命中了这架在他面前高速穿越的Me 262。3日，吕贝肯军士长击落1架美军第15航空队的B-17。从12月最后一周开始持续的恶劣天气严重影响了JG 7的训练和出击，大约有2周时间训练几乎完全陷于停顿。12月10日，Ⅰ大队转场到阿尔卑斯施戴特，德军希望这个大队由这里出击既可以护卫汉堡－不来梅－吕贝克地区，也可以成为柏林前面的屏障，但是这段时间这个大队的处境比Ⅲ大队更糟糕，人员装备都严重不足。

12月中旬以后德军喷气机部队也参加了支援阿登反击的作战，他们主要攻击盟军的

决死天空 二战末期德国昼间空战

■ Me 262B-1a,"B3+SH",属于1./KG(J) 54,摄于1944年11月。

盟军轰炸机和侦察机的重要目标之一。12月23日,布特讷军士长击落了第7航拍侦察大队的1架P-38,当天美军负责为2架侦察机护航的是来自第353战斗机大队的P-51,斯图穆上尉和斯蒂文森少尉都宣称命中了这架Me 262。当天JG 7的记录表明波克尔军士长也击落了1架P-51。12月29日,布特讷军士长又打下来1架蚊式,个人战绩达到了7架,他由此成为德军Me 262战斗机部队当时的第一号王牌,不过他没能活到战争结束,阵亡于1945年3月20日。1944年最后一天,鲍达赫

侦察机部队,这些P-38F-5成为他们在战役初期最适合的猎物。12月20日以后天气状况有所改善,Ⅲ./JG 7得以继续进行训练和扩充。自1944年7月以来,莱西菲尔德基地就一直是

■ (左)JG 7的11中队中队长威伯少尉。
■ (右)JG 7的10中队中队长沙尔中尉。

第十章　Me 262战斗机联队的诞生——KG（J）54和JG 7

军士在莱西菲尔德基地上空击落1架野马，为JG 7在1944年的作战画上了句号。Ⅲ./JG 7此时的力量达到了40名飞行员，JG 7第一阶段的组建扩充工作基本完成，但是真正要形成战斗力还有很长一段路要走。

KG（J）6在12月底正式开始进行喷气式战斗机部队的改编，这个驻扎在布拉格附近机场的新生Me 262部队的指挥官是德军著名的轰炸机王牌豪格巴克中校，因此这支Me 262部队还有另一个名字"豪格巴克战术编队"。豪格巴克于1934年曾经在驻杂于卡塞尔的第15步兵团9连服役，1年后他加入了Ⅲ./LG 1（第1教导联队Ⅲ大队），开始了飞行员训练。他最初的作战经验来自于西班牙内战，作为秃鹰军团的一员参加了大约100次战斗飞行。二战爆发后，豪格巴克回到Ⅲ./LG 1先后参加了对波兰、低地国家、法国和英国的作战，曾28次飞越伦敦上空执行空袭任务。1941年，豪格巴克晋升中尉，成为LG 1的9中队长，同年9月8日，他在执行了198次空袭任务后获颁骑士勋章。此后他跟随LG 1转往东线，1942年他的中队改编为Ⅲ./KG 6，到1943年2月，豪格巴克已经执行了416次空袭任务！由此他获得了橡叶骑士勋章并晋升为少校，同年8月12日，他成为KG 6联队长。不过KG（J）6真正获得Me 262则要等到1945年3月中旬，关于这个联队的一些故事将在后文继续描述。

JG 7联队

最初JG 7的指挥官为联队长：施坦因霍夫上校
联队技术军官：施特莱希上尉
Ⅲ./JG 7大队长：埃里希·霍哈根少校
9中队中队长：乔治·皮特·埃德上尉
10中队中队长：沙尔中尉
11中队中队长：威伯少尉

第十一章 闪电彗星——Me 163 和 JG 400

讲述1944年中期的德国空军，那么围绕新型装备的话题是必不可少的，除了前文提到的Me 262喷气战斗机，Me 163火箭截击机也在德意志天空留下了一道道航迹。它装备1台火箭发动机，最高速度在9000米高度可达到900公里/小时，飞行性能和操纵性能都很不错，尤其突出的是它的爬升能力——只需要2分半钟就可达到9150米高度。Me 163的武器装备为2门30毫米机炮，但是这种战机的致命缺陷却很多，首先是燃料问题，Me 163使用的特殊燃料主要分为T燃料(T表示推进)和C燃料(替代最初的Z燃料，Z表示点燃)。T燃料主要成分是84%的过氧化氢混合其他的碳水化合物，C燃料——肼/甲烷的水合物，其他一些特殊催化剂以及触媒等，两种燃料一旦混合就能产生剧烈的爆炸性反应，由此产生强劲的推进力。

这些燃料对于人体的危险性不言而喻(尤其T燃料的强腐蚀性)，同时也是非常容易爆炸的危险物质，相应维护工作都需要十分小心，而如果机体内还有剩余燃料就降落的话，很有可能导致严重事故。为了防止燃料腐蚀燃料箱，每次返航后地勤人员都要将燃料箱中剩余的燃料排放掉，并用大量清水冲洗。此外，飞行员必须一直戴着氧气面罩，因为T液箱挥发出的肼是一种剧毒气体。不难想象，如

■ Me 163B正在进行发动机测试。

第十一章 闪电彗星——Me 163和JG 400

果空战中燃料箱被击中也会带来可怕的后果。同时由于Me 163使用了火箭发动机,没有螺旋桨,所以在低速时方向舵的性能十分低下,不能很好地控制起飞方向,因此在起飞降落阶段事故频发。而更为严重制约Me 163战斗力的问题是它的续航力严重不足,

■ 正在加注C液的德国空军地勤人员,T液的加注口则位于飞行员座舱后方的机背上。

其装载的2吨燃料只能供飞机全功率飞行4分钟,作战半径只有40公里左右,飞行员即便得到地面正确导航也最多只有2分钟来完成攻击。因此这种战机只能作为截击机,用于某个重点区域的防卫,而且必须在地面导航指挥下作战,否则它短短的滞空时间根本不可能靠自己去寻找发现敌机群。

Me 163的最初设计在战前就已经开始,Me 163之父是阿历克桑德·里皮施教授,具体项目则在DFS(德国滑翔机研究所)进行。帝国航空部于1941年9月22日正式开始Me 163计划,随后各项具体工作陆续展开。计划这种火箭战斗机将使用位于基尔的瓦尔特火箭发动机加工厂(HWK)设计生产的发动机,备选则是宝马公司。当奥格斯堡飞机厂完成第一架试验机机体后,计划到1943年8月1日,雷

■ Me 163之父——阿历克桑德·里皮施教授,照片摄于1929年。

189

决死天空
二战末期德国昼间空战

■ 1942—1943年生产的70架预生产型Me 163BV2，VD-EL。

根斯堡飞机厂将完成其他68架的机体，但是HWK无法及时提交火箭发动机则是项目延迟的关键原因，于是宝马公司逐步进入人们的视线，然而1942年6月的试验机 (Me 163BV1 VD-EK) 首飞依然是没有安装发动机的拖曳飞行。此间位于佩内明德的试验基地得到了第二架试验机 (Me 163BV2，VD-EL)，第三架试验机则交给了HWK。HWK终于在1943年6月17日提交了2台R-II-211火箭发动机，此后直到6月24日才开始正式进行试飞。此间Me 163在6000米高度的速度达到600公里/小时，一些薄弱问题也陆续被发现并且改进，此后Me 163BV18达到了900公里/小时，但是此时已经到了1943年12月。

负责Me 163部队测试的16试验指挥部于1943年7-8月在佩内明德正式建立，任务就是进行Me 163B的各项测试。这个指挥部的指挥官是沃尔夫冈·施派特少校，他是一位优秀的飞行员，在1942年加入Me 163试飞工作之前已经是JG 54的王牌，后成为JG 400指挥官，

到战争结束前他又加入JG 7，并且驾驶Me 262击落了5架轰炸机，其个人战绩最终达到99架。施派特少校和其他4名试飞员——鲁道夫·奥皮茨、尤施·普斯中尉(骑士勋章)、塔勒上尉、郎格中尉担任教官，另外还从其他战斗机部队抽调了20余名飞行员加入。

Me 163的特殊设计决定了这是一种极其危险的飞机，因此早期的试飞员所承担的风险也是巨大的，事故层出不穷，不止一位试飞员丧生于危险的强腐蚀性燃料。最早一批优秀的试飞员包括海宁·迪特曼 (第一位驾驶Me 163突破1000公里/小时的试飞员)，奥皮茨以及施派特等对他都印象深刻。奥皮茨曾经这样写道："我们必须解决一系列的问题，例

■ Me 163试飞员鲁道夫·奥皮茨。

第十一章 闪电彗星——Me 163和JG 400

■ Me 163B的发动机部位特写，B型装备的发动机为HWK 109-509B1型。

如飞行员一般只能在低于480公里/小时的情况下才能安全跳伞，而彗星的速度几乎是这个标准的2倍以上。因此必须在彗星上安装减速伞，一旦遇到危险，需要先打开减速伞让飞机速度从900多公里/小时降到440公里/小时，随后飞行员才能有机会跳伞……有一次试飞的时候，T燃料气体突然涌入座舱，我的眼睛立刻被刺激得无法睁开，幸好这次试飞加注的燃料不多，2分钟后燃料就耗尽了，这样我才勉强尝试着飞机滑翔降落。我对Me 163的气动特性非常了解，因此无动力滑翔降落并不是一件困难的事……"地面人员观察到了冒烟的Me 163最后摇摇晃晃降落到了机场附近的树林，这架Me 163算是报废了，奥皮茨幸运地受伤，幸免于死，但是不得不被送入医院，就此结束了他的试飞历程，战争结束前他又回到JG 400担任Ⅱ大队指挥官。

1944年1月15日，16试验指挥部转到莱西林基地，此时指挥官依然是施派特少校，有意思的是这位指挥官让地勤人员将他的座机刷成耀眼的红色，希望这种"里希特霍芬"红色能给他带来好运。他自己这样回忆关于Me 163的试飞："试飞是极其危险的，事故层出，我们曾经埋葬了一位几乎被燃料溶化的飞行员尸体，也曾经不得不到处寻找在爆炸中散落四处的人体残骸……我的朋友，同样

决死天空 二战末期德国昼间空战

■ 照片中间这位是海宁·迪特曼,第一位驾驶Me 163突破1000公里/小时的试飞员。左为克尔伯,右为朗格,都是16试验指挥部的Me 163试飞员。

来自JG 54的普斯就在1943年12月30日成为这种事故的牺牲品,他的Me 163在起飞时出事起火,即便消防队员在2分钟内就能赶到也于事无补。我们虽然身着特殊防护服,但是真的遇到事故也没有什么作用。每次迫降都意味着一个鬼门关,因为燃料箱只是2毫米厚的铝板制成,虽然具备一定的弹性,但毕竟还是远远不够的……我可以列出一长串发生事故丧生或者重伤的飞行员名单。"

16试验指挥部计划应该得到40架Me 163,但是实际上他们最初只有2架,到2月初他们才陆续得到6架Me 163A和3架Me 163B,但是低温延误了他们的试验进度,而飞机的缺乏和高昂的训练费用也影响了飞行员的训练速度,飞行员马诺·齐格勒在其回忆录中提到Me 163每次起飞仅仅燃料的费用就达到了1万帝国马克。

1944年2月1日,德军开始以16试验指挥部为基础开始组建联队级别的指挥部(JG 400最初仅为大队级别),指挥官依然是施派特少校(时为上尉军衔),这个位于布朗迪斯的指挥部实质上还是试验性质的。3月1日,JG 400的第一个中队(基干为原JG 1的1个中队)在威特明德港基地建立,中队长罗伯特·奥里尼科上尉,大约拥有5架Me 163和12名飞行员,但是各种技术和生产的原因延误了其战斗力的形成。此后在佩内明德成立了第二个中队,中队长奥托·布讷上尉。此刻整个试验指挥部实际上的实力还不到1个大队,制约他们的另一个瓶颈则是缺少拖曳飞机,他们手里只有1架Bf 110可用,使得Me 163的转场以及一些必要的运输都成为问题。

1944年5月13日,施派特少校驾驶自己这

第十一章 闪电彗星——Me 163和JG 400

■ 画家笔下的一次Me 163试飞事故，这名受重伤的飞行员名字是弗朗茨·罗塞尔（右下小照片）。

决死天空 二战末期德国昼间空战

■ 一组照片,显示了Me 163B试飞中(很可能是一次射击试飞)的一次事故,可见飞行员最终成功跳伞。

特少校只能放弃第一次攻击机会,飞越那2架P-47,接着经过数次尝试后他终于重新启动了发动机,直到此刻这2架P-47似乎都没有发现他们边上的急速杀手。但是就当施派特少校再次接近到开火距离,准备进行第二次攻击的时候这架Me 163又出现了问题,这回是左翼突然下沉,飞机失去控制!当施派特少校总算重新控制住飞机的时候,那2架P-47已经不见踪影了。这很可能是架模拟"里希特霍芬"座机的Me 163出击,升空后不久他就发现2架P-47,正当他准备接近偷袭的时候,发动机突然出现故障,施派

■ 格洛布上校视察JG 400基地,他身边的是 I./JG 400大队长奥里尼科上尉。

第十一章 闪电彗星——Me 163和JG 400

■ JG 400的联队标志。

Me 163的第一次正式作战，最终没有任何战果。JG 400在5月期间只拥有13架Me 163，其中只有1架满足出击要求，其他的还都处于维修或者补充组装状态。

之后的2个月里JG 400还有不少零星的出击记录，2中队也终于从1中队得到了2架Me 163B。6月28日，6架从布兰迪斯起飞的Me 163截击了正飞向劳宇纳－梅尔斯堡燃料加工基地的美军轰炸机群，但同样没有任何战果，这些是Me 163最初的作战记录，基本都属于试验性质。对于JG 400而言，此刻发生了一件对他们影响很大的调动事件：联队长施派特少校将被调离这支部队去指挥IV./JG 54，对于JG 400的飞行员而言，很难想象没有施派特少校的JG 400究竟会怎样。接替他的是塔勒上尉，这位指挥官并不被他的部下看好，甚至很多人认为他缺乏闯劲、勇气不足，和施派特少校无法同日而语。尽管客观条件极其恶

劣，但是这个Me 163联队还是慢慢在向前发展，虽然其间不断遇到各种问题，甚至有人认为这个试验指挥部会被解散，但是这支新生部队最终还是生存了下来。那些一直进行Me 163试飞的老飞行员非常喜欢自己的这些彗星，他们把Me 163比做牛仔胯下的野马，虽然危险，但一旦被驯服，那肯定是一匹好马，他们中没有人愿意再回到Fw 190或者Bf 109这些战斗机单位，毕竟拥有绝对速度优势的感觉是无法替代的。此后直到10月，施派特少校终于再次回来担任指挥官后，JG 400才成为真正意义上的让这些Me 163飞行员骄傲

■ 盟军战斗机摄像枪拍到的Me 163B，正以无动力高速俯冲脱离战场。

决死天空 二战末期德国昼间空战

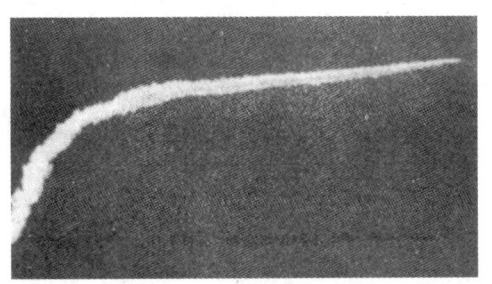

■ Me 163高速飞行所留下的长长的尾凝气流带。在其火箭发动机全开的情况下,其爬升到9000米高空的时间只要2分钟。

的联队。

1944年7月间,Ⅰ./JG 400大队指挥部和新的3中队相继正式建立,大队长为原1中队长奥里尼科上尉,但是这个大队的实际力量依然只是存在于纸面上,Me 163的到位和部署都非常缓慢,到8月份该联队才得到29架。随着盟军的空袭重点开始逐步转移到德国的燃料加工基地,JG 400开始重点防卫莱比锡附近的劳宇纳-梅尔斯堡、波棱、蔡兹等重点燃料加工基地。7月下旬,装备P-51的美军第359战斗机大队指挥官塔康上校在空中遭遇Me 163,他的报告指出这些德军飞行员看上去很有经验,但是似乎只是在进行训练性飞行,并没有对他们进行攻击。这是美军第一次关于这种火箭战斗机的正式记录,这份报告引起了第8航空队指挥部的高度重视,他们认为在天空中将很快会出现更多的这种高速截击机,会对轰炸机编队构成巨大威胁,护航战斗机部队指挥官必须对此做好充分的准备。

7月29日,美军第479战斗机大队的阿瑟·杰弗瑞上尉驾驶P-38在护航期间发现1架试图攻击轰炸机编队的Me 163,于是他驾机咬住了这架Me 163并及时开火命中,这架Me 163加速爬升试图逃逸,但是杰弗瑞上尉紧紧咬住不放,向内切入转向中的Me 163,进行了第二次攻击。Me 163随后转入几乎垂直的俯冲,但是杰弗瑞上尉同样紧跟转入俯冲,并且继续开火,在Me 163加速前再次命中。当杰弗瑞上尉不得不改出俯冲之后就失去了敌机踪影,最后他报告这是一个不确定的击伤记录,当天还有其他美军飞行员发现了试图攻击轰炸机群的Me 163,但是面对加速而去的彗星,他们无能为力。1位美军B-17乘员曾经这样回忆8月5日他们在飞往马格德堡途中遭到Me 163突袭的作战情况:"大约10000米高度,我从9点钟方向清楚地看到了3条Me 163的尾气凝结带,他们攻击了我们编队左侧距离大约1000米的3架野马,他们以惊人的高速接近到很近的距离才开火,尾部的凝结气流带愈发明显了,随后他们即刻爬升脱离,转眼间离去不知所踪,而我们的3架野马都燃烧着坠毁了。"这些被攻击的野马属于第352战斗机大队。

Me 163受其有限滞空时间的限制,对于地面指挥导航的依赖性非常高,要想充分发挥这种高速战斗机的威力,就必须及时准确地引导他们接近目标,为此德军采用乌尔兹堡雷达以及地面指挥导航站为Me 163导航。另外Me 163在降落阶段极其脆弱,因此需要其他常规战斗机部队或者地面高炮部队的掩护。那些有经验的Me 163飞行员已经根据

第十一章 闪电彗星——Me 163和JG 400

战机的特性创造了一些新的战术，比如在爬升阶段就开始向轰炸机开火，这样做至少有两点好处：不用考虑太多的提前量；不会被护航战斗机或是轰炸机的上部和侧面的航炮击中，唯一的威胁来自轰炸机腹部的旋转炮塔，但这种旋转炮塔很不灵活，面对高速爬升的Me 163就更是如此了。这种高速突进甚至让护航战斗机也目瞪口呆，只有一些护航战斗机可能借助有利位置对Me 163进行攻击，一般这种机会也只出现在Me 163返航的时候，因为这时的Me 163差不多已经耗尽了燃料，无法加速而且飞行员注意力也集中到如何安全返航的问题上。不过Me 163优异的滑翔性能在此时却往往能起到关键的作用，即使是在无动力的状况下，它的俯冲速度也可以达到500 公里/小时以上，而且能很容易地改出俯冲，以超低空飞回基地，这是普通螺旋桨飞机万万做不到的。于是一些盟军的战斗机采用对付Me 262屡试不爽的战术——专门等候在Me 163的基地附近，在其减速准备降落的时候进行攻击，但是一些有经验的Me 163飞行员会保持高速飞回基地，在己方的地面火力圈内边盘旋边降低速度，面对地面强大的炮火，盟军飞行员也无法舒舒服服地展开攻击了。

1944年8月16日，JG 400第一次正式成规模执行作战任务，他们出动了5架Me 163B突袭了空袭燃料加工基地的美军B-17机群，首先遭遇他们的是美军第305轰炸机大队。施特拉兹尼基技术军士的Me 163在试图攻击瓦尔兹少尉驾驶的B-17时犯了致命错误——减速过多，这架轰炸机尾部机枪手卡森军士及时开火，虽然这架Me 163很快从他的视野中消失，但他还是很确定自己命中了它，不过施特拉兹尼基最终安全返回基地。拉尔少尉驾驶的Me 163则攻击了拉维蒂勒少尉的B-17，他的第一次攻击就命中目标，这架B-17有2台发动机被击中，1名机身机枪手阵亡。拉尔少尉随后进行了第二次进攻，再次命中这架B-17，又打死了1名

■ 在地勤人员帮助下正在进行出击前最后检查的拉尔少尉。

决死天空 二战末期德国昼间空战

■ 坐在Me 163座舱准备出击的是舒伯特技术军士。

机枪手,但最终这位年轻的飞行员还是成功地开着这架伤痕累累的B-17返回英格兰。拉尔少尉可能认为他已经击落了这架B-17,于是他转向另一个目标——第91轰炸机大队的B-17,但是这次他没有好运气了,当他试图进入攻击位置的时候,2架护航的野马——墨菲中校和他的僚机琼斯少尉已经扑了过来。

"白色长机(墨菲中校)飞在我前面大约1000米,高于我大约500米,他开火并且命中了这架Me 163,随后转了半弯脱离,我一直仅仅跟着他……"拉尔少尉最终没有能够返航,于空战中阵亡。而墨菲中校此时发现了另一架Me 163,即刻开始新的攻击,他在大约750码距离开火,准确命中这架Me 163,空中出现了一团巨大的爆炸火球,这架似乎失去加速能力的Me 163很可能就是卡森军士的,他之前已经被B-17的自卫火力命中。德军方面的记录宣称当天JG 400命中了1架B-17,自己损失2架Me 163B,而美军记录显示当天没有轰炸机被Me 163击落。

在1944年8月24日,JG 400的Me 163B再次升空,这次他们成功击落了4架B-17。这天舒伯特技术军士的4机小队首先升空,几乎垂直全速爬升,施特拉兹尼基技术军士所在的4机小队紧随其后。他们爬升到11000米高度后关闭发动机开始俯冲,直到6000米高度。舒伯特首先在6500米高度发现了美军第92轰炸机大队的机群,于是他立刻启动发动机再次爬升到机群上方1500米左右,然后开始俯冲攻击。舒伯特向着编队领头机(驾驶员科勒少尉)突击,接近后开火,直到几乎要撞击的距离才脱离。他确认这架B-17的左翼被命中,下坠后脱离了编队,最终在地上炸成一团火球。舒伯特随后加速爬升,由于速度过快,飞机几乎失控,当他重新控制住飞机后,他开始寻找第二个目标。这次舒伯特找到的目标是第452轰炸机大队的机群,他瞄准了领头小队的3号机,接近-开火-脱离,这架轰炸机的右翼被命中,发动机也开始燃烧,机组人员不得不集体跳伞,失去控制的轰炸机坠落到约4000米高度时爆炸解体。舒伯特完成这两次攻击后也必须返航了,JG 400当天还有别的Me 163升空,获得了另外2个击落记录,这是JG 400成功的一天。

第十一章 闪电彗星——Me 163和JG 400

这次成功的出击使得JG 400的规模得以继续扩充,他们的补充中队也拥有了9架Me 163和1架负责拖曳的Me 110,其中战备完好率大约50%。9月11日,Ⅰ./JG 400 的7架Me 163B截击了由1131架轰炸机和900架护航战斗机组成的编队,这次他们达到了出其不意的效果,成功击落了3架B-17。但是此后由于零配件和燃料供应十分短缺,JG 400的出击记录变得越来越少。根据美军的记录,有时只有一两架Me 163B起飞截击。

10月6日,JG 400在空战中损失了第一架Me 163B,此刻JG 400可使用的Me 163B大约为30架,但是生产和燃料的限制以及后勤维护的压力都严重限制了他们的作战能力。10

Me 163B-1a 技术数据

长:5.92米　　高:2.74米　　空重:1908公斤
最大起飞重量:4310公斤　　翼展:9.33 米
展弦比:4.705　　翼面积:18.5平方米
最大飞行高度:12000米
最大速度:950 公里/小时 (高度9150米)
降落速度:170公里/小时
初始爬升率:81米/秒　　最大航程:35 公里
内部燃料:2154公斤 (T液箱 1686 公斤, C液箱 468 公斤)
航炮:2×30毫米MK 108 (每门备弹 60 发) 或2×20毫米MG 151/20 (每门备弹 100 发)

■ 这架Me 163 B-1a战后被运到美国去做评估测试。

决死天空 二战末期德国昼间空战

月7日，美军第364战斗机大队记录了一次对Me 163的攻击，当时这架Me 163准备偷袭一个轰炸机编队，泰勒少尉及时发现目标并且利用其有利的位置开始攻击，这架Me 163似乎燃料已经耗尽而开始减速，泰勒少尉的P-51一下子就追上去拉短了距离，他立刻开始对着试图俯冲逃逸的德机开火，并且呼叫他的长机埃夫坎普少尉共同加入追击行列。最终他们一直追逐射击，直到这架Me 163迫降到草地上，美国人拉起飞机后再次俯冲扫射，彻底击毁了这架Me 163，不过飞行员胡瑟还是侥幸逃了出来。JG 400当天也取得了不错的战绩，他们至少击落了2架B-17，击伤多架，自己的损失则有1名飞行员阵亡，2人负伤。

驻扎在莱比锡以东布朗迪斯的Ⅰ./JG 400在大队长奥里尼科上尉指挥下负责保卫劳宇纳燃料加工基地，11月2日他们参加了对美军轰炸机群的进攻。但是这支仍然存在装备和训练问题的部队的战果可想而知，除了增加德军损失数字以外，实在令人难以满意。当天JG 400大约出动了11架Me 163，罗利军士长在起飞时就发生事故丧生，保棱拉斯和施特拉兹尼基这两位军士则在空中被击落阵亡。当时美军第4战斗机大队正好遭遇了这支空中突击队，葛罗夫上尉及时发现了这股从下方高速接近轰炸机群的偷袭部队，这队Me 163快速飞到略高于轰炸机群的位置后转向俯冲开始攻击，他立刻带队丢弃副油箱开始追逐这些彗星。此刻Me 163正好穿越这队P-51的前方，葛罗夫上尉立刻90度急转咬住其中1架的尾部，抓住瞬间出现的射击窗口进行攻击，在大

■ 一幅描绘JG 400的Me 163向美军轰炸机群突击的绘画作品。

第十一章 闪电彗星——Me 163和JG 400

约400码距离准确命中其尾部、机翼和座舱，当葛罗夫上尉飞越这架Me 163再回头看时，可以清晰地确认这架战斗机已经开始坠落，于是他继续寻找新的目标，然而这架Me 163的击落记录并没有得到最终确认。差不多同时，该大队335中队的诺雷上尉也击落了1架Me 163（飞行员保棱拉斯），当时他在这架Me 163就要加速逃逸的瞬间及时开火命中，接着进行第二次攻击，直到看着它坠落爆炸。而施特拉兹尼基则很可能是被第388或者91轰炸机大队击落的，他们都报告了命中1架Me 163（当天有命中报告的轰炸机组还有很多，造成这些重复记录的原因不难想象：高速穿梭在轰炸机群中间的Me 163以及由此造成的美军机组人员巨大的心理压力和紧张的情绪）。再次经历这样的损失后，JG 400在11月随后的时光里已经没什么能力继续参加防空作战了，Ⅰ大队虽然拥有47架战斗机，但是真正能上天的只能维持在10架左右，整个11月他们损失了4架战斗机。

1944年11月12日，JG 400的第二个大队也成立了，下属地3、4两个中队。联队编制中的Ⅲ大队则一直作为补充大队，驻杂在莱西菲尔德基地。此外部分原16试验指挥部的成员还加入了EJG 2的第5补充大队（13-15中队），负责新的Me 163飞行员的训练。到年底JG 400拥有了64架Me 163B（还有资料显示为109架）。

从实战表现来看，火箭战斗机的出现对美军造成了一定的影响，但是对于整个德国防空作战而言它的作用是非常有限的，而其自身的损失率又太高。从总体上来看，Me 163在这段时间内起飞和降落阶段的损失占总损失的80%，由空气压缩效应和空中着火导致的损失占15%，空战损失只占5%。到1945年2月，Me 163的生产已经终止，而飞机存在的安全性问题也使得JG 400的作战出击次数很低，只有Ⅰ大队获得了几个战果。1945年3月7日，JG 400联队指挥部解散；到了4月，Ⅰ./JG 400还有32架Me 163，Ⅱ大队13架；4月19日，这两个大队也正式解散。这支德军投入巨大人力物力才组建的高科技联队并没有给本土防空作战带来什么质的改观，这种性能极不稳定的战斗机并不适应此时的大规模防空作战，闪电彗星就这样在德意志天空一滑而过。

第十二章 艰难的成长——德军喷气战斗机部队（1945年1-2月）

1月1日，美军当天出动的庞大机群中有大约100架轰炸机的目标是汉诺威附近多尔贝根的燃料加工基地，当它们暂时解散编队开始向南转向的时候遇到了Ⅲ./JG 7的数架Me 262。护航的美军第336战斗机中队立刻迎了上去，弗兰克林·扬少尉在乌尔岑和索尔陶之间的空域，击落了由吕内克少尉驾驶的Me 262。前文已经提到过，此时的诺沃特尼大队还不具备真正意义上的战斗力，德军喷气战斗机部队无论装备还是人员训练到此时并没有太大的改观，因此美军遇到的这几架Me 262很可能正在执行训练任务，距离真正形成战斗力尚有时日。

1月10日，JG 7真正能出击的Me 262只有

■ 投弹轰炸中的美军B-17轰炸机机群。战争末期，频繁出动轰炸德国本土的美军轰炸机群是德国人的梦魇。

第十二章　艰难的成长——德军喷气战斗机部队（1945年1－2月）

14架，III./EJG 2的训练能力也无法满足联队需要，这个训练大队于2月中旬并入JG 7成为IV大队，但其本职工作仍旧是训练飞行员。由于战斗力缺乏，此刻德军喷气战斗机部队的主要目标只限于盟军侦察机和战斗机，由于德军活塞战斗机部队已经在本土防空战中一败涂地，希特勒不得不在1月5日下令，喷气战斗机部队的首选目标必须是盟军轰炸机。

原I./JG 7大队长威森贝格上尉一直在努力致力于喷气战斗机部队的建设，作战条例、人员训练、作战战术等方面的内容更是重中之重。具备极高威望的联队长施坦因霍夫此刻已经被调离JG 7，接替联队长之职的威森贝格上尉和III大队长辛讷少校必须在尽可能短的时间内让这支部队具备真正的战斗力，而且还必须为部队建立起合理的训练补充体系，哪怕现在仍旧困难重重。为了尽快让年轻飞行员能够驾机出战，威森贝格上尉在训练中强调编队飞行和无线电导航飞行，重点训练飞行员使用FuG 25a和16ZY这些无线电设备，并且召集一些优秀的地面指挥军官加入各个喷气机中队所在基地协助指挥，第1战斗机师指挥部也给了有力支持。这些措施有效提高了联队指挥部和下属各个中队的指挥协同能力，由此建立起来的作战指挥组织体系在短时间内有效弥补了年轻飞行员实战经验不足的问题，提高了联队的实战能力。

JG 7在1945年1月的主要任务还是以各种编队飞行、仪表和高空飞行或者实弹射击训练飞行为主，实战出击的次数不多，只是偶尔有过一些和美军的交锋记录。驻扎在基贝尔施达特基地的I./KG (J) 54和其联队指挥部也差不多处于类似的状态，他们同样缺乏扎实的基础训练和实战经验，部队的战斗力一直上不去。例如1月19日，I./KG (J) 54有22架Me 262可以出击，结果只有14架最终得以升空，而其中2架很快就因为技术故障不得不提前返航，剩余的12架飞机在天上转了一圈后依然无功而返，反倒又弄坏了几架飞机，第二天，他们就只有3架飞机可以升空了。

德军喷气机飞行员技术能力不足，硬撑着上天的结果只能是增加盟军飞行员击落Me 262的战果。1月13日，美军第55战斗机大队在基贝尔施达特空域发现了准备起飞的I./KG (J) 54的Me 262，于是野马们盘旋在机场上空准备猎杀这些起飞中的喷气机。第338中队的瓦尔特·J.康纳茨少尉回忆道："1架喷气机在一条由东向西的跑道上滑跑起飞，随后爬升到1000英尺……我转向180度并且目视确认这是1架Me 262，我很轻松地逮住了还想逃逸的猎物，从200码开始持续开火，这架Me 262被命中后还试图俯冲逃离，但是很快就炸成一团火球。"当天2./KG 51也有1架Me 262被美军第55战斗机大队击落。

1月14日，乔治·皮特·埃德上尉的9./JG 7只有2架Me 262升空加入空战，美军第353战斗机大队351中队的飞行员在柏林北部空域发现了它们。莫瑞少尉及时咬住其中1架，

决死天空 二战末期德国昼间空战

■ 美军的野马战斗机在 Me 262 面前仍具有足够的威胁力……

把握瞬间机会开火命中这架 Me 262 的右侧发动机，飞行员德金斯候补军士跳伞。此后詹姆斯·W.罗斯少尉和乔治·J.罗森少尉开始追捕另一架 Me 262，罗斯日后回忆说："长机（莫瑞少尉）命中了1架 Me 262，在确认德军飞行员跳伞以前，我还对着它补射了一串子弹。这时另一架 Me 262 试图逃逸，差点和我的飞机撞到一起，我向右猛踩方向舵躲了过去。盘旋了360度之后我紧紧咬住那架喷气机不放，在接近到700码距离打出一串长点射，把 Me 262 的右翼根部打着了火。我相信我和罗森的攻击可能击毙或者击伤了德军飞行员，因为这架 Me 262 很快就坠落到地面爆炸了。"Me 262 对付美军野马之类的战斗机真正有利的攻击方式就在于突袭，如果和螺旋桨战斗机陷入缠斗的话无疑是自寻死路。罗斯少尉的记录是正确的，9./JG 7的沃姆技术军士确实被命中后坠机阵亡。此外，美军方面记录第357战斗机大队在1月20日前后分别由瑞特和卡格尔少尉击落2架 Me 262，其中至少可以确认1架属于 JG 7，飞行员是科恩候补军士。值得一提的是卡格尔少尉当时只有19岁，却成为地道的青年王牌飞行员。1月23日，英军第56中队的暴风也击落了1架 KG 51 的 Me 262，飞行员豪尔茨瓦斯阵亡。

Ⅲ./JG 7在整个1月份的损失包括飞行员5人、13架 Me 262 全毁、10架受损，其中由于技术原因造成的比例是很高的：全毁9架、7架受损。而他们取得的战果却少得可怜，能够得到确认的只有2架 B-17，都是9中队长乔治·皮特·埃德上尉的战果。然而，即便临近战争结束，在德国空军损失了大批优秀飞行员之后，还是会有一些王牌人物在不断取得新的战绩。1月30日，一位优秀的23岁少尉——拉德马赫加入了11./JG 7，当天他进行了6次起降，总计150分钟的训练飞行。第二天，正式参加实战的拉德马赫在地面引导下击落1架喷火，2天后他又击落了1架 B-17！拉德马赫和

第十二章 艰难的成长——德军喷气战斗机部队 (1945年1-2月)

■ 鲁道夫·拉德马赫少尉——有名的德国喷气战斗机王牌 (8-23架?)。被确认的总击落数为97架,获得骑士勋章,曾在JG 54、JGr.Nord、JG 7服役,有资料认为他的战绩可能在97-102架之间 (出击500次以上),甚至高达120架以上,因为起码有23架未被确认。他在东线的JG 54服役期间有76架战绩,包括21架IL-2和7架Pe-2,在JGr.Nord.有5架;以及Me 262喷气机击落的至少16架 (包括11架4引擎重型轰炸机)。

大部分加入JG 7的飞行员一样,在驾驶活塞战斗机时已经是一个赫赫有名的王牌了,他此前在JG 54的Ⅰ大队和Ⅲ大队服役期间,一共获得了81个空战胜利;调入1./Erg.Gr (北部补充大队) 负责训练任务后,还是忙里偷闲地参加了一些空战,陆续击落了5架美军战斗机。拉德马赫到战争结束时驾驶Me 262取得了16个战绩 (也有资料显示他的战绩高达23个以上,但是无法得到确切证实,因为其中包括

了至少7个轰炸机击伤记录),而他在战争期间总计约500余次战斗任务中的总战绩达到了约100个。拉德马赫虽然幸运地活到了战后,但是他和很多德军王牌飞行员一样,最终也丧生于意外事故,时间是1953年。

在1945年的1月份,另一个值得一提的喷气战斗机部队就是著名的战斗机总监加兰德将军的JV 44 (或许可直译为第44战斗机编队,德军官方定义为中队级别),这位德军战斗机部队的最高指挥官和一些战斗机部队核心军官与空军总司令戈林元帅的矛盾已经在此前的文章中作了详细描述,当加兰德被彻底剥夺了指挥权以后,他和一些战斗机部队的战友们就在布兰登堡-布里斯特基地开始组建JV 44这个由王牌组成的特殊战斗机部队,为德国本土的防空作战尽最后一点努力。曾经计划担任JG 7联队长,后来被打入冷宫的施坦因霍夫上校负责这支部队的训练任务,随后被打发到意大利的著名战斗机王牌吕佐加入进来,接下来是东线超级王牌巴尔克豪,此后还有一些曾经负伤的优秀飞行员从医院出来就直接加入了这个王牌俱乐部。加兰德在回忆录中描述他的队友们都是拥有德军高级荣誉的王牌,至少几乎人人都是骑士勋章获得者 (当然,加兰德的回忆难免会有强烈的个人感情掺杂在内,JV 44成员并非全部都是王牌或者骑士勋章得主,但有一点可以肯定,JV 44毫无疑问是此刻德军最优秀的战斗机部队)。JV 44真正完成战斗准备的时间是2月10日,德军正式的组建命令则要到2月

决死天空　二战末期德国昼间空战

24日才下达：JV 44基地设在布兰登堡－布里斯特，除了加兰德等几位王牌，该部队其他主力人员则来自原来的16./JG 54，第1、2工业护卫小队和Ⅲ./EJG 2，部队等级为中队级别，直属于帝国航空队和其下属第3空军军区(柏林)，组建时实力为16架Me 262和15名飞行员。

2月9日的天气不佳，德国的部分空域云层覆盖度达到了百分之百，而盟军庞大的空中力量并没有因此放弃出击，Ⅰ./KG (J) 54不得不奉命迎击占据绝对优势的美军机群。联队指挥官富普莱希特·李思德尔·弗雷尔(艾森巴赫)中校带领15架喷气机从基贝尔施达特起飞，这也是这个新生大队第一次正式的大规模出击，他们今天要面对的美军重型轰炸机数量大约是1500架，这还不包括护航战斗机，天文数字般的对手，根本不成比例的数量对比，但他们必须发起攻击。中午时分，Ⅰ./KG (J) 54在法兰克福和威斯巴登之间的空域发现美军机群，当他们开始穿越厚厚的云层突击美军轰炸机群时，弗雷尔(艾森巴赫)中校决定以小队规模分散突击。这其实是个不明智的决定，直接导致原本就数量有限的编队分散后降低了突击能力，最终只有Ⅰ大队长瑟尔特少校带领的1个小队突破了美军战斗机的拦截，攻击了美军第94轰炸机大队的B-17机群，瑟尔特少校和他的僚机飞行员各自宣称击落1架轰炸机。

同有限的战果相比，Ⅰ大队的15架Me 262先后遭到了美军强大的护航战斗机群(主力为第78、357和359战斗机大队)的攻击，在空战中损失了4架Me 262，还有2架在返航时坠毁。尤为惨重的损失首先出现在12时左右，联队长弗雷尔(艾森巴赫)中校坠机阵亡(座机

■ Me 262战斗机拦截攻击美军轰炸机的场面。

第十二章 艰难的成长——德军喷气战斗机部队（1945年1—2月）

是Me 262A-2a"B3+AA"）；接着根特·卡勒中尉的"B3+GL"也被命中坠毁；接下来轮到Ⅰ大队长瑟尔特少校了，他在击落美军轰炸机之后也被野马机群咬住，最终被打了下来，瑟尔特负了轻伤，跳伞后回到了部队，很快重返空中战场。美军获得这3个战果的飞行员是来自第357战斗机大队的鲍赫凯上尉、卡特尔少尉和第339战斗机大队的阿纳尼安少尉。其中卡特尔少尉的报告和瑟尔特少校的被击落记录基本吻合，卡特尔少尉这样写道："……编队指挥官命令我们抛掉副油箱，攻击位于我们左后方的4架Me 262。这小队敌机分为2组各自转向，我紧跟我的副指挥官攻击向右转向的那两架Me 262，在大约10—15分钟内，我一直紧咬追逐其中1架，并且打了几梭子，但是因为距离太远而没有什么效果，而我们之间的距离却在不断拉大。就在我准备放弃时，突然发现了另一架在我下方的Me 262，高度大约在3500—4500米之间，于是我立刻盯上了这架更有希望击落的Me 262。我俯冲加速接近它后扣动了扳机，我无法确切记录到底命中了多少发子弹，但是我清楚地看到德军飞行员跳伞了。"

德军在空战中损失的第四架喷气机（编号"B3+BB"）由德拉特中尉驾驶，在梅尔豪茨空域被美军第55战斗机大队的野马击落，德拉特中尉阵亡。Ⅲ./JG 7这天也有出击记录，拉德马赫少尉击落2架B-17，9中队长乔治·皮特·埃德上尉和维格曼中尉也很可能各自击落1架B-17，施努勒少尉则可能击落1架P-51。

2月12日，Ⅲ./JG 7获得了一小段休整期，大队实力恢复到50架战斗机，它也成为第一个真正齐装满员且具备实战能力的喷气机大队。那么此刻JG 7的Ⅰ大队和Ⅱ大队的情况如何呢？Ⅰ大队计划于1月底完全成军，但是装备和人员的限制使得这个时间表不得不一再推迟，直到2月9日Ⅰ大队实际能起飞的Me 262只有12架。万德尔在实地视察该大队的情况后在报告中认为，到2月底这个大队的组建可以正式完成，但是他的估计还是过于乐观，一直拖到4月初Ⅰ大队才真正具备1个战斗机大队的实战能力，那会离战争结束都没几天了。Ⅰ./JG 7在这段时间的训练作战情况资料很少，可以确认的损失有：1月15日，1架Me 262基本全损；2月14日该大队部分Me 262和Ⅲ./JG 7的11中队一同出击；2月15日，威尔纳候补军士的Me 262由于左侧发动机起火坠机丧生。Ⅰ大队大队长是此前接替威森贝格的艾里希·鲁道夫少校，这位宝剑橡叶骑士也是德军中一位极其优秀的王牌，他在加入JG 7以前个人战绩就已经达到了212个，到战争结束时最终战绩是224个。

按计划Ⅱ./JG 7在1月12日名义上成立，但是直到2月12日该大队才真正拥有部队成员，其主体就是原来的Ⅳ./JG 54。2月底大队成员在大队长赫尔曼·施泰格少校的领导下正式开始理论培训，准备改飞训练，3月15日飞行员们在莱西菲尔德基地正式开始飞行训练，4月初大队首批飞行员训练基本结束，随后这些飞行员和大队部转场到布兰登堡—布

决死天空　二战末期德国昼间空战

■ 艾里希·鲁道夫少校——德国空军第一神枪手，是螺旋桨和喷气战斗机的双料王牌，曾在1943年11月一天里就击落13架苏联飞机。1938年加入德国空军。1940年5月14日首次击落法国空军的"霍克"75战斗机；1944年4月11日战绩113架。1945年1月26日获取210个战绩。总击落数222－224架（西线60架，包括10架4引擎轰炸机，另有12架是用Me 262喷气机击落的；非洲26架、东线138架，包括58架IL-2）。

里斯特基地。此刻战争已经快要结束，德国四面楚歌的实际状况决定了这个大队只能走到这一步，Me 262必须优先供应另外2个已经形成战斗力的大队，尤其是Ⅲ./JG 7，最后还留在莱西菲尔德基地的基本完成训练的飞行员直接补充到Ⅰ大队和Ⅲ大队，Ⅱ大队等于就这么流产了。

此刻严重制约德军喷气机部队发展的瓶颈问题除了Me 262本身的一些技术问题之外，飞行员的改飞训练也是一大难关。德军在3月2日记录的一份技术报告显示，在KG(J)54、JG 7和Ⅲ./EJG 2损失的42架Me 262中，由于飞行员操作失误有13架、技术故障19架、战斗损失10架。一名原Me 262飞行员曾打了这样的比方："这就如同开惯了慢悠悠的大众车的驾驶员突然改开大马力的奔驰车，在雨雪交加的冬天行驶在一条湿滑的曲折拐弯的公路上参加极限拉力赛，而且还必须拼尽全力加速！这会是怎样的结果呢？"这样的比方一点不夸张，10./JG 7的根特少尉，这位原来飞Me 323大型运输机的飞行员，在1945年2月接受改飞Me 262的训练后的第一次正式出击就坠机身亡。

1945年2月，德国空军的飞行员训练由于油料短缺再度达到低点。2月1日，德国空军最高统帅部可以提供的补充飞行员数量只有150名昼间螺旋桨战斗机飞行员、30名对地攻击机飞行员和50名Me 262飞行员，这和这段时间德国空军的人员损失根本不成比例。例如1944年12月份，战斗机部队就有至少719人阵亡失踪或者被俘，274人负伤。于是，鸡肋般的JG 400的人员补充完全停止，KG 26、KG 53等轰炸机联队的改训任务也大大受到限制。随着盟军日益重视对德国燃料生产基地的空袭，德军2月份计划的230名战斗机飞行员的训练任务能否完成也成了问题，于是KG 6、KG 27、KG 30、KG 40和KG 55这些原轰炸机联队的技术人员相继转到梅塞斯密特和容克公司，剩余飞行员转到德国南部继续接受改

第十二章 艰难的成长——德军喷气战斗机部队（1945年1－2月）

飞训练。然而，受各种条件限制，轰炸机部队改编为战斗机部队的计划到3月中旬也彻底终止，这几个轰炸机联队中只有部分完成改编的KG (J) 6和KG (J) 30的Me 262单位在布拉格地区一直打到战争结束。

威森贝格上尉很清楚现在的实际状况，他十分担心JG 7的飞行员补充也会面临短缺和训练不足的问题，为此他建议从其他战斗机联队抽调飞行员直接送到JG 7的实战单位接受改飞训练。这个建议当然没有被批准，因为这是违反程序的，这些飞行员必须先到Ⅲ./EJG 2进行训练，哪怕这个训练大队早已超负荷运行，到2月份莱西菲尔德基地更是人满为患了。从1945年1月开始接替盖耶上尉担任Ⅲ./EJG 2联队长的是著名的王牌飞行员拜尔少校，虽然他竭尽全力提高大队训练能力和效果，但是他的那些有建设性的建议到这个时候也已经因为时间和现状，不是太晚就是根本无法实行了。

Me 262飞行员的训练过程按照计划主要分为三部分：第一部分3－4天，飞行员主要在Bf 110上进行适应双发战斗机的训练；第二部分则是理论学习，飞行员必须学习喷气发动机工作原理，Me 262的相关技术操作规程等；第三部分开始上Me 262训练，内容包括3次普通起降，2次高空飞行 (1次8000米，1次10000米)，2次实弹射击飞行和编队飞行等，一般持续2－3天。然而，规定是规定，实际是实际，这些Me 262飞行员的真正训练情况如何呢？一些飞行员的回忆很有意思，也很能说明当时的实际情况：JG 7的9中队长乔治·皮特·埃德上尉后来曾和人说到过1944年10月的所谓培训课程——"培训？我们都是自己想办法弄清楚的！教官？理论培训？操作规范？我反正从来没见过，我在早上9时30分听了一个关于操作喷气战斗机的简短讲座，然后到机场围着Me 262绕了几圈，看了看驾

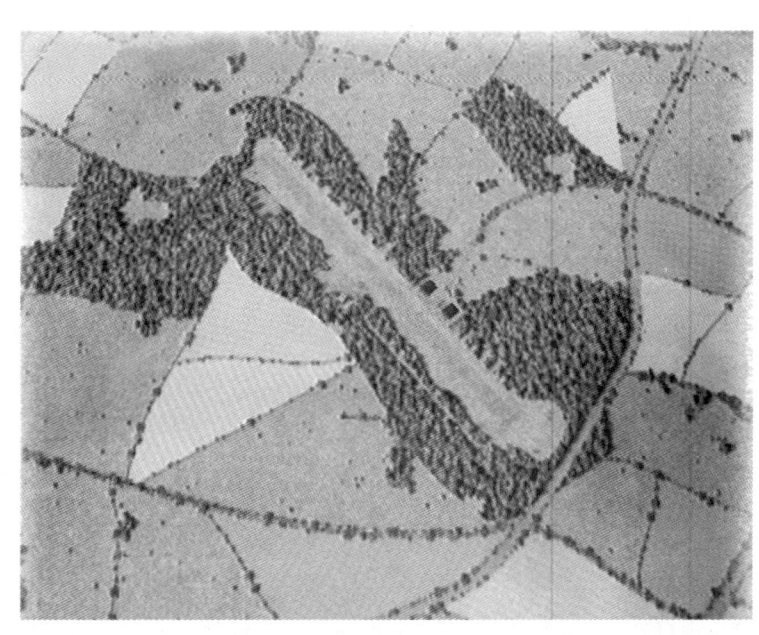

■ 莱西菲尔德基地航拍照。到了本土防空战末期，该基地承担了大量的喷气机飞行员的培训工作，与其说是培训，还不如说是摸着石头过河。没有办法，这就是纳粹穷途末路的直接体现。

驶舱，11时的时候我已经开着Me 262在空中了！"

1944年12月，Ⅲ./EJG 2有12名教官和大约69名学员，1945年初教官数量上升到28名，学员数量却也增加到135人。除了教官和训练时间的欠缺原因，缺少Me 262双座训练机也是一个重要原因，虽然Me 262B-1训练机型的设计早已完成并且可以投产，但是直到1944年11月27日，莱西菲尔德基地的19架Me 262中只有1架双座型，1945年初终于翻了一番——2架！由于生产能力有限和不停地损失飞机，训练大队无法得到及时的装备补充，于是一些新飞行员只能听着无线电通讯的指导驾机训练。雪上加霜的是1月30日-2月6日，Ⅲ./EJG 2连续出现训练事故，原本就十分稀少的Me 262双座教练机毁损了4架！我们在前文已经看到万德尔早就尖锐地提出了这个问题，但是此刻的德国空军已经没有时间也没有能力改进这些问题了。

Ⅰ./KG (J) 54在2月14日这天也有出击记录，他们在莱茵-奥斯纳布吕克空域和英军第2战术航空队的精锐战斗机群展开空战。齐登夫斯候补军士被第41战斗机中队的喷火击落，英军的莫勒军士和沃雷少尉分享了这个战果；随后在17时左右，第610战斗机中队的加泽少尉也击落1架Me 262，飞行员霍夫曼技术军士身亡。2月15日，Ⅰ./KG (J) 54继续出现损失：朗格候补军士驾驶1架Me 262 A-2a "B3+GH"在进行飞行训练时坠毁，他当场身亡。李岑格候补军士驾驶的编号为"B3+LS"的Me 262A-1在进行飞行训练时被美军第55战斗机大队的阿莫斯少尉击落，李岑格幸运地跳伞逃生。

2月18日，刚刚晋升少校的JG 7联队长威森贝格也遇到了坠机事故，他在给妻子的信中写道："2月18日16时20分，我遇到了事故，但是总算幸运地跳伞逃生……我进行的是实战飞行训练……"

2月21日，Ⅰ./KG (J) 54的基地遭到了美军的空袭。22日，8./KG (J) 54的布林科驾驶的Me 262A-2a "B3+GS"被击落，飞行员阵亡。当天Ⅲ./KG (J) 54的基地纽堡也遭到了空袭，1架Me 262被毁，5架受损。

2月22日，Ⅲ./JG 7终于有了第一次大规模出击，他们出动了几乎所有能升空的Me 262——34架，其中9中队由接替此前于16日负伤的乔治·皮特·埃德上尉的维格曼中尉指挥从帕西姆起飞，10中队由沙尔中尉指挥从奥朗尼堡起飞，11中队由威伯少尉指挥从布兰登堡-布里斯特起飞。但是这次出击的战果依然令人失望，只有诺特候补军士和布赫讷军士长分别击落了2架B-17和1架野马，此外尚未完成组建工作的Ⅰ./JG 7也出动了2架Me 262，其中3中队长瓦尔德曼中尉击落2架野马。在获得5架战果的同时，JG 7也损失了5架飞机：3架在空战中被击落（其中鲍达赫军士长重伤，几天后身亡），1架被击伤后迫降受损，还有1架由于发动机故障坠毁。根据美军的记录，3名击落Me 262的飞行员分别是第352战斗机大队的普里斯少尉、第353战斗

第十二章 艰难的成长——德军喷气战斗机部队（1945年1—2月）

■ 提奥多·威森贝格少校——JG 7"诺沃特尼"联队长；1941年10月24日首次击落1架苏军伊-153；1942年9月15日驾驶Bf 110击落23架的记录；东线击落175架，西线击落33架敌机，包括P-38、P-47、P-51、喷火式、飓风式等25架盟军战斗机，以208架的战绩（包括8架用Me 262喷气机击落），与他的好友海因里希·埃勒少校在德国空军中一同并列第十。

的斯蒂文斯上尉和他的队友科尔比少尉也宣称命中1架Me 262，由于弹绝油尽他们没有追击这架重伤的喷气机，也许那架迫降的Me 262就是他们的战果。

2月23日，JV 44第一次正式出击，施坦因霍夫上校这样回忆道："这是我在战争期间第三次来到布兰登堡-布里斯特基地，这次显得尤为特别，我并非作为一名战斗机指挥官，而是普通一员，而我的指挥官则是一名中将！

机大队的布里肯斯塔夫少校和康普敦上尉。其中第351中队中队长康普敦上尉在报告中写道："……我发现了4架Me 262，我原准备追击第三架，但是距离太远无法追上，于是我等待第四架转向。如我所料它在我前面右转，但是我没有时间仔细瞄准，只能估算着对方的航迹然后持续射击，我看到一些子弹准确命中了这架Me 262的右侧发动机……德军飞行员还试图爬升脱离，结果发动机彻底开始燃烧，于是他不得不跳伞……"此外，第364战斗机大队曾经参加击落诺沃特尼之战

不过，我原来应该指挥的JG 7的部下对我们这个新生队伍却极不友好，因为他们得到了上头的命令，不得给予我们任何帮助！我成为了这支部队的训练主管，我原来的僚机飞行员则担任了技术军官。施奈尔少校直接从医院跑出来加入我们，轰炸机部队的Ju 88专家布罗迈特中尉也来了。23日，我告诉布罗迈特中尉，我准备起飞攻击离我们已经不远的东线的苏军，他可以跟着我飞。我们的新喷气机就停在机场上，而此刻的机场则是一片狼藉。我告诉布罗迈特中尉起飞后和我编

决死天空　二战末期德国昼间空战

■ 隶属于JV 44的Me 262。

成战斗队形,他可以飞在我左后方或者右后方,保持一定距离即可。'是!上校!'布罗迈特中尉大声答道。'我们飞往柏林,经过奥德河时很可能遭遇苏军战斗机,千万注意!''是!上校!'布罗迈特中尉再次大声答道。"

不出所料,施坦因霍夫和布罗迈特驾机升空后不久就碰到了苏军战斗机,然而面对一整队各种姿态的战斗机,施坦因霍夫有点分不清敌友,而他的僚机布罗迈特此刻依然努力跟在他身后,但由于不熟悉喷气机的性能,很难保持其僚机位置。在犹豫了一下后,做出判断的施坦因霍夫决定战斗!他驾机略微减速左转,布罗迈特也紧跟而来。施坦因霍夫盯住了1架敌机:"我的速度太快了——大约870公里/小时,布罗迈特也不见

■ 今日德国空军位于纽堡的基地。

第十二章 艰难的成长——德军喷气战斗机部队(1945年1-2月)

■ 1945年2月25日，第467轰炸机大队的B-24在前往轰炸德国南部的空军基地时，突然遭到德军Me 262喷气式战斗机拦截，陷入苦战。

了，驾驶Me 262攻击一队战斗机究竟正确与否？我的油料只剩下大约25分钟了！此刻柏林上空看不到我们自己的战斗机，苏联人占据了天空，他们开始投弹扫射，布罗迈特现在跟了上来，在我连续机动转向几次后要想保持队形的确比较困难。"由于Me 262的速度太快，施坦因霍夫多次飞越苏军战机，无法进入有效的攻击位置，几次努力后他终于击落1架苏军战机，而此刻布罗迈特报告他的油料已经不多了，最后返回布兰登堡基地的时候2架飞机的油箱都几乎空了。

2月24日，JG 7的第10和11中队也有少量出击记录，11中队的拉德马赫少尉和威伯少尉分别击落1架B-24和1架P-51。

2月25日这天是KG (J) 54的黑色日子，在进行训练飞行的Ⅱ大队遭到了惨重损失，4架Me 262在起飞时就被美军第55战斗机大队发现，蜂拥而上的野马机群不到1分钟就打下了其中3架（飞行员全部阵亡），最后1架拼命爬升的Me 262也很快负伤坠毁，飞行员成功跳伞。除此以外，美国人还摧毁了停放在地面上的2架喷气机。参战的美军飞行员派恩上尉回忆道："我们当时的高度大约为3900米，我发现这些正在起飞的Me 262后马上命令抛下副油箱，开始俯冲攻击。我盯住了1架大约在300米高度上的敌机，它先是左转，然后又恢复到原来的航向。此刻我的高度是2700米，于是我开始全速俯冲向它猛扑，当我的速度达到800公里/小时的时候，我距离敌机已经不到900米了。我一边继续俯冲一边瞄准射击，在剩下大约270米时我命中了它的引擎，随后我继续接近到45米左右才拉起飞机，从这

决死天空 二战末期德国昼间空战

■ 汉斯·乔治·拜切尔少校，KG（J）54联队长。

B-17。JG 7在这个月的战绩让德国人大为失望，有威胁的出击很少，虽然获得了23个战果，但是也付出了14架Me 262的代价，还有11架严重受损。而德军其他喷气战斗机部队在2月份也遭到了严重损失，2月19－26日，装备Me 262的Ⅲ./EJG 2、KG（J）54、JG 7、KG 51、KG 76和10./NJG 11等单位总计损失了64架Me 262，德军在整个2月包括Ar 234在内的喷气机损失总数达到了125架。2月底，基本上失去实战能力的KG（J）54迎来了新的联队长汉斯·乔治·拜切尔少校，当时全联队3个大队只剩下20架Me 262了。德军喷气战斗机部队和盟军空中力量之间的大规模较量则要到3月份之后才真正开始。

架很快就爆炸的Me 262头上飞了过去。"除了受到严重打击的Ⅱ大队，Ⅰ大队也没能幸免，3架Me 262在试图攻击美军轰炸机群时严重受损不得不迫降（只有1架迫降成功），1名飞行员丧生、1人负伤，当天下午美军的空袭还摧毁了Ⅰ大队至少8架Me 262。KG（J）54遭到的损失是无法弥补的，这个新生的Me 262联队就这样失去了战斗力。根据美军战史，当天美军第364战斗机大队还非常难得地击落了1架KG（J）76的Ar 234B喷气式轰炸机。

2月26日之后数天，JG 7没有大规模的出击记录，他们只有少量和美军侦察机的交锋记录，除此之外只有拉德马赫少尉击落了1架

第十三章 He 162——JG 1在战争中的最后岁月

1945年2月，JG 1"奥绍"联队终于从残酷的东线撤了下来，这个战斗机联队在1944年的西线和德国本土防空战中已经损失惨重（JG 1这段时间的具体作战情况详见前一部分常规昼间战斗机部队）。2月6-9日，Ⅰ./JG 1（此刻这个大队的实力约等于1个中队）将其所有剩余的Fw 190移交给Ⅱ大队，他们将开始换装新的He 162"国民战斗机"，这也是德国空军第一个装备这种新型战斗机的单位。几天后，Ⅱ./JG 1也接到命令前往维也纳的阿斯本机场，在那里他们也将换装He 162。于是，JG 1就只有Ⅲ大队还保持原状了。

Ⅰ大队2中队中队长格哈德·汉夫少尉[①]这样回忆道："移交了Fw 190后，我们坐火车前往帕西姆换装He 162。当我们抵达时，飞机还没到，机场上都是Me 262和别的飞机，都不是给我们的，几天后我们才见到第一架He 162。这是一种什么飞机呢？速度不超过600公里/小时，飞行时还经常会在空中解体，发动机在背上，怎么看怎么别扭。"

He 162是德军在巨大防空压力下发展

■ Ⅰ大队2中队中队长格哈德·汉夫少尉。

---

① 格哈德·汉夫迄今还保留着在战争期间几乎所有的个人资料：飞行执照、军官证、飞行手册和个人相簿。1945年4月29日，格哈德完成了他作为1名德国空军飞行员的最后一次飞行，他的飞行手册结束于1945年5月6日，总飞行时间479小时54分钟，飞行总里程116920公里，能够绕地球3圈。本文中格哈德·汉夫的回忆部分引用了战争的艺术论坛网友"坦克兵汉斯"编译的《汉夫和他的Nervenklau He 162》一文，特此致谢。

决死天空 二战末期德国昼间空战

收藏于美国加州Chino航空博物馆的2/JG 1中队长格哈德·汉夫的座机He 162A-2"红色1号""Nervenklau"。而关于此飞机,格哈德这样回忆:"那时我只有21岁,一个大孩子,同时也是个军官,多少还得过几个勋章,当时我很自负,觉得自己什么都能做,什么都办得到。作为中队长,我有一辆DKW RT25摩托车,我经常骑着它在停机坪上来回跑,并喜欢骑车高速穿过人群并猛按喇叭,吓唬那些在停机坪上没事可干的人。看到他们,尤其是老兵被我吓一大跳的样子,我心里很得意,我把被我吓着的人称作'Nervenklau(紧张的小偷)',于是我就涂到自己的飞机上去了。"

的一种所谓"国民战斗机"的畸形计划的产物,该计划最初于1944年夏季开始实施。这种喷气式战斗机的设计思想就是简便、便宜,而且使用非战时紧缺材料,以便于进行大批量生产。1944年9月10日,德国航空部正式签发计划书,计划主要内容包括国民战斗机将安装BMW 003型喷气发动机,最大速度750公里/小时,滞空时间至少30分钟;武器装备包括2门MK 108型30毫米机炮,每门备弹80-100发,或者2门MG 151/20毫米机炮,各备弹200-250发。包括阿拉多、福克沃尔夫、亨克尔、容克、梅塞斯密特在内的德国主要飞机生产商都奉命加入这项计划的设计工作,但是福克沃尔夫、容克和梅塞斯密特都相继拒绝此项合同,只有阿拉多公司提供了设计方案,不过亨克尔公司设计的He 162 (P-1073)最终被德国空军采纳,该型飞机最初装备的是Jumo 004C型发动机。计划中驾驶这种"国民战斗机"的将是大批年轻飞行员,他们中的大部分人都是仅仅接受了基础飞行训练的希特勒青年团成员。德军希望通过这样的极端手段来增强防空力量,将这些"国民战斗机"成规模投入本土防空战,以抵抗盟军的优势空中力量。除了德国空军,连希姆莱都打算给武装党卫军的一个单位装备"国民战斗机",这简直有点瞎起哄的味道。时任所谓"国民航空军"指挥官,原第1航空队指挥官的凯勒上将与帝国青年组织领袖阿克斯曼联络,并且向戈林元帅建议,今后上千架"国民战斗机"将由经过简单飞行训练的希特勒青年团员驾驶,为此还建立了一个专门的训练单位,使用没有安装发动机的He 162机体进行拖曳滑翔训练。

11月5日，He 162的最初试验型V1基本完成，12月6日，这种战斗机进行了为期20分钟的首次试飞。He 162V1的官方正式试飞则在4天后进行，来自航空部、国防军和纳粹政府的人员集体观摩了这次试飞。然而这次试飞最终的结果却是灾难性的：试验机在飞行了12分钟后机翼脱落，机身螺旋下坠触地爆炸，试飞员皮特身亡，看来He 162脆弱的木质机体结构必须得到加强。事故发生后，He 162的正式下线生产计划也不得不暂缓实行，由此拖延了大约4周，而早在9月23日德军战斗机部队的生产计划中就已经加入了He 162。不过He 162的试验计划没有停止，12月22日，第二架He 162实验型V2进行了首飞。到1945年1月，V3和V4两架试验机也相继完工，此外还有34个机身部件也已经生产

■ He 162的座舱。

完成，但是这些木质机体的强度依然存在问题，胶合板的机翼强度也是问题重重，必须继续采取强化措施。1月28日，V5完成，它被

■ He 162V1，正式试飞时坠毁。

决死天空
二战末期德国昼间空战

■ He 162A,"黄色3号",3./JG 1。

定为第一架正式生产型,即He 162A-01。与当初的设计要求相比,首批生产的He 162的最高飞行速度不能超过500公里/小时,否则其脆弱的机体和机翼都无法承受气流的冲击。德军原定在1月份生产30架He 162的计划已经无法完成,除了设计原因,盟军对德国军事工业体系日以继夜的猛烈打击也是重要原因。

与此同时,第一个He 162试验指挥部也在拜尔少校的JG 3"乌德特"内建立,基地也设在莱西菲尔德,地勤人员的训练则在第6飞行技术学校进行。JG 1联队长伊勒菲尔德中校命令Ⅰ大队首先开始在海因克尔工厂飞行员的帮助下进行基本的飞行学习,他本人也亲率联队指挥部前往莱西菲尔德基地参与He 162的各项试飞训练工作。拜尔少校不久

后加入了JV 44,加兰德将军对He 162的态度很明确,他坚决拒绝他所组建的战斗机部队中出现这种脆弱而可笑的所谓"喷气式国民战斗机"。

1945年2月4日,He 162继续进行试飞,这次的主角是He 162V6 (He 162A-02),然而好运气依然没有到来,这架飞机的试飞也以坠机结束:它在进行垂直机动的测试时因为操作系统卡死而坠毁。尽管He 162问题重重,根本无法作为正式战斗机型进入部队服役,然而此刻陷于垂死挣扎境地的德军还是最终给出合格的评定,同时开始大批量生产的准备。2月5日,德军记录有2架He 162可以升空,12架即将开始发动机测试,71个机体完成,还有58个机体正在进行最后组装。由此开始,He 162所需的金属部件和木制部

第十三章 He 162——JG 1在战争中的最后岁月

件的生产迅速展开,除了海因克尔公司的生产厂以外,位于埃尔福特和斯图加特等地的很多加工厂也都参与了部件生产,最后的组装则是由海因克尔公司在罗斯托克的生产厂和容克公司在阿什雷本、哈尔博施达特、本堡等地的生产厂一同完成。根据德军计划,这几个生产厂月生产能力将达到1000架,而在诺德豪森的生产基地计划将每月生产2000架。为了保证Me 262和He 162的生产,德军基本停止或者减缓了夜间战斗机、轰炸机以及Me 163的生产。

2月8日,He 162V4机在进行了18次试飞后以40%受损的着陆事故告终。2月11日,接替加兰德将军的格洛布上校和达尔中校前往莱西林基地视察He 162情况,他们认为He 162最早要到4月中旬才能完成正式进入部队服役的准备,然而战况已经不可能给德国人这点时间了。2月9日,来自莱西林基地的李希特少校和几名相关技术人员来到Ⅰ./JG 1所在的帕西姆基地,准备飞行员和地勤技术人员的培训工作。2月27日,2./JG 1的5名飞行员前往维纳基地接收第一批正式生产型的He 162。3月14日,这些飞行员正式开始进行He 162的飞行训练,5天后3中队的飞行员也抵达维纳基地,然而训练很快就由于一次致命事故不得不暂停。此刻在帕西姆基地的Ⅰ大队1中队的飞行员还没有看到He 162,直到3月底第一架"国民战斗机"才抵达帕西姆基地。

3月31日,He 162在帕西姆基地进行了第一次试飞,格哈德·汉夫第一次驾驶He 162升空,他回忆说:"要知道,这种飞机的木质部分是图灵根的一家家具工厂做的,主起落架是Bf 109的,前起落架是Ju 88的,是不是新的还很难说。唯一值得称赞的是制造起来很简单,但这关我们什么事?Fw 190上有4门炮和2挺机枪,而He 162上只有2门炮,Bf 109和Fw 190在驾驶舱前面有发动机和装甲板保护飞行员的安全,而He 162却什么都没有,根本就只是一个木头箱子,如果必须迫降,那更是灾难。He 162有弹射座椅,说明书上说弹射前飞行员必须缩回双腿,否则膝盖以下就全没了,我可不敢试,据说一个上尉因此丢了性命。"

Ⅰ./JG 1大队的飞行员除了飞行训练以外,还要顺带继续

■ He 162的地下生产工厂,这型飞机看上去比较容易制造。

决死天空 二战末期德国昼间空战

■ 1架在训练中迫降毁损的He 162A-2。

进行飞行测试,完成He 162的各项性能指标和操作规程的制定,这是两个原本不能同时开展的任务,现在却必须去完成。格哈德·汉夫继续写道:"测试各种飞行状态是非常重要的,我们却没有任何相关的参考手册,这原本应该是试飞员干的活啊!我们只能自己摸索,至少要搞明白如何安全起飞和降落、爬升如何、发动机在各种情况下状态如何、如何合理驾机完成基本战术动作、如何编队飞行……所有这一切都要我们自己去完成!"由于根本没有双座型的He 162教练机,飞行员训练过程十分简易,他们在地面上学习还在逐步完善的飞行操作手册,然后就上天飞行!

4月8日,英军轰炸机群摧毁了帕西姆基地的铁路交通线,于是Ⅰ./JG 1不得不转移到另一个基地——路德维希鲁斯特机场。4月11日,又有1架He 162在马格德堡空域坠毁,飞行员弗朗茨·曼军士丧生;2天后另一名军士安德勒在驾机起飞时发生事故丧生。4月15日,Ⅰ./JG 1转场到莱克基地(石勒苏易格－荷尔斯泰因地区),在转场过程中He 162第一次在空中遭遇到英军的喷火战斗机,时间是15时25分,地点在汉堡附近空域,但是飞行员施密特少尉没有和喷火纠缠,直接脱离返回了基地。3天后,He 162再次遭遇喷火战斗机群,依然没有发生任何空战。

抵达莱克基地的Ⅰ大队从20日起继续试飞,格哈德·汉夫对He 162的糟糕性能迄今记忆犹新:"发动机启动时,你必须踩住刹车,然后慢慢松开,并且不能在地面滑行得太远。发动机很糟糕,速度也不快,战斗机飞行员在实战中经常会把发动机关掉然后再开车,而在He 162上则不行,如果发动机空

第十三章 He 162——JG 1在战争中的最后岁月

■ 1./JG 1中队长库乃克上尉和他的He 162A-1"白色5号",1945年,莱克基地。

中熄火,你只能慢慢地推油门,如果不小心推大了,发动机又会重新熄火,此时你再也没机会第二次重新启动了。对于像我这样的老飞行员来说,改变自己的飞行习惯去适应He 162还不算太难,但对于新手可就不一样了。这种飞机很容易失速,而且很难改出来,比如说快速转向,在Fw 190上你只需把杆打到一边,然后向后拉就可以了,而在He 162上我想这么做就会出问题。我估计He 162的2个方向舵偏转的角度可能不一样,这样

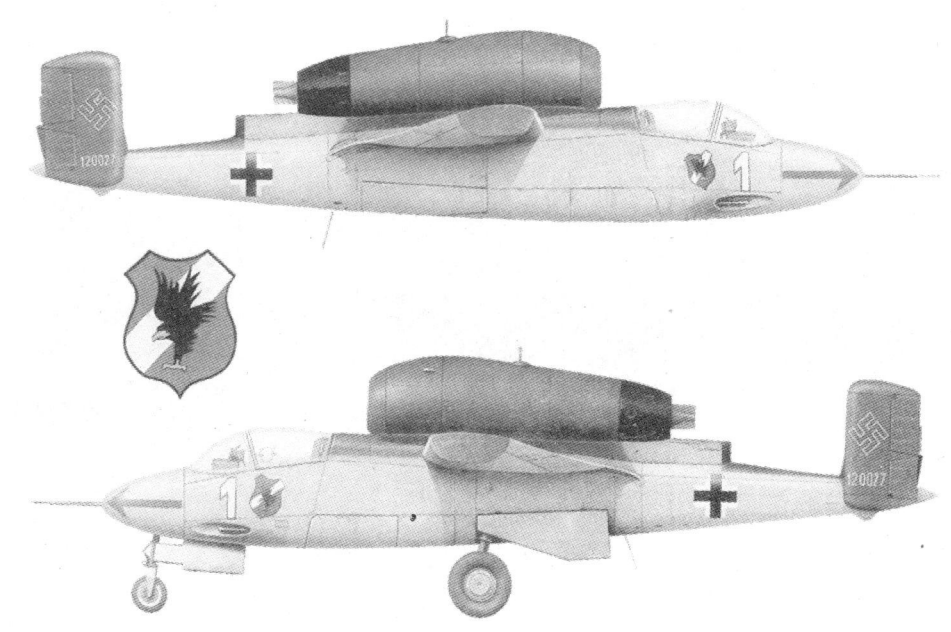

■ He 162A-2"白色1号",施密特少尉的座机。

飞机侧滑的时候就变得极不稳定,机头往下掉,很难拉起来。"格哈德的猜测没有错,He 162在侧滑的时候的确有问题,如果侧滑角超过20度,喷气发动机的尾流就会吹到一侧的方向舵上,使之无法到位,从而严重影响水平稳定性。"稳定盘旋没有问题,但我从来没驾驶He 162做过机动,我的队友在休息时讨论过He 162的机动性问题,有一个很有说服力的例子,一个叫莱辛巴赫的中士在驾驶He 162做筋斗的时候坠机了,我不确定He 162能不能做筋斗,也可能莱辛巴赫当时高度太低,但我本人的确没有这方面的经验。"

各种资料对He 162的速度说法不一,有的说能达到750公里/小时甚至800公里/小时,甚至更高,有资料记录:"……于1945年3月3日,在3800米高度达到960公里/小时,飞机飞行稳定。"但格哈德对此表示怀疑:"我飞到过600公里/小时,这已经很快了,He 162很难超过这个速度,我也知道如上这些说法,但我想其中肯定加入了想象的成分。"最后他讽刺地说道:"Fw 190更实用一点,它虽然不快,但是它是飞机。"

对于前起落架,格哈德也有意见:"起飞的时候拉杆不能太猛,否则机尾会擦地,着陆的时候也一样,必须确定主起落架着地了才能推杆,绝对不能三点着陆,这是习惯问题。我在莱克基地飞过一次超低空,高度只有半米的样子,几乎就是贴地而行,结果发现He 162会自己抬头,我想这应该是地面效应,我立刻稳住了飞机,否则肯定会摔落。"

格哈德没飞过几次He 162,在他的飞行手册上记录了18个起落,但其中却有一次空战记录:"1945年3月26日,与敌接触,台风战斗轰炸机,这架台风是单机,我完全有机

■ JG 1的飞行员们,左起依次为:威尔纳·曹伯少校、联队长伊勒菲尔德中校、库乃克上尉、德姆斯中尉、伽罗威施上尉和路德维希上尉。

第十三章　He 162——JG 1在战争中的最后岁月

■ 3./JG 1中队长德姆斯中尉和他的He 162A-2"黄色11号",1945年,莱克基地。

■ JG 1联队长伊勒菲尔德中校的He 162A,"黄色23号"。

会将其击落,但方向舵蹬不动,我只能看着它从眼前逃走。"

与此同时,Ⅱ./JG 1也从4月11日正式开始进行He 162的飞行训练,他们的基地在瓦内明德基地,大队长是王牌飞行员保罗－海因里希·丹纳上尉,他在1944年4月以78个空战胜利得到了骑士勋章。Ⅱ大队的训练一直持续到4月底,然而在4月24日,这个大队遭到了一次惨痛的损失:大队长丹纳上尉在一次飞行事故中丧生,当时他试图逃离飞机,但是最终没能打开座舱盖。威尔纳·曹伯少校成

为新的大队长,这是一名参加过西班牙内战并且得到过西班牙镶钻十字勋章的元老飞行员,他在二战期间飞轰炸机,直到他受伤失去了1条腿后才成为莱西林基地试验中心的指挥官。和Ⅰ大队一样,Ⅱ大队在训练过程中也是事故不断,丹纳上尉死亡3天后,6中队的施蒂博军士再次发生事故,好在他成功跳伞逃生。随着苏联红军日益逼近罗斯托克地区,Ⅱ./JG 1以及伊勒菲尔德中校的JG 1联队指挥部不得不于3月3日转场到莱克基地,由于这2个基地距离较远,He 162机群不得不先

降落到卡尔腾科尔辛基地补充燃料,在降落过程中,1架He 162因为燃油耗尽坠毁,飞行员贝克军士长丧生,杜勒少尉的He 162也由于燃料耗尽不得不迫降到鲁贝卡附近,他本人倒是安然无恙。此外莱辛贝格少尉的He 162却被英军喷火战斗机击落,这也是He 162的第一个空战损失,不过莱辛贝格成功跳伞逃生。

He 162的主动出击始于1945年4月19日,当天3./JG 1的2架He 162从莱克基地起飞,施蒂莫少尉回忆道:"我和克辛纳军士一同升空,他在我右侧后方大约30米,我清楚地记得当时听到他在无线电里哼着我们熟悉的歌曲。没过多久,2架P-47出现在我们身后,他们很快就击落了克辛纳军士,我看到他艰难地爬出座舱跳伞,然而降落伞没有打开。我很幸运,那2架P-47没有继续攻击我,而我的飞机也出现了故障,我立刻返回基地,幸运地成功降落了。"

第二天,4架He 162再次升空迎击英军的轰炸机群,沃伦韦伯中尉回忆道:"我们4人在接到命令后即刻准备起飞,我驾驶'黄色3号'机。He 162的滞空时间不能超过30分钟,20分钟后,我将负责掩护其他He 162降落。昨天在地面上我亲眼看到了克辛纳军士被击落的过程,因此我们商讨决定以后起飞作战时必须有指挥官带队,以掩护队友降落。'黄色1、7、11号'这3架首先发动,我右后方的'黄色1号'的发动机似乎有点问题,我也马上发动自己的飞机,然而我的情况更加糟糕,根本无法正常启动,于是我只能命令其他3架先起飞。不过最终我还是成功发动了飞机,顺利升空。通过无线电通讯我得知先于我起飞的队友已经发现了敌机,但是他们因为燃料耗尽不得不返航,于是我估计了一下距离和方位后就独自前往攻击。"

■ 莱克基地的He 162A"白色6号"。

第十三章 He 162——JG 1在战争中的最后岁月

■ 1945年5月,莱克基地,JG 1的He 162机群,德国人还未真正使用这型号的战斗机,战争就结束了。

然而沃伦韦伯中尉的He 162继续出现毛病,这次轮到了武器系统——瞄准镜出现故障。沃伦韦伯中尉的He 162接近到英军机群后方100米处开火,然而这次更糟糕——机炮没有任何反应!那些正专注于对地攻击的台风战斗机群显然被这个不速之客吓了一大跳,不过英军飞行员很快反应过来,停止对地攻击后开始追逐这架孤单的He 162,沃伦韦伯立刻调头就跑,最终倚仗高速逃脱了追击。尽管没有战斗损失,但是1中队的1架He 162还是因为技术故障坠毁,飞行员施密特少尉跳伞成功。

4月23日,3中队的飞行员阿克曼因为事故机毁人亡。2天后的中午,几架He 162试图攻击美军P-47机群,结果攻击失败,让美国人逃之夭夭,而参加行动的He 162中的1架在降落时坠毁,飞行员重伤。4月26日,2中队的莱辛巴赫获得了He 162的第一个空战胜利(有资料显示联队长伊勒菲尔德中校此前在2月底3月初之间的某天已经驾驶He 162获得过击落

■ 被美军俘获的1架He 162A-1,机体已经部分损坏。

He 162A-1型基本技术数据

翼展：7.2米

机长：9.05米

机高：2.6米

发动机：1台BMW 003E

最大速度：765公里/小时（高度11000米）
　　　　　838公里/小时（高度6000米）

飞行时间：48分钟（高度6000米）

航程：620公里（高度6000米）

爬升率：9.9米/秒（高度6000米）
　　　　1.6米/秒（高度11000米）

空重：1663公斤

最大起飞重量：2805公斤

武器装备：2门MK 108型30毫米机炮。

注：He 162A-2型和A-1型基本一致，只是武器换成了2门MG 151型20毫米机炮。

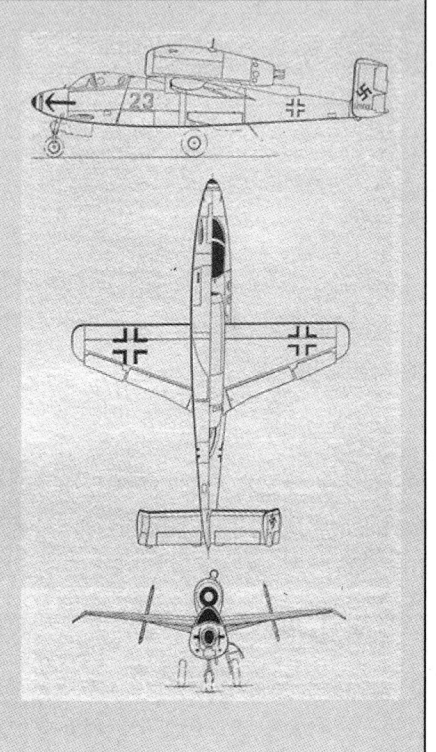

记录，但是无法证实，而莱辛巴赫的战果则得到了地面上的2名联队军官的目击证实，但是他紧接着也因为事故丧生（也有盟军记录显示美军或者英军的侦察机击落了这架德军的"小喷气战斗机"）。

I./JG 1的最后一次实战是在战争即将结束的5月4日，当天11时38分，施密特少尉驾驶"白色1号"起飞，跟随他的还有2架He 162。7分钟后他们遇到英军的台风战斗机，结果宣称击落1架，但是这个记录无法得到证实。5月6日，英军坦克部队抵达莱克基地，5月7日，莱克基地的德军部队宣布投降，此刻JG 1联队长还是伊勒菲尔德中校，I大队长是短暂担任II大队长的曹伯少校，II大队长则是拉尔上尉。第二天，德国正式投降，"国民战斗机"部队可怕的作战训练生涯终于彻底结束了。盟军在战后对这种极其脆弱的喷气式战斗机进行了一些飞行测试，引用一名曾参与测试工作的英军人员的评价或许是盟军对这种德军畸形战机的最好总结，大意是"除非蠢到家了，否则谁会飞这种飞机？"

第十四章 最后的主角——德军喷气战斗机部队（1945年3月）

战争距离结束只有几周了，但是对于德军喷气机部队尤其是JG 7而言，他们真正的作战现在才开始。首先在3月1日，已经羸弱不堪的KG (J) 54依然派出了2中队的2架Me 262升空迎击美军机群，赫尔伯克军士首先击伤1架B-17，不过护航的美军第355战斗机大队的P-51没有给德国人更多的时间和机会，实力悬殊的双方展开了一场空中血战。陷入重围的2架Me 262拼死一战，首先击落了2架野马，美军飞行员贝克曼上尉和蒙塔哥军士当场阵亡。不过数量上占绝对优势的野马机群很快就占据了主动权，2架Me 262陷入缠斗先后成为野马的猎物，2名德军飞行员也全部丧生。

3月2日，5./KG 51中队长阿贝尔上尉被美军第67侦察机大队的野马击落阵亡。Ⅰ./KG (J) 54大队则有2架Me 262被击落，获得这2个战果的是美军第354战斗机大队。3月3日，德国空军最高统帅部的作战日志中有了"JG 7大规模作战开始"的记录，当天JG 7联队指挥部和Ⅲ大队出动了所有可以升空的Me 262——29架，10时15

■ 盟军机组人员的尸体，他的降落伞没有打开，直接坠地身亡。

决死天空 二战末期德国昼间空战

■ 美军的野马侦察机。

分,从帕西姆、奥朗尼堡和布兰登堡起飞的Me 262机群和盟军展开了激战,从帕西姆起飞的中队至少获得了6个空战胜利(但是此刻德国空军的记录和盟军之间存在较大误差,一些战果的确认非常困难,本文列出的德军方面记录的战果基本可以和盟军的损失记录吻合):莱纳兹技术军士在布朗施威克空域击落1架B-17,古特曼上尉和施努勒少尉也宣称各自击落1架B-17,但是随后古特曼上尉这位来自于Ⅲ./KG 53的骑士勋章获得者在该空域被击落阵亡,他的Me 262座舱直接被美军战斗机命中(有资料显示他是被B-17的自卫火力击落的)!卢塞尔候补军士则严重击伤第4架B-17,9中队长维格曼中尉当天获得了2个战果——1架B-17和1架野马。JG 7联队指挥部和第10、11中队当天的作战空域在马格德堡和柏林之间,美军护航战斗机群无法有效阻挡Me 262的高速突击,这些Me 262编队多次成功突入轰炸机群。阿诺德军士长击落1架B-24和1架P-47,Ⅲ大队长辛讷少校的大队指挥部机组也成功突入了轰炸机群,但是没有获得真正的击落记录。

他们立刻转向进行第二次突击,这次他们选择攻击轰炸机群的尾部,辛讷少校命中了1架B-24,这架属于美军第467轰炸机大队的B-24最后坠落在一个德军高炮阵地附近,战果得到了最终确认。JG 7以6架轰炸机和3架战斗机的战果结束了当天的作战,这个记录引起了美军的高度重视,因为这是"德军喷气式战斗机第一次大量获得战绩!"但是JG 7也为之付出了代价,除了前面确认的古特曼上尉阵亡以外,还有1架被击落,此外1架编号500222的Me 262损毁度达到98%,不过这2架战斗机飞行员的最终命运没有找到确切的记录。当天另一个Me 262联队KG(J)54也至少损失了2架Me 262。

此后的一段时间,恶劣的天气阻止了喷气机部队的大规模出击,在4-17日这段时间,JG 7只有少量出击记录,目标也主要是盟军的侦察机和巡逻战斗机,战果甚少。3月7日,阿诺德军士长和辛讷少校各自击落1架P-51,辛讷少校简单记录了空战过程:"13

第十四章　最后的主角——德军喷气战斗机部队（1945年3月）

时04分接到警报出击，经过长时间搜索在燃料快要耗尽的时候在约特伯格空域发现2架野马，随即展开攻击，1架当空击毁，自己的机翼受损，燃料彻底耗尽，返航着陆。"当天尤为值得一提的事件则发生在Ⅰ./KG 51，戈林元帅亲自打电话给这个大队，要求征召志愿者采用自杀撞击的方式摧毁雷马根的莱茵河大桥！该大队有2名飞行员报名，幸运的是这次疯狂的计划最终被取消了。

3月9日，KG(J) 54的损失记录继续增加，贝克尔少尉的Me 262A-1"B3+HL"被美军第55战斗机大队的1架野马击伤，不过贝克尔最终成功跳伞，毫发无伤。3月13日，面对快速推进的美军坦克部队的威胁，Ⅰ./KG 51不得不转场到基贝尔施达特，然而即便是这样的转场飞行在此刻也是极度危险的，Ⅰ./KG 51还是遭到了美军战斗机群的攻击，2架Me 262被击落，其中1架可以确认为被美军第365战斗机大队的马林少尉击落，2名飞行员1死1重伤，此外Ⅲ大队也损失了1架Me 262。

3月14日，JG 7的威伯少尉、安布斯少尉和基芬候补军士驾机升空，目标是盟军的侦察机。安布斯少尉回忆说："大约飞行20分钟后我们发现2架野马，威伯开火过早，野马发现威胁了马上开始转向机动，我们跟着俯冲再次迎头攻击这个双机机组，我们的相对速度达到了1400公里/小时，我在大约300米距离开火，命中前面的那架野马，这架P-51顿时在空中解体。"

3月15日，JG 7虽然只是小规模出击，但仍旧击落了2架B-17和2架B-24，美军当天没有击落Me 262的记录，只有第359战斗机大队记录击落1架Me 163。3月17日，JG 7继续以少量的出击获得了4架B-17的战果。

3月中旬，已经进行喷气机部队改编将近3个月的KG(J) 6终于获得了Me 262，首先装备联队指挥部和Ⅲ大队，其余大队依然装备Bf 109G-K，而他们真正升空作战则要等到4月中旬。

3月17日，KG(J) 54在进行飞行训练时，1架编号为"B3+FS"的Me 262A-2a坠毁，飞行员迪库斯当场丧生。随着天气的好转，JG 7从3月18日开始连续全体出动，他们成为德国空军最后"垂死挣扎"的主要力量——大约60架Me 262，当然，他们将要面对的是盟军占据绝对优势的空中力量。

3月18日，美军出动1300多架轰炸机在730余架战斗机护卫下浩浩荡荡向德国空域进发，目标柏林。当美军机群接近柏林时，JG 7的联队指挥部小队和Ⅲ大队起飞迎敌，JG 7联队史上一次重要的决斗就要上演了。11时过后，德军喷气机编队开始猛烈攻击美军轰炸机编队，短短几分钟，JG 7联队长威森贝格少校就先后击落2架B-17，10多分钟后，德军就宣称击落6架B-17和1架P-51！根据美军第1和第3航空师当天的记录，从11时05分至11时30分期间他们的重型轰炸机机群遭遇德军大批Me 262攻击，有2架B-17被击落，还有10架重伤，勉强降落到苏军控制区域。

德军的进攻还将继续，11时20分，9./JG 7

决死天空 二战末期德国昼间空战

加入战场,这个中队装备了火力凶猛的R4M火箭,这是专门用于对付美军重型轰炸机的特殊武器,装备这种火箭的Me 262一般以双机或者四机编队集体进攻,连续发射火箭形成"火网"横穿美军轰炸机群,以期获得巨大的杀伤效果。9中队当天有6架Me 262装备这种武器,但是参战的飞行员在攻击完成后都无法确认各自的战果,究竟有多少轰炸机被这种火箭命中至今没有确切数字。III./JG 7当天将6-8架战果统一记录为大队集体战果,根据这6名Me 262飞行员的指挥官9中队长维格曼中尉回忆,他率领编队在第二次进攻的时候开始使用火箭攻击,他亲眼看到他所攻击的1架B-17机体和机翼都被命中,并且立刻猛烈起火燃烧。不过他的座机也被轰炸机的自卫火力命中,右大腿被击穿,身负重伤,因此他不得不马上高速撤离战场,当他稍稍能喘口气的时候,发现自己的座舱被命中多处,有的弹孔大得可以塞进去一个拳头!维格曼此刻已经无法继续有效控制飞机,在大约4000米高度右侧发动机起火,于是他只能选择弃机跳伞,在被送往医院抢救后因为伤重不得不截肢!维格曼中尉虽然就此残疾但至少保住了一条命,而他的僚机则没有这么幸运,斯勒中尉在第二次攻击时被1架B-17的机尾枪塔火力命中,坠机阵亡。受到这批Me 262重点攻击的单位是美军第100轰炸机大队(这个热血100大队如同他们的大队名称一样,可谓是个多灾多难的大队,几次遭到德军战斗机部队的重点攻击),他们确认记录了有4架B-17被击落,记录中的空战过程和德军的记录基本吻合,损失的4架轰炸机中有1架机组成功驾机迫降到苏军控制区域,后返回英国。

JG 7在不断取得战果的同时,也在付出惨重的代价,当天的战斗使该联队失去了一名极其重要的青年军官——前文已经介绍过的瓦尔德曼中尉,当时他还只有23岁。卡尔腾科尔辛基地上空当天浓云密布,可见度极差,云层高度远低于威森贝格少校为JG 7设定的禁止升空的下限——800米,因为JG 7大部分

■ 遭到德军地面炮火攻击的B-17,这是从另一架轰炸机上拍摄的。

第十四章　最后的主角——德军喷气战斗机部队（1945年3月）

飞行员还不具备驾驶Me 262盲飞的能力。然而，来自上级的命令却要求这个基地的Me 262即刻升空出击，格伦贝格中尉向师部申辩无效，他甚至直接接到了戈林的电话，命令他立刻起飞！于是格伦贝格中尉不得不亲自带第一个小队（4机）升空，第二个小队长机是施德勒中尉，他们总算都顺利完成起飞爬升和集结，第三个升空的小队就包括瓦尔德曼中尉，另外2架飞机的飞行员是威斯少尉和施雷军士，莱尔军士长的飞机因为发动机故障没能起飞。

浓厚的云层没有放过这个小队，威斯少尉的"黄色5号"在爬升时和瓦尔德曼中尉的战机相撞，2架Me 262都严重受损，跳伞后只有威斯少尉安然着陆，而瓦尔德曼中尉却不知为何没有打开降落伞（他的开伞绳并没有拉开），直接坠地身亡。威斯少尉回忆道："因为我是这小队中唯一一个具备仪表飞行经验的人，因此这次由我带队。编队起飞时各机间隔很小，当我们爬升到700米高度时，瓦尔德曼中尉不见了，只有我和施雷军士还保持队形。当我们爬升到800米高度时，瓦尔德曼中尉和我都没有及时发现对方，于是2架飞机径直撞到了一起！"

威斯少尉也是一名优秀的战斗机飞行员，他此后接替瓦尔德曼中尉担任3中队长。这个3机小队当天只有威斯少尉顺利返航，施雷军士的"黄色2号"可能被盟军战斗机击落，威斯少尉跳伞后曾听到激烈的枪声，他认为很可能就是云层上方的美军野马战斗机发现并且攻击了刚刚冲出云层的施雷军士的座机，他的尸体于几天后被发现。当天的战斗中JG 7总计出动37架Me 262，对美军轰炸机群进行了28次攻击，宣称击落13架敌机，击伤6架。德军被击落4架，有3名飞行员阵亡、1人重伤，此外还有5架Me 262报废，2架重伤。美军的损失记录是6架重型轰炸机被击落，还有不少于10架轰炸机遭重创而报废。对比德军的普通战斗机部队，JG 7的战果和战损比例已经非常不错了，这次实战证明，依靠装备优势，少量Me 262以及有经验的飞行员还是可以对美军轰炸机群构成相当大的威胁。当然，从美军角度出发，他们的战损率依然是非常低的，这些损失丝毫不会动摇盟军的空中绝对优势。

3月19日，美军继续派出1273架轰炸机和675架护航战斗机组成庞大的机群前往德国空域，德军的预警雷达很快发现了空中绵延100公里、宽20公里的庞大机群，他们正向着德国中部进发。此刻的德军防空力量除了喷气战斗机部队上有一点战斗力以外，螺旋桨战斗机部队已经羸弱不堪，而高炮部队也已经被大量抽掉到地面战场，JG 7当仁不让地继续成为拦截美军机群的主力。13时50分，Ⅲ./JG 7首先接到出击命令，他们的目标是已经到达兹维考附近空域的美军机群。莱尔军士长、沙尔中尉、阿诺德军士长和接替维格曼中尉担任9中队长的施努勒少尉相继报告击落B-17轰炸机，拉德马赫少尉也宣称击落1架P-51，此外Ⅲ大队还至少记录了3个"击伤"记录。

决死天空　二战末期德国昼间空战

■ 相对于各方面不是很成熟的德军喷气机，美国的野马在缠斗性能上完全占到一定的优势。

当然，Ⅲ大队也很快出现了伤亡，美军及时赶到的第357战斗机大队有效干扰了德军后几个波次的Me 262攻击编队，马图施卡军士长被野马战斗机群击落阵亡，另一名阵亡的梅耶少尉的相关记录则存在矛盾，有的记录为空战阵亡，有的则记录为起飞不久以后的故障坠机。Ⅰ大队的小机群从15时开始攻击美军机群，确认击落1架B-17，还有1个不确定的击落记录。当天美德双方的战果记录也基本吻合，美军总计记录损失了6架轰炸机和10架战斗机，他们宣称击落了3架Me 262。而JG 7当天有2名飞行员阵亡，2架Me 262重伤，还有2架受损。除了JG 7当天有明确的作战记录以外，KG(J) 54也遭到了一定的损失，美军第2航空师的125架B-24轰炸了Ⅲ大队位于纽堡的基地，炸毁1架Me 262，还有15架受到不同程度的损伤。此外Ⅰ大队的基地也遭到了轰炸，2架Me 262被毁，不过在空战中该大队宣称击落击伤B-17各1架。

3月20日，JG 7的飞行员照例早早就坐在Me 262驾驶舱内等待出击命令，13时30分，德军几个战斗机指挥部报告美军机群正在前往汉堡空域，14时左右，Ⅰ大队和Ⅲ大队相继接到出击命令。机群升空后迅速爬升到8000米高度，没过多久20余架Me 262和400余架B-17以及B-24组成的庞大机群遭遇，德军战斗机照例倚仗高速冲破美军护航战斗机的屏护，优先攻击美军的轰炸机群。在纷飞的弹雨中，9中队飞行员埃里希在一次掠过突击中就击落了2架B-17和1架B-24！美军第303轰炸机大队的作战日志记录遭到了15－20架Me 262的攻击，其中大部分攻击来自机群尾部，少量来自机群侧翼。尽管美军战斗机群全力拦截，但303大队还是有2架轰炸机被当场击落，其中1架由陶伯少尉驾驶的B-17遭到3架Me 262的2次掠过攻击，第二次攻击中这架B-17的3号发动机被命中，开始起火。2名飞行员努力控制严重受损的轰炸机，维持起码

第十四章 最后的主角——德军喷气战斗机部队（1945年3月）

的平衡，给其他机组成员跳伞赢得了时间，飞机很快就凌空爆炸，这2名英勇的飞行员和1名机枪手当场阵亡，跳伞的机组人员落地后陆续被德军俘虏。此外第303轰炸机大队还有17架B-17严重受损，回到基地后基本报废。JG 7当天总计记录了击落9架轰炸机的战果，这高于美军的损失记录（4架B-17、1架B-24、2架P-51），原因不外乎高速攻击以及混战中的战果确认问题。美军的战果记录非常准确，他们击落了3架Me 262，和JG 7的战损记录吻合，3名飞行员中只有布特讷军士长幸免遇难。

从3月18－20日，JG 7的表现非常活跃，他们总计出动了111架次，尤其是Ⅲ大队一直保持着完整的战斗力。JG 7能保持这样的出击能力，地勤技术人员功不可没，梅塞斯密特公司3月20日的一份报告显示："根据联队技术军官施特莱希上尉和大队技术军官的报告，Ⅲ大队45架Me 262中的80%－85%状态良好，可以出击。"而从近48小时的故障报告统计来看，发动机故障占34%，起落架故障占35%，这两种故障显然构成了故障问题的主体。此刻Ⅲ./JG 7能够出动的兵力为36名飞行员及其座机，而Ⅰ大队的实力则为25架，这个大队的装备补充工作还没有完全完成，原因主要有3点：1.工厂提供的Me 262数量不足；2.优先补充Ⅲ大队；3.加兰德将军的JV 44的装备需求。JG 7联队指挥部对此十分重视，想方设法提升Ⅰ大队的作战实力，到4月初，该大队的实力终于超过了30架，能够出击的Me 262达到了36架。

3月21日，"600余架轰炸机编成2个大编队飞往维也纳、格拉兹等地区，重点空袭那里的机场，另外1100余架轰炸机则重点轰炸德国西北部的机场，5个机场严重受损……"这是当天德军最高统帅部的日志记录，这显示了盟军对于德国空军的打击已经进入最后阶段，德军战斗机部队连自己的基地也无力守护了。尽管处境窘迫，但德国空军不会放弃最后显示存在的机会，JG 7的Me 262机群成规模升空应敌，他们继续成为此刻美军轰炸机群的唯一杀手：宣称击落13架重型轰炸机和1架战斗机。JG 7的联队指挥部小队和Ⅲ

■ 从美军战斗机上拍摄的1架正在被攻击的Me 262。

决死天空　二战末期德国昼间空战

大队主力在莱比锡－德累斯顿空域和美军机群展开激战，他们的高速突击依然让美军护航战斗机群猝不及防，Me 262元老飞行员之一的穆勒少尉的作战日志中非常有价值，它记录了一名经验丰富的Me 262飞行员如何充分利用战斗机的性能优势干净利落地"一击脱离"："我在7500米高度发现1架轰炸机和负责护卫的4架野马战斗机，我以高度优势直接攻击那架波音轰炸机，在300－150米距离内我连续开火射击，观察到至少有10发炮弹命中它的机身和左翼，这架轰炸机的左翼很快就解体脱落，飞机随即螺旋下坠。此后我没有继续观察这架轰炸机，因为我必须及时脱离，躲开4架野马的追击。"

美军战斗机机群面对Me 262的高速突击很难有效地及时屏护轰炸机群，他们只能对付那些完成对轰炸机攻击准备脱离的Me 262。我们可以比较此前德军螺旋桨战斗机部队的作战境况，他们为了突破美军护航战斗机的拦截需要付出怎样的代价！当天JG 7联队长威森贝格少校、埃勒少校、施努勒少尉、阿诺德军士长都宣称各自击落1架B-17，沙尔中尉击落1架P-51。美军方面对当天德军喷气机部队的进攻也有相关记录，他们称"德军喷气机接近到非常近（几乎要相撞）的距离后才开始射击。"第490轰炸机大队受损最重，3架B-17被击落，还有数架受到重创，第100"热血"轰炸机大队也有1架B-17被击落。JG 7在获得不少战果的同时，也付出了一定代价，美军当天上报击落Me 262战机的单位包括第78、361、339等战斗机大队，他们的飞行员和德军Me 262机群展开了激烈的追逐战。

威伯少尉率领的小队成员安布斯少尉和基芬候补军士在1981年这样回忆道："威伯少尉、安布斯少尉、基芬候补军士和另一名飞行员组成的4机小队，在普劳斯卡少尉的引导下以6000米高度飞到美军的轰炸机群左后方。此刻威伯少尉下达了'自由开火'的命令"，安布斯少尉继续写道，"1架被命中的B-17在空中炸成了一团超大的火球，残骸四下散落，威伯少尉无法及时避开这团大火球，他径直飞了过去！我拼命地向左拉起飞机，基芬候补军士也及时躲开拉起了飞机，然后我们马上转向开始第二次进攻。我看到基芬候补军士先后命中并且击落2架轰炸机，而我的Me 262则被命中2次，油箱被打了个洞，通讯设备也被打坏了，我只能选择脱离，准备降落。此后我还遭到了我们自己高炮的'欢迎'，基芬候补军士的左腿也被击伤，他座机的发动机熄火了，最后只能迫降，战机完全毁损。鲁德尔上校（斯图卡王牌，德国最高勋章获得者）在地面亲眼目睹了我们的作战全过程，他成了我们的地面目击证人。"

然而，威伯少尉再也没有能够返航，这位Me 262元老飞行员的阵亡对于JG 7而言是一个极其惨痛的损失，当天Ⅲ大队还有1架10中队的Me 262没有返航，考尔伯候补军士是被美军轰炸机的自卫火力击落的。Ⅰ./JG 7也攻击了美军的一个轰炸机群，威斯少尉和海

第十四章 最后的主角——德军喷气战斗机部队（1945年3月）

姆一等兵各自获得1个B-17确认击落记录。3月21日是美德双方战斗机部队极其忙碌的一天，美军第8航空队当天的损失总计为7架B-17和9架P-51，他们的战果则是9架Me 262（护航战斗机部队记录）。JG 7记录当天的损失为：2架被击落、2架重伤，2名飞行员阵亡，2人负伤。

Ⅲ./KG (J) 54的基地在当天继续遭到美军的空袭，他们的Me 262还没来得及起飞，炸弹已经从天而降！这样的临时迎战对于德军而言是灾难性的，最终勉强升空的1架Me 262遭到野马机群的围攻被击落。空袭结束后，这个大队再次遭到惨重打击：12架Me 262被毁、38架受损，7中队和8中队各有2名飞行员阵亡，此外还有5名飞行员负伤。KG 51在美军的空袭中也损失惨重，首先，指挥官哈棱斯勒本中校的座车遭到美军P-47的扫射，他和同车的3人全部被打死，此外Ⅰ大队的一队Me 262在降落时遭到美军战斗机的猛烈攻击，毫无防御能力的3架Me 262全被击落，3名飞行员也全部阵亡，其中包括3中队长温科勒上尉，这名已经执行了300次任务、经验丰富的前线指挥官的损失对于Ⅰ./KG 51而言是无法弥补的损失！

3月22日，美军的大规模空袭继续上演：第9航空队的800余架轻型轰炸机以及900余架战斗轰炸机重点攻击了德军的地面部队（主要目标是德军部署在莱茵地区的B集团军群），支援其地面作战。而第8航空队的1331架重型轰炸机的目标则是德军的军事设施和机场，重点目标是德军的喷气战斗机基地。在美军强大空中力量的打击下，德军的很多机场都遭到了严重破坏。Ⅰ./KG (J) 54的基地有3架Me 262被毁、9架受损，飞行员死伤各1人。KG (J) 54的部分Me 262虽然成功起飞，但是在他们到达有效作战高度之前就被美军第31战斗机大队的野马机群盯上，P-51利用高度优势很快就将处于劣势的2架Me 262打了下来，其中一架属于KG (J) 54联队指挥部，飞行员柯尼希中尉阵亡，另一架的飞行员则跳伞成功。此外，KG (J) 54其他基地还有至少9架Me 262被毁。

美军第15航空队则出动了700余架重型轰炸机，目标是德累斯顿附近地区的炼油厂，他们遇到了德军部分Bf 109战斗机以及Ⅲ./JG 7的Me 262拦截，损失惨重。从中午12时35分至13时10分这半个小时里，根据美军记录遭到了25架Me 262机群的突击进攻。根据德军相关指挥部的记录，27架Me 262在战斗机导航军官的指挥下投入空战。施努勒少尉、皮特曼军士、莱纳兹军士长、布赫讷军士长等人总计击落了6架B-17，沙尔中尉则击落了1架P-51，此外第11中队以及联队指挥部小队则击落了5架B-17和1架P-51（可能击落），联队长威森贝格少校、埃勒少校、安布斯少尉各自获得1个战果，因此JG 7总计记录击落了13架重型轰炸机。第15航空队损失最惨重的是第483轰炸机大队，被击落了6架B-17，其中4架属于第817轰炸机中队。美军机组人员对于德军Me 262的30毫米机炮的破坏力印象深刻，例

决死天空 二战末期德国昼间空战

■（左）每架Me 262可挂载24枚火箭弹。
■（右）装50毫米机炮的Me 262A-1a/U4，为了收纳庞大的炮座，此型机的前轮收放方式也修改过了。

如第97轰炸机大队的1架B-17遭到1个Me 262的3机小队攻击后，包括副驾驶在内4名机组人员当场阵亡！美军第31战斗机大队的野马机群竭尽全力前来救援，至少击落1架Me 262，还击伤数架。根据第15航空队战史记录，当天至少有7架B-17被击落，还有很多轰炸机被重创，勉强返回基地。美军方面记录击落了6架Me 262，其中5架属于护航战斗机部队的功劳。根据JG 7的战史，当天有3名飞行员阵亡，其中包括原JG 5"冰海联队"的成员吕布金军士长，他命中1架B-17后准备爬升飞越这架开始燃烧的轰炸机，然而B-17凌空爆炸，于是这架倒霉的Me 262也被波及，很快也一同坠落。11中队的飞行员舒卢特少尉可能击落1架B-17，他来自于Ⅰ./JG 300，1944年11月开始接受喷气机训练，随后执行Me 262的转运任务，1945年初他和其他几名飞行员加入斯坦普少校的试验指挥部，不久就被并入JG 7。斯坦普少校曾经提出所谓"轰炸机对抗轰炸机"的作战设想，就是如何运用飞机空投炸弹打散美军严密的轰炸机编队，早在1943年就在JG 11进行试验。

JG 7这段时间的成功终于彻底让希特勒改变了想法，于是疯狂的元首继续要求Me 262装备重型武器（例如50毫米机炮、R4M火箭等）加大对美军的打击力度，"期望借此取得决定性成功"。而美军对于日益严重的德军喷气机威胁也越来越重视，杜利特尔将军认为德军以30－40架Me 262组成的战术编队利用有效的攻击战术已经对轰炸机群构成了严重的威胁，他们除了攻击轰炸机群，往往还攻击护航战斗机群，迫使美军战斗机过早丢下副油箱，因此杜利特尔要求在以后的空袭中要加大对德军喷气机部队的打击。

3月23日，美军第15航空队的机群继续轰炸德累斯顿附近的炼油厂，当天德国空军几乎没有进行任何有效抵抗，螺旋桨战斗机部队没有升空迎战，只有JG 7还有少量Me 262升空进行象征性抵抗。根据德军的记录，有14架Me 262出击，在凯米尼兹附近空域和美

第十四章 最后的主角——德军喷气战斗机部队(1945年3月)

军机群展开空战,埃勒少校击落了2架B-24,还有1名军士长可能击落1架B-24。美军的记录和德军吻合,他们损失了3架轰炸机。

3月24日,美军继续猛烈攻击德军的空军基地和喷气机工厂,第8航空队上午出动1033架重型轰炸机,目标是德国西部的14个机场和西北地区的5个机场,下午又出动443架轰炸机轰炸了西北地区的其他几个机场。第15航空队的400余架B-24和B-17则飞往德国拜恩地区,他们的目标同样是机场,重点攻击喷气战斗机基地,此外还有大约150架重型轰炸机负责轰炸柏林附近的坦克工厂。这次任务对于第15航空队的轰炸机而言已经到了航程的极限,因此轰炸机飞行员们得到命令,只能进行一次投弹,随后必须立刻返航。KG (J) 54再次在地面遭到惨重打击,Ⅱ大队至少有24架Me 262被毁,Ⅲ大队损失36架,Ⅰ大队残余的喷气机不得不转场到马格德堡附近的基地。

德军地面指挥部发现250余架重型轰炸机飞往柏林地区,立刻命令喷气机部队出击。11./JG 7和联队指挥部小队在11时接到出击命令,12时,JG 7的9、10两个中队也相继升空迎敌。16架Me 262(其中很多装备了R4M型

■ 德军战斗机除了要应付护航战斗机的威胁外,最大的威胁就是来自这些轰炸机的自卫火力,其猛烈程度和破坏力不逊色于战斗机。

火箭)在德绍空域发现美军机群,他们成功击落了9架B-17、1架B-24和5架P-51,自身损失了3架Me 262。这些损失对于美军而言十分轻微,但对于德军来说,损失的飞行员却是无法补充的。在1945年3月,德军生产了至少243架Me 262,即便到了4月,也还有101架新的Me 262补入部队,然而能驾机上天的飞行员却越来越少。安布斯少尉在24日的战斗一开始十分顺利,他成功高速穿越美军的护航机群,突入一个轰炸机群,在接近到150米位置开火,1架轰炸机很快在炙热火力的攻击下燃烧－解体－坠落:"我准确命中了这架轰炸机的左翼,眼看着它掉了下去,随后我开始攻击另一架,首先瞄着机尾枪塔射击,然后是它的左翼。就在此刻一梭子弹命中了我的座舱,氧气面罩被击穿,碎片击伤了我的脸颊,我只好放弃攻击拉升到大约6000米高度,速度大约350公里/小时,飞机随后失控,跳伞落地时我再次受伤。"

除了安布斯,埃勒、阿诺德、拉德马赫、沙尔、布赫讷、斯图姆、克尔普等人都宣称各自击落了1架轰炸机。而JG 7的损失记录为:克尔普中尉的"黄色5号"被1架野马击中,克尔普负伤后成功跳伞;沃尔纳中尉在攻击1架轰炸机时被其自卫火力命中,不得不弃机跳伞。当天JG 7舒克中尉的一个小队和美军一个侦察机小队遭遇,但是具体作战记录不能得到证实。美军当天的损失记录和德军的战果记录差别非常大,美德双方相关资料上的记载也是如此。根据美军资料记载,当天第15航空队虽然总计损失了10架轰炸机,但是确切记录被Me 262击落的只有2架B-17,而B-17的机枪手们宣称击落击伤6架Me 262,其中第483轰炸机大队的1架绰号"Big Yank"的B-17机组就宣称击落了3架Me 262!护航战斗机部队则报告说击落了8架喷气机。飞往柏林地区的第15航空队的轰炸机群遭到了地面高炮部队的猛烈攻击,第463轰炸机大队被高炮击落4架、重伤2架后不得不立刻退出空袭任务,在返航途中这个大队又被Me 262击落1架B-17,多架负伤。此外遭到德军Me 262攻击的还有483轰炸机大队,1架B-17被击落。

3月25日,美军第8航空队原计划空袭德军燃料生产基地,但是恶劣的天气迫使第1和第3航空师不得不临时取消出击命令,只有第2航空师的B-24机群按计划出动。JG 7和KG(J)54继续和美军的轰炸机群展开激战,"我冲入一个由14架轰炸机组成的编队,清晰地看到最外侧的1架飞机在我的攻击下多处被命中,机体残片四处飞溅,这架B-24开始失控坠落。也许是因为我没有抓紧时间爬升,轰炸机群的自卫火力击中了我的左发动机,我不得不驾驶发动机起火的飞机退出战斗,在随后的迫降中撞毁了1架Ju 88。"这是穆勒少尉在当天作战日志中的一段记录。美军第448轰炸机大队首先遭遇到了Me 262的攻击,中队指挥机第一个被击落,随后又有3架B-24陆续被击落,此外在Me 262的30毫米机炮打击下,还有10余架B-24受到重创。

美军护航的第479战斗机大队最先赶到为

第十四章 最后的主角——德军喷气战斗机部队（1945年3月）

轰炸机群解围，文德特少尉记录道："我们飞在轰炸机群的3点钟方向，我突然看到2架Me 262高速接近轰炸机盒子编队的尾部，我立刻下令抛掉副油箱，向德军战斗机俯冲。然而在我们赶到以前，领头的那架Me 262已经击落了2架重型轰炸机，然后爬升脱离。我冲向其中1架Me 262，打了一个短点射，但是没有命中，那架Me 262继续爬升。我急速拉起飞机，接近到1000码左右持续开火……"文德特少尉一直打到了200码，在消耗了大量弹药之后终于击落了这架Me 262，德军飞行员陶伯军士很可能就是被文德特少尉击落阵亡的。从JG 7的战史记录看，他们和往常一样在编队飞行发现目标后，以双机或者4机编队各自展开攻击。德军损失的战斗机中至少有1架是盟军采用的"压制德军喷气机基地"战术的牺牲品，乌尔里希的这架Me 262在帕西姆基地起飞后不久就被命中，由于高度太低，他跳伞后来不及打开降落伞就坠地身亡。负责攻击这个喷气机基地的是美军第56战斗机大队，其中波斯特维克上尉和克劳奇维特少尉的作战记录和德军的这次损失基本吻合，当时波斯特维克上尉首先看到并且攻击了一组准备降落的Me 262，随后转向攻击另一架准备起飞的Me 262，迫使这架Me 262在慌乱躲避时坠毁。随后克劳奇维特少尉也加入了追逐超低空飞行的Me 262的行列，他击落了1架Me 262，这架飞机看上去似乎是油料耗尽正准备降落。JG 7当天虽然宣称击落7架轰炸机和5架战斗机，然而它的损失也很巨大，出动的25架Me 262中至少4架没有返航，KG (J) 54则损失了2架。美军当天只有第448轰炸机大队的4架B-24没有返航，美军战斗机部队（第479、352、56战斗机大队）总计记录击落了4架Me 262，那么剩下的功劳就属于轰炸机群那些勇敢的机枪手们。

3月26日，美军第8和第9航空队只出动了300余架轰炸机空袭了德国南部和中部地区，德军喷气机部队没有作战记录。27日，由于天气原因，美军继续暂停大规模空袭，只有英国皇家空军不受影响，他们继续在美军战斗机护卫下出动500余架轰炸机空袭德国，JG 7出动少量飞机进行了拦截，击落了1架兰开斯特轰炸机。28日，天气略微转好，美军出动了900余架轰炸机，I./JG 7出动了数架Me 262迎战，2中队长施德勒中尉击落B-17和P-51各1架，舒克中尉也击落了1架P-51。由于盟军对德军帕西姆基地和布兰登堡等基地的压制，III./JG 7无法升空迎战。这天加兰德将军的JV 44倒是击落了1架属于英军第544中队的蚊式侦察机，2名英军飞行员成功跳伞后都被德军俘虏。

3月29日美军没有出动。30日天气晴好，美军第8航空队的1400余架重型轰炸机在899架战斗机护卫下飞往德国。JG 7的I大队和III大队总计可以出动的Me 262有34架，其中3架在起飞不久后因为发动机或者起落架故障不得不返航。I大队的12架Me 262由于缺少具体的航线信息以及地面指挥，在油料耗尽后无功而返，而且还被美军击落了2架战斗

决死天空　二战末期德国昼间空战

■ 在本土防空战末期，几乎每天喷气机部队都要疲于奔命，不过实属无奈，谁叫他们是帝国最后的希望呢。

机，其中1架是2中队技术军官舒尔特少尉的座机，把他打下来的是美军第504战斗机中队的野马战斗机。Ⅲ大队的19架Me 262对美军机群进行了成功拦截，其中9、10两个中队于13时20分发起了首轮攻击。施努勒少尉和他的僚机击落了2—3架轰炸机，第一次攻击完成后，施努勒少尉的Me 262在飞越美军机群的时候被命中，不得不退出战斗返航。但是美国人不会轻易放过他，一小队野马紧紧咬住了他，只有1台发动机正常运作的施努勒少尉根本没有机会摆脱野马的追击，他只能选择跳伞逃生，结果腿在落地时受重伤，从此告别了前线。这名骑士勋章获得者的负伤离场是当天JG 7无可挽回的损失，施努勒少尉此前在东线击落了35架敌机，在西线击落了9架轰炸机，是此刻JG 7中的一名重要军官，这样的王牌飞行员损失一个就少一个，根本得不到补充。Ⅲ大队的另一个8机编队在鲁道夫少校率领下在汉堡空域攻击美军机群，他们击落了3架P-51和1架B-17。美军的损失记录和德军的战果吻合——3架P-51和3架B-17，但是宣称击落击伤7架Me 262。

第十四章　最后的主角——德军喷气战斗机部队（1945年3月）

3月31日一大早，JG 7的Ⅰ大队和Ⅲ大队就出动了27架Me 262追击返航的英军轰炸机群。8时05分至8时10分，施德勒中尉的编队（10架Me 262）在盟军强大战斗机力量的拦阻下无功而返，只有2个"可能击落"记录（施德勒中尉）。8时15分，Ⅱ./JG 7出动了8架Me 262在格伦贝格中尉指挥下冲向已经飞抵汉堡空域的英军机群，莱尔记录道："云层很高很厚，我们发现了位于我们下方1000米左右的兰开斯特和哈利法克斯机群，此刻他们没有护航战斗机！格伦贝格中尉立刻下达了攻击命令，显然英国人没有察觉到我们的到来，我们的第一次攻击让他们大吃一惊，我击落了1架兰开斯特，并命中了另外2架，至于它们是被击落或者被击伤，我已经不在乎了，战争已经到了最后关头，我只需要对自己负责，我要做的也只能是继续战斗。"不久以后，9、10两个中队的Me 262也开始加入战斗，他们以几乎950公里/小时的高速冲向英军机群，接近到极近的距离内首先发射R4M火箭，拉起后再次俯冲用机炮攻击。刹那间，天空中布满了一道道火箭和炮弹的弹道。R4M火箭和MK 108型机炮的威力是不容置疑的，英军轰炸机群遭到了惨重打击，天空中陆续出现大量的机体残片，参战的英军（包括加拿大空军）机组人员（尤其是第419、429、431、434、408中队）对于如此惨烈的场景都记忆深刻。在极短的时间内，德军总计击落了13架轰炸机，自身无一损失。当天下午JG 7再次升空，这次他们的对手是阵容庞大的美军。

根据美军战史，他们在布兰登堡-布伦瑞克空域损失了3架B-17、2架B-24和4架P-51。这其中可能还有2./KG（J）54的战果，该中队宣称至少击落击伤各1架B-24，自己的损失则是2架Me 262，美军第371战斗机大队的P-47在KG（J）54的基贝尔施达特基地上空猎杀了这2架正在起飞的Me 262。JG 7当天的损失存在2个不同的记录，分别是2架和4架，都没有注明飞行员名字。

在描述JG 7这个月的作战历程时，还有一支重要的Me 262部队值得一提，这就是一直负责训练任务的Ⅲ./EJG 2，他们是JG 7最重要的补充力量。这个大队在3月份的训练任务无法令人满意，原因显而易见：在盟军绝对的空中优势下，任何补充训练工作都不可能顺利完成。盟军几乎不间断地监控着德国空军基地，德军的训练飞行根本没有机会正常开展。Ⅲ./EJG 2此刻有11架Me 262，这点可怜的力量还无法充分利用。德军虽然派遣普通战斗机部队来尽力阻截飞往莱西菲尔德基地的盟军战斗机，掩护该大队的训练飞行，但是成效并不能令人满意，于是Ⅲ./EJG 2实际上就是在进行真正的"实战"训练。3月9日，Ⅲ./EJG 2获得了当月的第一个空战胜利，随后在12日和15日，威廉·斯坦恩曼上尉先后击落2架B-17，18日他又和僚机一起击落2架野马。从Ⅲ./EJG 2的记录看，他们在3月份还有9名飞行员先后获得过战果。

3月19日，德国空军一位极其重要的王牌飞行员在改飞Me 262后第一次获得了空战

决死天空　二战末期德国昼间空战

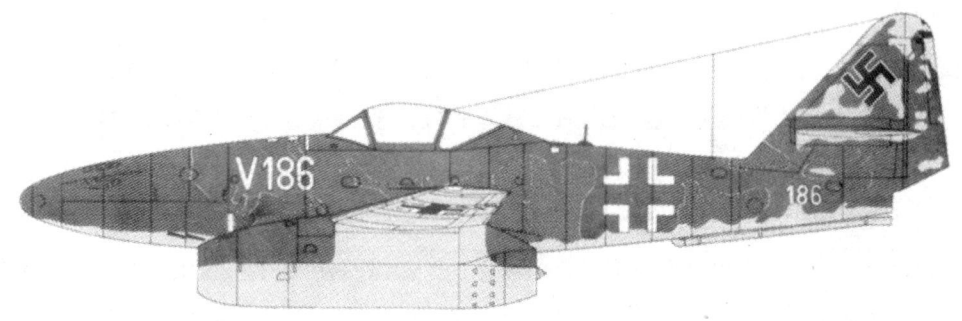

■ 拜尔少校的座机。

胜利,这也是他的第206架战果,他就是海因茨·拜尔少校,当天的大队记录这样写道:"拜尔少校驾驶编号为110559的Me 262'红色13号'出击,空战中打下1架野马……"此后,他在21日将自己的个人战绩提升到了207架,这次是1架B-24轰炸机。3天后,拜尔少校和他的僚机(也是多年好友)舒马赫一同出击,他又击落了1架B-24和P-51。出生于1913年的拜尔少校在开战后首先以士官身份在JG 51服役,先后在法国战场和英吉利海峡空战中获得多个空战胜利,因此很快被晋升为军官。1941年,他先后获得了骑士勋章以及橡叶勋饰;1942年他在获得90个击落记录后成为第7名获得宝剑勋饰的德国军人(第5名战斗机飞行员)。在他的个人战绩增加到111个的时候,他所在的Ⅰ./JG 77被派到了地中海战区,在马耳他和北非空域的作战中他又击落了64架敌机。从1944年开始,他回到了德国本土,加入了本土防空作战。在JG 1他一共打下了28架敌机,其中包括17架重型轰炸机;1944年中期后,他被任命为JG 3"乌德特"的联队长。在1945年元旦惨烈的"底板行动"作战中,

拜尔少校获得了他的第204和205个空战胜利;此后他开始接掌Ⅲ./EJG 2,从此开始飞Me 262。拜尔少校一如既往地继续着他的飞行员生涯,全身心投入到Me 262的各种测试中,例如他曾驾驶Me 262飞出了1040公里/小时的高速,此外他也测试了多种武器系统。4月23日,随着美军地面部队的推进,Ⅲ./EJG 2不得不转场到慕尼黑的里姆机场,拜尔少校此刻驾驶Me 262的战果已经达到了13个,当他加入加兰德将军的JV 44后,继续驾驶Me 262获得空战胜利,并且接替负伤的加兰德短暂指挥JV 44。4月29日,拜尔少校驾驶他那架加强了武装(2门MK 103、2门MG 151/20、2门MK 108)的Me 262获得了最后一个空战胜利:1架P-47,这也是他的第16个Me 262空战胜利。

JG 7"诺沃特尼"在3月份的连续作战就这样结束了,这也是喷气战斗机联队战果最大的1个月。直到此刻,JG 7实际能投入作战的力量也仅仅为1个完整的大队和1个只有一半力量的大队,总计65架Me 262(同期德军另一个Me 262联队KG 51的实际作战力量也达到

第十四章 最后的主角——德军喷气战斗机部队（1945年3月）

■ 拜尔少校（戴船形帽者）正在查看一架被击落的美军轰炸机。

了高峰——79架Me 262！然而随着后勤保障不力以及战损和事故损失，KG 51的力量在短短10天后就严重下降，到4月10日，他们只剩下了20架可以出动的Me 262了，其中Ⅰ大队15架，Ⅱ大队5架）。虽然这些数量有限的战斗机根本不可能改变德国空域的实际状况，也无力撼动盟军的绝对制空权，但是他们依然给盟军造成了不小的麻烦：JG 7一共400余架次的出击中总计击落了108架轰炸机和22架战斗机。JG 7自身的损失为22名飞行员阵亡、5人负伤，此刻这样的损失交换比是德军其他战斗机部队根本不可想象的，但是众多王牌喷气机飞行员的阵亡却是无法弥补的损失，JG 7将和纳粹德国一样一同步入最后的覆灭。

第十五章 步入"瓦尔哈拉"
——最后一个4月

距离战争结束只有1个月了,但此刻还没有人知道,德意志的天空很快就将彻底恢复平静,只是在真正的和平到来之前,德军喷气机部队还将拼尽最后的力量去战斗。4月1日,美军第9航空队继续执行对地支援任务,第8航空队的重型轰炸机群也再次飞临德国上空,1500余架重型轰炸机中的100余架将飞往德国北部执行干扰性质的空袭。这天JG 7没有取得什么战果,只有施德勒中尉击落1架B-17,还有一名飞行员可能击落1架喷火侦察机。虽然没有大战斗,Ⅰ./JG 7却在下午惊讶地接到了全体转场的命令,因为卡利亚斯士兵电台播报了盟军将于第二天大规模空袭他们目前所在的基地卡尔腾科尔辛,于是这个消息迫使Ⅰ大队必须即刻转移:1中队转往布兰登堡;2中队到布尔格;3中队到奥朗尼堡。转场工作到4月4日才全部完成,而且当天Ⅰ大队还失去了他们的大队长鲁道夫少校,分散在各处的Ⅰ大队顿时失去了有效指挥,各中队只能各自为战,直到4月25日,Ⅰ大队的残余力量才在施德勒中尉指挥下得以合并。盟军这段时间里对德国北部和中部的喷气机基地的持续猛烈打击使得JG 7的2个大队实力遭到严重削弱,Ⅲ大队的兵力由45架下降到了27架,4月3日这天,德军整个第1战斗机师可出动的Me 262只有25架,这还是地勤人员努力工作的结果。

4月初,JV 44的实战训练以及作战准备基本完成。由于战局的继续恶化,JV 44不得不转场到慕尼黑里姆机场。4月3日,JV 44的

■ 1945年位于慕尼黑-莱茵地区,"喷气撞击者"沙尔莫斯军士的座机。

沙尔莫斯军士在追逐1架美军P-38的时候，错误判断了距离和速度，结果直直撞了上去！不过这位冒失的德国人还是幸运跳伞了，他的队友随后送了他"喷气撞击者"的绰号。2天后，JV 44出动了5架Me 262攻击了一个B-17机群，击落了2架B-17，此外当天他们还击落了3架B-24。

4月4日，JG 7联队出动了几乎所有能飞的Me 262——56架，迎击美军由1430余架轰炸机和850架战斗机组成的庞大机群。美军的目标依然是德国北部的港口、机场和交通枢纽，Ⅲ./JG 7的基地帕西姆也在目标清单之列。Ⅲ大队的9、10两个中队首先升空冲向已经接近到不来梅和汉诺威空域的美军轰炸机群，他们很快就突破了并不严密的美军战斗机屏障，开始向B-17和B-24机群展开攻击。部分装备R4M火箭的Me 262首开记录，一名参与这次进攻的德军飞行员回忆他在接近到600米距离后发射R4M火箭，然后亲眼看着1架B-24机身被命中，螺旋着下坠解体。JG 7的那些老牌飞行员例如联队长威森贝格少校、施德勒中尉、拉德马赫少尉等人宣称确认击落了7架轰炸机，沙尔中尉和威斯少尉各自击落1架护航战斗机。2./KG (J) 54也宣称击落2架B-17。奇怪的是，美军方面的损失记录显示第93轰炸机大队损失1架B-24，第448轰炸机大队损失了3架B-17，还有1架重伤勉强返回基地。战斗机部队损失了4架P-51，但并非毁于Me 262之手。

然而，很快飞临德军喷气机基地的美军战斗机群也使得德军开始出现损失，尤其稍后出发的Me 262机群在其脆弱的集结爬升阶段就遭到美军战斗机群的轮流攻击。辛讷少校带领的6架Me 262升空后遭到了美军第339战斗机大队的攻击，他自己就被2架P-51追逐，虽然辛讷少校试图借助云层的掩护逃离，但是没有成功，他的座机在P-51锲而不舍的追击下终于被命中右侧引擎，不得不跳伞。辛讷少校回忆说他跳伞后仍旧遭到美军战斗机的攻击，他的降落伞被打了好几个洞，伞带也断了几根，幸运的是他总算安全着陆。美军攻击跳伞的德军飞行员的事件在战场上屡见不鲜，特别是喷气机飞行员，其中一个重要原因自然就是Me 262虽然数量较少，但是对于美军轰炸机群的威胁却非常大。参加这次战斗的美军第504战斗机中队的哈弗胡斯特回忆说："我们盘旋在2500米高度，9时15分，我们发现了一组爬升的Me 262，抛下副油箱后利用我们的高度和机动优势，直扑下去各自寻找目标。我很快就咬住了其中1架的尾部，准确命中他的机翼，这架Me 262突然开始直直坠落，我没有看到降落伞，估计飞行员已经在座舱内就被打死了。"这名德军飞行员的名字不详，只能确认是9时20分至35分在帕西姆附近空域阵亡的5名德军飞行员之一。当天JG 7总计损失了8名飞行员，其中5人阵亡，还有23架返回的Me 262也都不同程度受损！美军战斗机部队的战绩记录与德军记录基本吻合，P-51飞行员们上报了6架Me 262战果，还有一些击伤记录。这意味着JG 7经过

决死天空　二战末期德国昼间空战

这天的血战后几乎已经暂时失去了战斗力。

4月5日JG 7只有5架Me 262能够出击,最后无功而返;JV 44当天也出动了一些Me 262,并且取得了一定战果。美军第1航空师的轰炸机群遭到了这些Me 262的攻击,其中第379轰炸机大队的1架B-17被击落,还有数架严重受伤。这些Me 262采用的迎头攻击方式令美军感到了巨大的威胁,第2航空师的B-24机群也因此损失了数架。

4月6日JG 7同样只能出动少量战斗机,他们虽然击落了2架美军轰炸机,但是却付出

■ 海因里希·埃勒少校——前JG 5"冰海"联队长,1940年5月首次击落英国的布伦海姆轰炸机;截至1944年11月20日击落200架敌机。后加入JG7"诺沃特尼"联队;1945年4月6日驾驶Me 262A-1a冲撞美军轰炸机而阵亡;共击落208架——西线10架、东线198架,其中8架是用Me 262击落的,另有12架可能击落。

了惨痛的代价:著名王牌埃勒少校阵亡!这名已经获得了超过200架个人击落记录的超级王牌曾经担任过JG 5"冰海联队"的指挥官,但是德军最高统帅部认为他对于"提尔皮茨"号战列舰遭到盟军空袭而沉没这一事件负有重大责任(1944年11月12日,英军第9、第617重型轰炸机中队炸沉了德国的超级战列舰"提尔皮茨"号)。因为当天面对来袭的英军轰炸机群,JG 5没有能够及时作出反应,当时Ⅲ./JG 5没有能够及时赶到的原因主要就是通讯指挥上的问题,而作为联队长的埃勒少校则自行起飞,将指挥权匆匆转交给一名毫无经验的下级军官(实际上,即便埃勒少校没有这样"放弃"指挥权,德军也很难阻止英军的空袭,因为JG 5当时已经支离破碎,埃勒少校不过作出了一个绝望的决定而已)。在原来同联队战友威森贝格少校的关照下,埃勒少校得以于1945年初接受Me 262训练后转入JG 7联队指挥部,继续其空战生涯。关于埃勒少校阵亡的记录有几种不同说法:一份当时的无线电通讯记录显示埃勒少校在无线电中对威森贝格少校喊道:"我中弹了!我要撞击了!我们到瓦尔哈拉再见!"但是埃勒少校究竟有没有完成这次撞击则无法确认,威森贝格少校提供的记录也无法证实,因为他也只是记录了于7日发现了埃勒少校的尸体,10日举行了葬礼,至于其坠机原因依然不详。

4月7日是"易北特殊指挥部"作战日,关于这次大规模撞机作战的具体情况已经在前文详细描述,根据JG 7的联队战史,当天他

第十五章 步入"瓦尔哈拉"——最后一个4月

■ 瓦尔纳·特劳尼克上尉的座机。

们出动了所有能起飞的48架Me 262 (当天总计出动架次是59),但是并没有如同一些资料所言执行了为易北指挥部护航的任务 (这也是德国空军制定的正式计划中的一部分),而是独自对美军机群进行了攻击。JG 7确认击落了4架敌机,可能击落1架,自己的损失是1名飞行员失踪。I./KG (J) 54出动的13架Me 262也攻击了一个美军轰炸机群,宣称击落3架、击伤1架。其中的一个战果属于特劳尼克上尉,但是他的"白色8号"随后被P-51死死咬住,在眼看就要逃回到自己机场空域的时候被击落。JV 44这天也升空参战,施坦因霍夫上校参加了这次行动,他回忆道:"我们发现了一个庞大的轰炸机群,航向向东。加兰德在无线电里立刻下达了命令:'施坦因霍夫,前进!'美军机群高度大概在6000－8000米,我们从前方靠近的时候几乎看不到编队的尾巴!编队前面是B-24,后面是B-17。我们绕到美军编队尾部开始急速转弯,准备攻击最后面的编队。此刻我们的速度几乎达到了900公里/小时,我对着1架B-17猛烈射击,直到快要撞上了才拉起脱离,我看到它的发动机开始燃烧——命中了!编队中还有1架B-17也开始燃烧,这是我的僚机法尔曼干的。这时候美国人的P-51和P-47开始赶到了,他们准备从上方俯冲攻击我们。依靠速度优势我们暂时不必理会它们,我不知道已经击落了几架重型轰炸机,因为速度实在太快了,而我的机炮这个时候卡壳了,法尔曼倒是又击落了1架B-17,这时他突然在无线电里大喊:'我的右侧发动机停机了!'他的速度越来越慢,面对他的呼救,我却有点无能为力,因为我的左侧发动机也已经工作不畅了,更要命的是一队P-47已经咬住了他!当我转向试图前去救援他的时候,我的右侧发动机也停机了,我只能选择脱离战场返回基地……当我向里姆基地通报自己的故障情况,请求着陆的时候,他们却告诉了我一个更坏的消息,我不能返回基地,因为基地上空此刻正盘旋着盟军的P-51机群,而我的燃料已经快用完了!我决定还是返回基地,当我发现位于我下方的一组波兰人联队的P-51正在编队飞越机场的时候,我用残余的动力开始俯冲,用仅剩的1门机炮攻击了他们。这些P-51原本没有发现我,因此

决死天空 二战末期德国昼间空战

有点不知所措,他们急急抛下副油箱后加速脱离,我就乘着这当口顺利降落。不久后我总算听到了一个好消息:法尔曼也安全降落到了另一个基地。"

4月8日,美国人并没有因为前一天遭受到的德军大规模"撞击"而受到什么影响,面对一如既往出现在德国上空的美军机群,JG 7只有少量出击记录:15架Me 262升空,击落了1架英军的兰开斯特,还有1架P-38和2架P-51。KG(J) 54当天则记录获得了难得的战果,I大队宣称击落4架B-17,而自己无一损失。美军当天的记录则显示并没有重型轰炸机被Me 262击落,损失的9架轰炸机都是被德军高炮部队击落的。

4月9日,美军出动了1252架轰炸机和846架护航战斗机,这两天他们的主要目标是德军喷气机部队的残余基地。3000余吨炸弹被投到了所有盟军认为可能的德军喷气机基地:慕尼黑、莱西菲尔德、莱普海姆、麦明根等等,德军喷气机基地几乎无一幸免。此外,德国的军事设施、民用水电系统也都在空袭中严重受损,德军残存的喷气机部队KG 51、KG(J) 54、Ⅲ./EJG 2都遭到了人员和装备的惨重损失,战斗力就此彻底被击垮。JV 44的基地也遭到B-17机群的轰炸,损失了6架Me 262。英军的轰炸机群也参与了这次作

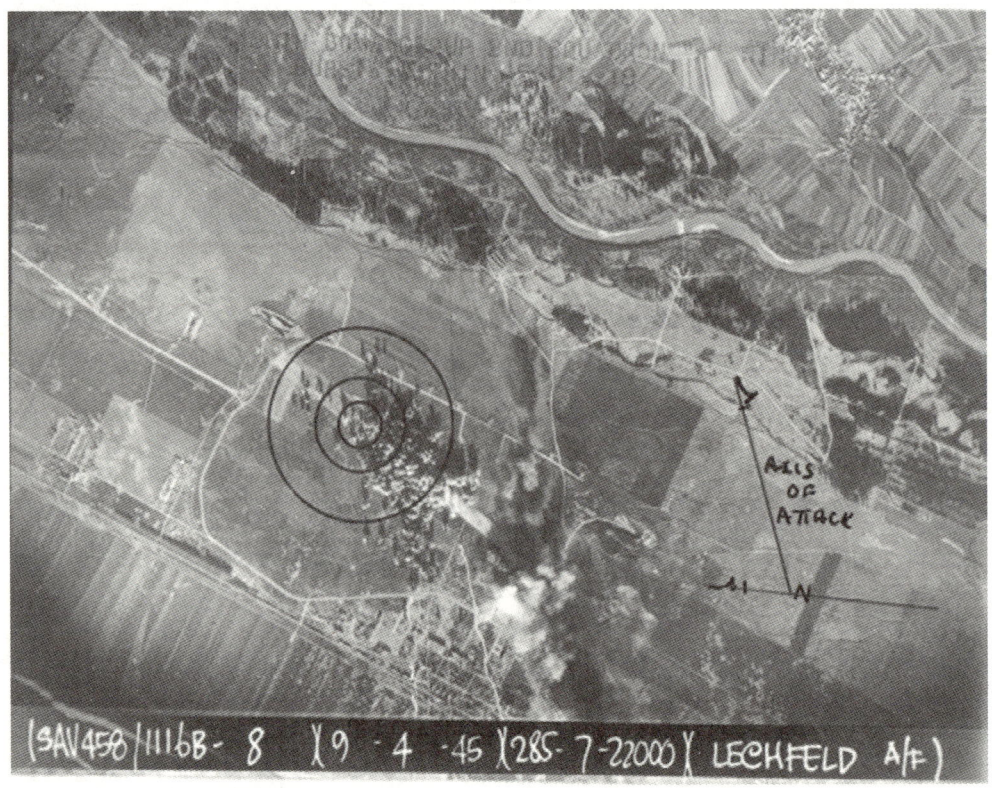

■ 4月9日当天,遭到盟军轰炸机群轰炸的莱西菲尔德空军基地的航拍照片。

第十五章 步入"瓦尔哈拉"——最后一个4月

战，JG 7出动了29架Me 262迎击了英军，并且取得了一定的战果，他们总计击落了4架兰开斯特和1架P-47。

4月10日，美军出动了1315架轰炸机和905架战斗机，继续扫荡德军的喷气机部队，布兰登堡-布里斯特、莱西林、奥兰尼堡、帕西姆等基地是今天的重点目标。JG 7在柏林附近的基地一大早就处于最高警戒状态，然而整个上午都平安无事，就当JG 7的飞行员打算喘口气时，美军浩浩荡荡的空中力量在13时左右到来了。当美军机群前锋接近距离JG 7几个基地100公里的时候，德军下达了正式出击命令：JG 7各个基地的总计12架Fw 190D-9和55架Me 262升空，飞向庞大的美军空中"舰队"。布尔格基地的Me 262中队第一个起飞，就在他们起飞后不久，美军飞在最前面的护航战斗机就已经到达了基地上空。美军第3航空师的B-17机群也很快抵达，炸弹铺天盖地笼罩了布尔格机场。当20分钟的空袭结束后，机场上残余的60余架包括Fw 190、Bf 109、He 111、He 177在内的各型战机都成为了燃烧的残骸，机场上剩余的12架Me 262也都被彻底摧毁，其中包括威尔特指挥部的4架Me 262夜战型。

当布尔格基地正在遭到猛烈轰炸的时候，驻扎在帕西姆基地的JG 7第9、10两个中队得到正式出击命令后也陆续升空。此时基地上空笼罩着浓厚的云层，能见度极差，只有不到2000米，这对于那些没有经过盲飞训练的飞行员而言是极其危险的。为此，每架Me 262间隔30秒升空，尽可能拉开距离防止撞机事故。德国人的反应已经慢了，当第二架Me 262升空时，美军的P-51机群就到来了。刚刚起飞的2架Me 262面对占据优势阵位而且机动灵活的P-51根本没有任何机会，很快就被双双击落。轰炸机群抵达机场后，受云层的影响投弹精度非常低，因此帕西姆机场的损失远小于布尔格机场。

JG 7在奥兰尼堡和布兰登堡-布里斯特等基地的单位出动了30架Me 262，然而此时德军的地面导航和指挥系统已经一塌糊涂，数量有限的喷气机只能各自为战。1名Me 262飞行员这样记录当时的情况："3000米、6000米或者9000米高度，各个基地空域，我们的'兄弟'零零散散分布在各处。没有完整的编队，面对天空中到处都是的美军战斗机，我们没有任何机会。"当天JG 7确认击落了10架轰炸机和7架战斗机，其中格伦贝格中尉击落2架B-17，施德勒中尉、沙尔中尉等人也都取得了战果。美军负责空袭奥兰尼堡的第1航空师出动了442架B-17，该师战史记录遭遇到德军30余架Me 262的攻击，虽然德军并没有能够集体穿越美军战斗机部队的护卫屏障，但是零散的Me 262小编队还是渗透攻击了美军重型轰炸机机群，至少5架B-17被击落。此外空袭布尔格基地的第3航空师也损失了5架B-17，其中3架被德军高炮击落，而美军的护航战斗机部队则记下了一长串和Me 262的交战以及战果记录。

JG 7在美军的猛烈攻击下付出了惨重的

249

决死天空 | 二战末期德国昼间空战

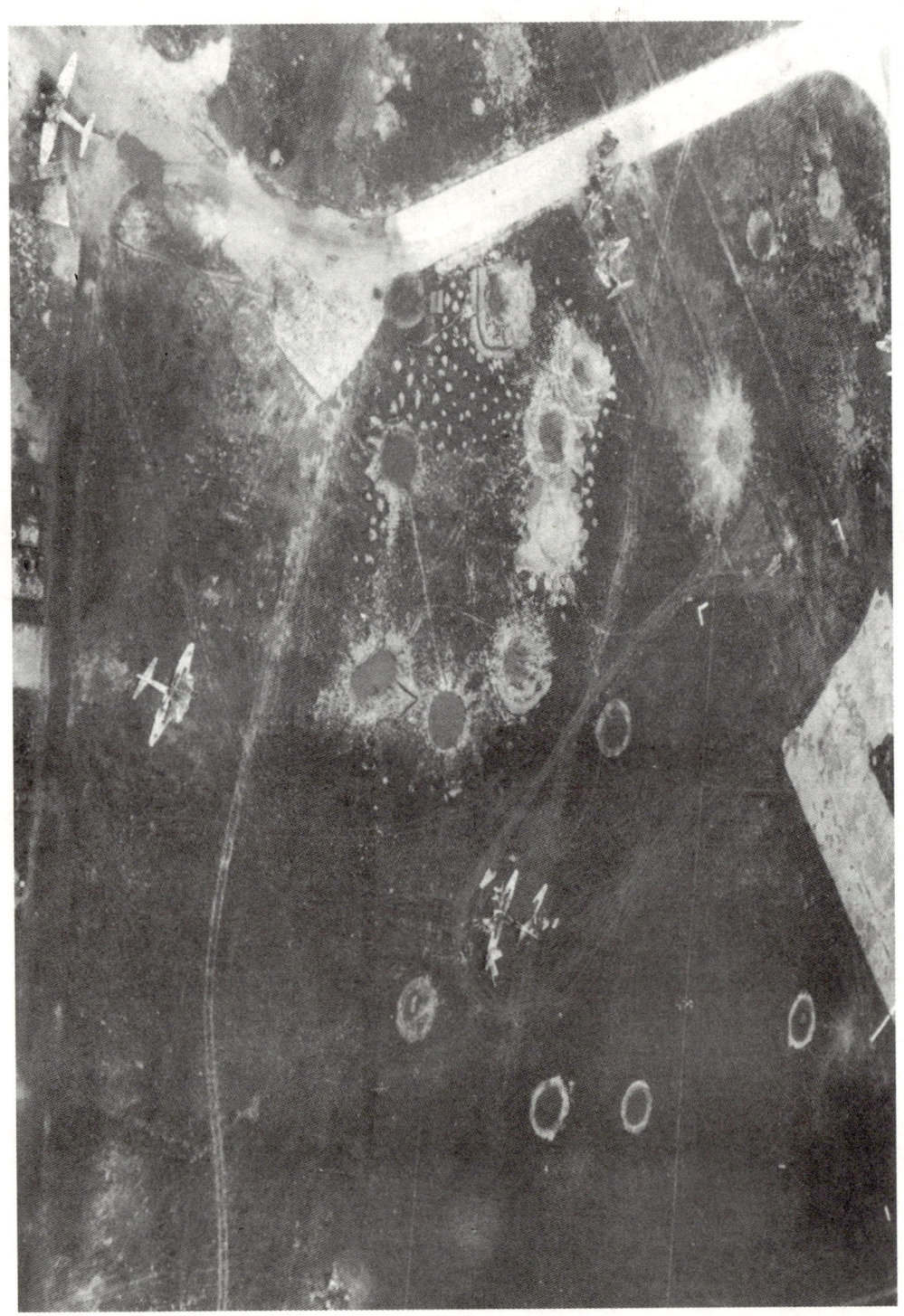

■ 4月10日，美军第55战斗机大队"造访"了纳霍夫附近的德军机场，这些飞机无一幸免。

第十五章 步入"瓦尔哈拉"——最后一个4月

■ 1架被严重击伤后迫降的"热血100"的B-17G型轰炸机。

代价,由于记录资料的混乱,确切的人员阵亡名单存在争议,可以确认的阵亡飞行员有6名,其中包括10中队长沙尔中尉,他的战机在迫降到帕西姆基地的时候因为无法避开跑道上的弹坑而发生事故丧生,这名曾经在东线击落117架战机,驾驶Me 262获得16个空战胜利的元老飞行员的损失是JG 7根本不能承受的惨痛打击。除此以外,JG 7当天还损失了19名飞行员(负伤住院者,包括在基地遭到空袭中的地面损失),27架Me 262被毁,战损率几乎达到了56%!而各基地地面设施的严重破坏就不谈了,JG 7再也不可能恢复原来的战斗力了。

JG 7被重创的同时,KG (J) 54在当天则获得了其联队史上难得的胜利,而成为他们猎物的厄运再次降临了美国陆航绰号"热血100"的第100轰炸机大队身上。此刻的德国空域虽然平静,但是美军机组人员对于几天前德军的惨烈大撞击还心有余悸,不知道天空中何时还会出现德军的"拼命"机群,不过对于"热血100"勇敢的机组人员而言,他们的乐观情绪依然占据了上风。全大队28架B-17今天的目标是马格德堡附近的德国空军基地莱尔贝斯特,盒子编队的飞行高度为7500米。驻扎在莱尔贝斯特的Ⅰ./KG (J) 54的一些做好出击准备的Me 262正在等待最后的升空命令,"注意,高度7500,美军重型轰炸机机群,注意起飞信号!注意,注意,起飞!"很快,21架Me 262滑跑起飞,然后全速爬升,向着美军机群方向加速前进。不多久,德军飞行员就发现了"热血100"的盒子编队,KG (J) 54"骷髅"联队Ⅰ大队的机群立刻展开攻击,一幅惨烈的空中激战就这样拉开了帷幕。美军的盒子编队如同火刺猬般向四面八方喷吐着炙热的火力,而那些Me 262则不停地在弹雨中俯冲-拉起,如同围猎的豺狼般一次次试图突入编队攻击那些轰炸机。很快,第一架B-17燃烧着坠落,这架轰炸机的9人机组只有投弹员逃离机舱跳伞;很快轮到了第二架,这架B-17的2、3、4号发动机相继被命中开始燃烧,然后是第三架、第四架……姗姗来迟的美军护航战斗机群和德军喷气机搅合在了一起,见势不妙德国人立刻开始撤退。当血战结束后,KG(J)54宣称击落了12架美军轰炸机,自己损失了4架Me 262,其中3名飞行员阵亡,就这样KG(J)54"骷髅"联队结束了他们在二战期间最后一次大规模出击。

JV 44的基地今天继续遭到美军P-51的空袭,3架被毁、3架受损,连续的地面损失使得JV 44一时失去了战斗力,一个多礼拜后才恢复了点元气。因为混乱的通讯和组织,德军当天记录的Me 262的战果并未能得到确切的整理和核实,往往是德军飞行员在无线电通讯中的报告就被联队指挥部直接记录,因此和美军记录的数字存在极大的差别也就不意外了。美军当天记录的损失数字为23架轰炸机和9架战斗机,其中9架轰炸机确认被Me 262击落。而美军更是把这天称为"德军喷气机部队惨重损失的一天",P-47和P-51机群宣称击落了至少20架Me 262,轰炸机部队则击落了5架。德军的一份损失报告基本证实了美军的数字:5名飞行员阵亡,14人失踪,战机损失13架,失踪14架,受损5架。美国人由此可以相信,德军喷气机部队将彻底从天空中消失,不再成为威胁。

4月11日,刚刚遭受了毁灭性打击的JG 7的指挥官们还没来得及缓一下神,就不得不面对新的来自地面的威胁:随着盟军地面部队的推进,JG 7必须转移基地,新的基地计划选在拜恩东北地区的普拉廷等几个机场,然而实际操作起来则非常混乱。当天早晨JG 7的各个单位开始转移,2中队地勤单位首先撤离布尔格基地,9、10中队的地勤单位撤离帕西姆,目标是布拉格地区。Ⅰ./KG(J)54于4月11日转场到布拉格附近基地,和此前已经到达的Ⅱ大队会合,这2个大队随后进行了一些小规模(单机或者双机)的出击行动。JG 7的飞行作战单位于12日开始转移,部分转场的Me 262在空中遭遇到了美军战斗机而进行了一些空战。13日开始突然变坏的天气严重影响了JG 7的转场行动,赫尔穆特·莱纳兹军士长回忆道:"14日,天气非常糟糕,机场上空被浓云笼罩,每架飞机只能间隔1-2分钟起飞,以防止撞机事故。原计划机群应该在空中集结再飞往拜恩地区,我在3500-4000米高度盘旋等候我的队友,但是一个也没等到。我只能独自飞往普拉廷基地。37年后当我回想这次飞行,我很庆幸自己能在如此恶劣的天气下活着飞到基地,而没有撞山或者坠机。比我晚起飞半小时的队友普法费就没那么好的运气,他没能活着抵达目的地,我

第十五章 步入"瓦尔哈拉"——最后一个4月

■ 赫尔穆特·莱纳兹军士长。

猜想他极有可能在途中因为高速加上恶劣的能见度而撞山了。"

4月14日,转场行动还在继续,零星的空战难以避免,9./KG (J) 54的1架Me 262被美军第354战斗机大队击落,飞行员负伤。

9./KG (J) 51当天出动了6架Me 262攻击了盟军地面车队。4月15日,德军新任命的来自党卫军系统的所谓"喷气机部队全权指挥"卡姆勒党卫队全国副总指挥(相当于陆军上将军衔)下令更改JG 7原定的转场计划,不再转移到南部拜恩地区,而把新基地定为埃格、撒茨和布拉格的鲁辛机场,这意味着JG 7还将继续承担柏林地区以及德国中部的防空任务。尽管算不上朝令夕改,但此刻的JG 7经过几天的忙碌转场已经十分混乱,各地勤或飞行单位由于选择路线不同以及盟军的空中打击而非常零散。个别飞机仍旧在空中遇到了盟军战斗机,美军第354战斗机大队的格洛斯上尉当天击落了1架隶属于1./JG 7的Me 262,飞行员为年仅19岁的罗伯根桑,这个大队当天下午还记录了第二个Me 262战果,所属部队不详。

已经完成转场的部队状况也不好,JG 7的善克少尉回忆道:"天气十分恶劣,我们当中的很多战斗机飞行员都不具备盲飞能力。在浓厚的云层中依靠仪表编队飞行,对于来自JG 300'野猪'联队的成员而言倒是小菜一碟。我的电子设备出现了故障,因此我也无

■ 莱纳兹的座机。

法完成这样的盲飞。不过我幸运地利用云层的空隙找到了普拉廷机场,那里已经有一些战友先期抵达了。随后我通过电话联络了在布拉格的大队指挥部,很快联队长威森贝格就给我打来电话,命令我在普拉廷机场做好迎接其他准备降落到这里的队友的准备,他还告诉我地勤单位已经在赶来的路上。普拉廷机场的状况很差,虽然拥有跑道,但是缺乏必要的指挥系统以及相应的技术设施,也没有加油车。

为了从附近的一个燃料基地运来燃料,我们不得不征用当地的各种车辆,但还没等我们忙完,那个燃料基地就被空袭摧毁了,这下我们彻底失去了补充燃料的希望。根本没有时间让我们来沮丧,因为机场也遭到了美军空袭,我们的飞机都被摧毁了。我们这些'赤手空拳'的飞行员只得按照命令转往莱西菲尔德基地等待补充的装备,行军只能在夜间进行,因为无所不在的美国飞机不会给你白天"旅行"的机会。然而美国人比我们先到了莱西菲尔德,我们不得不再次转移目的地。"

4月16日,天气没有任何好转,JG 7的转场以及重新集结的希望再次落空,很多飞行员不得不在起飞后再返回原来的基地,各种意外损失不断出现。11./JG 7的穆勒少尉和阿诺德军士当天准备飞往布拉格,穆勒记录道:"我们飞越了已经部分被美军占领的地区,我至今还清晰地记得地面上那长长的美军车队。云层依旧很低,我们只好决定转

■ 卡姆胡贝尔将军。

向,转弯后我失去了和阿诺德的无线电联络,而且我也看不到他的飞机,最后我独自返回了原来的机场,我猜想阿诺德可能被高炮击落了。"阿诺德军士就这样失踪了,不过原属于他的Me 262却幸免遇难,一直保存到了战后,"阿诺德最后一次飞行驾驶的Me 262并不是他自己的,原属于他的那架Me 262在18日由另一名我已经记不起名字的飞行员飞到了撒茨基地,而我的Me 262随后在美军的空袭中被毁,于是我就接手了属于阿诺德的这架Me 262。"

"到5月8日,我驾机和1架僚机从布拉格的鲁辛机场飞回莱西菲尔德,在那里我把飞机交给了已经在那里进行Me 262训练的美军飞行

员。"这架Me 262后来辗转法国后去了美国,在1950年代被美国作为历史飞机收藏,至今这架Me 262还在华盛顿的航空博物馆。

JG 7转场到布拉格的单位立刻根据所谓"元首令"被划归第9航空军指挥,而德国空军总司令戈林元帅则同样想获得JG 7,他任命卡姆胡贝尔将军(曾经是德军夜间战斗机部队最重要的创建者以及指挥官之一,后因为夜间防空局势的恶化而被解职调往二线)担任所谓"帝国元帅下属喷气机部队全权指挥官"。行政隶属从上到下的混乱只能让JG 7的状况更加雪上加霜,有的单位因为没有得到明确命令而滞留在不同的机场,例如11中队全体都滞留在布兰登堡－布里斯特基地;一些飞行员例如Me 262王牌拉德马赫少尉转到了卡尔腾科尔辛基地;15－20架需要修理的Me 262还停留在布朗迪斯等基地里;联队长威森贝格少校以及联队指挥部的部分人员到了撒茨基地;有25－30架飞机到了布拉格的鲁辛基地;部分II大队的飞机在格隆茨中尉带领下到了奥斯特豪芬;剩下的一些单位则四处分散在其他几个机场。如此散乱不堪的现状意味着JG 7暂时失去了任何成建制的作战能力,而美军依然继续对德军任何残存的空军基地进行猛烈的空袭。

同样在这一天,JV 44经休整后再次升空,加兰德将军回忆,他手下的Me 262开始装备R4M火箭来增加攻击火力。他当天率队遭遇了一队属于第9航空队第322轰炸机大队的B-26型双发轰炸机,接近到600米距离内加兰德在极短时间内向着美军机群发射了全部24枚火箭,他观察到了2发直接命中,1架轰炸机即刻起火燃烧,随后爆炸,另1架则解体后开始螺旋坠落。差不多同时加兰德带领的其他3架Me 262也相继发射了火箭,但貌似都没能直接击落敌机。

在美军铺天盖地般的轰炸机和战斗机攻击下,德军当天记录了至少250－300架战机的损失,而美国人的战果记录更是达到了700余架!德军第6航空队这样记录道:"在美军16日对布拉格－撒茨地区的大规模空袭下,150架各型战机完全被毁,还有大量在现今条

■ 加兰德将军的座机。

决死天空 二战末期德国昼间空战

件下更本无法修复的受损战机。在美军持续的大规模空袭下,要想维持空军最后的作战能力就必须大力加强地面防空力量。而在现有后勤供应状况下,任何修理以及补充都是不可能的。"这样的一份报告与其说是损失统计或者作战建议书,不如说是德国空军最后覆灭的记录书。

4月17日,美军的大规模空袭在继续着,300余架战斗机前往布拉格地区,对那里的德军机场进行低空攻击。德军羸弱的地面防空力量进行了拼死抵抗,鲁辛基地击落了5架美军战斗机,但是这并不能阻止停在机场上的战机的毁灭命运。撒茨基地也同样遭到了大批P-47和P-51的攻击,而且这里的情况更加特殊。当时4架Me 262在格伦贝格中尉指挥下正准备返回基地,但是他们没有得到机场方面的警告,当他们降低高度准备着陆时,全部被美军战机击落!只有格伦贝格中尉跳伞活了下来。JG 7当天升空作战的Me 262有20架,一部分前往攻击美军轰炸德累斯顿的轰炸机群,施派特少校、波哈奇中尉和施德勒中尉各自击落了1架轰炸机。另一部分Me 262则在布拉格空域击落了4架B-17。此外,Ⅰ./KG(J)54也取得了值得一提的战果,他们成功突入了美军一个空袭慕尼黑的轰炸机群,宣称击落了6架B-17,击伤3架,而Ⅰ./KG(J)54无一损失。JV 44攻击了美军第305轰炸机大队的机群,加兰德的僚机沙尔莫斯(就是此前曾经撞击美军战斗机的那位)再一次撞上了1架轰炸机!这位在空战中容易极度兴奋的飞行员显然对距离和速度的判断有点问题,然而他的运气同样出奇的好,当天晚上他就瘸着腿夹着降落伞回到了基地。根据美军记录,当时沙尔莫斯驾机攻击1架轰炸机时被其机枪命中,随后这架Me 262直直撞上了这架轰炸机,德军飞行员成功跳伞,而这架轰炸机(飞行员哈里斯少尉)上的机组人员全部阵亡!美军第8和第9航空队当天记录的损失数字为B-17 8架,战斗机25架。

4月18日,Ⅰ./KG 51在攻击了位于奥格斯堡附近的桥梁后在返航途中遭遇了美军战

■ 战后任职于联邦德国空军的施坦因霍夫,脸部的烧伤痕迹清晰可见,在JG 26、JG 52、JG 77、JG 7和JV 44服役,出击993次,击落了176架敌机,其中西线28架,东线148架(10架IL-2强击机)。6架用Me 262击落,击落4架四引擎轰炸机,是活塞式和喷气机的双料王牌。

斗机群，这次Me 262们成功逃脱，并且还击落了1架P-51。JV 44的施坦因霍夫上校在起飞的时候发生了事故，他回忆道："当天天气适合空中狩猎，我们坐在房间里等候出击命令已经1个多小时了，因为上头已经不知道该派我们对付哪个机群了！最后我们的头儿加兰德终于坐不住了，他失去了耐心，于是我们爬上各自的战机，发动引擎准备起飞。当我全开发动机，加速到200公里/小时的时候，我的左翼突然倾斜蹭到了地面（可能是遇到了弹坑或者轮胎被杂物刺破而引起），飞机速度一下子降了下来，已经无法正常拉起了。由于飞机全副武装，本来滑跑加速距离就延长了，此刻我已经滑过了跑道的2/3以上，眼看跑道就快要到头了，事故已经不可避免！"最终这架Me 262弹起50米后摔在跑道一侧，施坦因霍夫只记得他本能地在提醒自己快跑快跑，随后清楚地听到了猛烈的爆炸声，至于他怎么爬出座舱，如何在飞机爆炸前逃离的过程，他已经完全不记得了。在这次事故中施坦因霍夫虽然奇迹般活了下来，但是却被严重烧伤并且因此毁容，加兰德回到基地后在医院看到了他，形容道："他更像个死人而不是活人。"JV 44也失去了最重要的一名军官。战后施坦因霍夫继续在联邦德国国防军中服役，并且最终成为北约组织中位高权重的一名重要将领。JG 7当天继续以双机或者4机规模分散出动，总出击架次为10，其中波哈奇中尉宣称击落了1架B-17。而JG 7的基地受到的威胁也在继续增加，布兰

登堡－布里斯特基地在苏军威胁下不得不疏散撤退。18－19日，10－12架Me 262从该基地起飞前往布拉格地区，此外直到21日，在布里斯特的一个飞机组装厂也有一批最后完成的Me 262转场飞往撒茨、鲁辛等基地。由此可见，德军此时的喷气机力量大部分都集中到了布拉格地区。4月19日，美军的空袭毫无放松的迹象，JG 7总计出动了30－35架Me 262攻击了美军第3航空师飞越德累斯顿空域的轰炸机群。美军的作战记录显示前出的战斗机群在鲁辛基地空域击落了4架Me 262，击伤3架。在美军战斗机群的控制下，德军喷气机部队无法完成任何空中集结，他们只能以双机或者4机编队在没有地面有效指挥引导下各自独立地攻击美军轰炸机群，不过美军长达几十公里的轰炸机编队也给了德军不少偷袭机会。当天获得战果的JG 7成员包括施派特少校、波哈奇中尉、格伦贝格中尉等人，他们总计宣称击落了5架B-17。美军记录的损失是5架B-17和3架P-51，其中第490轰炸机大队损失了4架，第447轰炸机大队1架，此外第9航空队也损失了4架战斗机。当天KG(J) 54的基地遭到了美军第357战斗机大队的攻击，美军至少摧毁了3架Me 262。该大队的费斐尔德少尉首先发现了1架试图起飞的Me 262，他立刻向着它俯冲攻击，但是这架Me 262还是顽强地飞了起来，于是费斐尔德上尉拉起飞机继续咬住它的尾部，他射出的第二梭子弹终于命中了这架Me 262的发动机，在无奈地震颤了几下

后，这架喷气机燃烧着从600米高空坠落到地面上，德军飞行员当场阵亡。兴奋不已的费斐尔德少尉重新拉起战机，在10000英尺高度再次发现1架Me 262，他和另一架P-51一同冲向目标，费斐尔德少尉首先切入敌机的内侧并且开火，但是没有命中，另一架P-51的攻击同样没有奏效，这架Me 262最终利用高速逃之夭夭。KG (J) 54的大部分Me 262在熬过了美军战斗机的空袭后再度升空，试图攻击正在德累斯顿空域附近的美军轰炸机群，空战的过程没有详细记录，地面指挥部通过无线电通讯获悉一名飞行员宣称击落了1架B-17，不过很快和他的联系就中断了，也许他马上就被赶来的P-51击落了。

4月20日，德军空军最高统帅部下达了关于残存德国空军的组织命令：

1. 所有在德国南部地区的空军力量从21日开始由格莱姆上将的第6航空队指挥。

2. 第9航空军负责指挥所有在布拉格地区的喷气机部队，该航空军直接隶属空军司令部指挥。

3. 德国南部的喷气机部队划归第7战斗机师指挥。

尽管濒临绝境，但在布拉格鲁辛基地的德国空军部队还是专门举办了庆贺希特勒56岁生日的各项活动，也许人们还是有理由为自己还活着而狂欢一下的。此时德军在布拉格地区的几个基地除了鲁辛机场以外，储备的供喷气机使用的燃料已经为零，第6航空队专门下令必须全力加强对第9航空军在布拉格地区机场的燃料供应，至于能否完成任务则是天晓得了。美军在21日和Me 262发生战斗的是装备B-26型双发轰炸机的第323轰炸机大队，经过一番苦战后，他们宣称击落了2架Me 262，为此付出了3架B-26的代价。

4月22日，Ⅰ./KG 51执行了最后一次对抗西线盟军的任务，而此刻Ⅱ./KG 51已经只存在于纸面上了，剩余的34名飞行员可驾驶的Me 262只剩下了2架，因此这个大队于23日正式解散，2架6中队的Me 262加入了Ⅰ大队，Ⅱ大队其他人员于29日被美军俘虏。4月23日，Ⅲ./EJG 2并入了JV 44，增强了加兰德手上的作战力量。如前所述，拜尔少校的到来更是大大鼓舞了JV 44的士气，他将接替负伤的加兰德将军指挥JV 44。然而在24日，吕佐上校这位德国空军著名的王牌飞行员的阵亡则沉重地打击了JV 44，德军对于吕佐上校的阵亡存在不同的记录，失踪、空战阵亡或者撞机坠毁的说法都有，并不确定。根据美军的记录，当天第9航空队第365战斗机大队在护卫B-26机群时遭遇4架Me 262的攻击，这组Me 262突然从云层中冲出后，马斯特上尉发现其中1架 (吕佐上校) 转向后准备再次攻击轰炸机群，于是他向这架Me 262俯冲，迫使其放弃了进攻开始逃窜。随后梅耶少尉也加入了追击的行列，这架Me 262试图继续俯冲逃离时撞上了一座小山，而美军飞行员则成

第十五章 步入"瓦尔哈拉"——最后一个4月

功避开。战后梅耶少尉回忆说，当时这架Me 262拼命俯冲，而他们则紧追不放，双方的速度实在太快了，连他们都差一点无法改出而撞上山头。

4月25日，德军第6航空队发给第9航空军的电报中要求喷气机部队对接近柏林南部的苏军车队进行攻击。当天美军第8航空队最后一次执行对德战略空袭任务，JG 7也最后一次对美军的重型轰炸机机群进行了攻击，他们出动的10架Me 262宣称击落了7架B-17，其中施派特少校一个人就宣称击落3架，已经转到JV 44的克斯特候补军士则宣称击落了2架P-51。美军当天记录的损失为6架B-17，全部为德军高炮击落，另外第8航空队和第9航空队总计损失了11架战斗机。当天KG (J) 6的Me 262也升空作战，他们遭遇了美军第4战斗机大队的P-51机群，9中队的胡伯少尉刚刚起飞就被击落身亡。

4月26日，德军第6航空队发给第9航空军的电报中有这样的内容：

1.第1战斗机师下属Ⅰ./KG 51的飞行单位转场到布拉格鲁辛基地。

2. Ⅰ./KG 51抵达布拉格鲁辛基地后划归第9航空军指挥。

Ⅰ./KG 51此后的任务重点是对苏军进行对地攻击。于是Ⅰ./KG 51把他们留在慕尼黑里姆机场的Me 262交给了JV 44，剩余的12架Me 262转场到鲁辛基地，然后归属第9航空

■ 被美军轰炸机群"访问"过的德国城市，破坏程度相当严重。

决死天空 二战末期德国昼间空战

■ 1945年4月29日,拜尔少校在结束慕尼黑上空的激战后,正率他的Me 262机队返回隐藏在山中的机场,在这天的晚些时候,他的座机被1架美军P-47击落。

军指挥。由于盟军的空袭使得这个命令的执行不得不临时推迟,直到30日他们才抵达布拉格,和已经在那里的KG (J) 6、KG (J) 54和Ⅰ./KG 1等单位一同编入原来的KG (J) 6豪格巴克战术编队,执行对地攻击任务。这个战术编队的作战一直坚持到战争结束的那天——1945年5月8日,豪格巴克中校也在战争结束前1周获得了宝剑橡叶骑士十字勋章。

26日也是加兰德将军最后一次起飞作战,他率领6架Me 262升空,在纽堡空域附近发现了美军机群。加兰德回忆说:"由于速度差别太大,因此在实战中保持Me 262的队形是一件很困难的事,云层的干扰使得位置判断变得几乎不可能。在这种情况下,吕佐也会选择放弃编队进攻,他生前多次和我提起这个问题,并为此深深自责,甚至认为自己不配作为一位战斗机飞行员(而他实际上是我们最优秀的战斗机部队前线指挥官)。今天容不得我多加考虑,因为我们已经接近了美军的轻型轰炸机群!双方之间的距离很快就接近不到300米,我不敢说我的指挥有什么成功,但是今天至少我还是带队占据了一个不错的攻击位置。然而我的火箭此时却发生了故障,打不出去。在这种时候遇到这种故障换成谁都会极度愤怒,无论你是什么军衔,我也不例外。我只能用我的机炮进行攻击,而我的僚机,那位著名的'喷气撞击者'沙尔莫斯今天也继续跟着我升空,我们都已经确信他在激烈的作战中是不会顾及什么距离和速度的问题,而且无论对敌对友都是如此!就在此刻他突然从我下方不到1英寸(注:个人回忆的夸张形容)的距离高速穿越!此刻1架轰炸机已经被我命中爆炸,我开始攻击位于美军编队前方的第二架飞机,当

第十五章 步入"瓦尔哈拉"——最后一个4月

我接近它的时候,它已经严重受损。而我的战机被敌方火力命中了几下,幸好不严重,就在我继续试图观察我攻击的第二架轰炸机究竟怎样时,美国人的护航战斗机还没有出现。当我再次飞跃这个编队的时候,突然感觉左膝一阵疼痛,1架P-51从上方俯冲向我攻击!我的左膝被子弹打中了,驾驶舱里的一些仪表也被击毁,右侧发动机也被命中,战机速度一下子降了下来,此刻我只有一个想法——尽快离开这架已经要成为空中棺材的Me 262,不过当时我也很担心跳伞后会在空中被打死。好在我的座机还能坚持,穿出云层后我看到了自己的基地,飞回机场上空时我摇动几下机翼,示意地面准备降落。接近机场跑道时我关掉了发动机,此刻我的座机身后拖着一条长长的浓烟。直到这时候我才发现机场正遭到美军P-47机群的攻击!可能是因为无线电已经被打坏,所以我没有听到机场塔台的警告。但我已经别无选择,只能继续降落。当我幸运地落地后我尽快跳离了飞机,躲进一个弹坑,此时机场上的爆炸声此起彼伏,美国佬还在扔炸弹。我的军医过来救护我,我终于活了下来……当天参战的其他Me 262也都安全返回了不同的基地,其中1架一直被P-51追击,在即将降落的时候被命中多发,不过飞行员纽曼最终还是成功地驾驶这架伤痕累累的Me 262安全降落,后来我才得知美国人已经把它列入了击落的战果之中……"

打伤加兰德将军的并不是P-51,而是1架属于美军第50战斗机大队的P-47,飞行员凡内冈少尉回忆道:"我发现了2架Me 262正在攻击我们的轰炸机,还有1架Me 262正在我下方,我立刻俯冲咬住它的尾部并且猛烈开火。不过我没有看清楚究竟命中与否,因为我的飞机拉起了很远的距离才转向折回,当我改低机头后看到它的1台发动机受损,碎片飞出很远,并且开始冒烟了……"

JV 44当天有1架Me 262被击落,他们击落了美军至少3架B-26,还有1架被击伤后迫降到己方控制区域。加兰德将军负伤后,拜尔接替他的指挥位置,5月1日JV 44转场到萨尔茨堡,这支王牌部队被正式改名为Ⅳ./JG 7,JV 44的传奇故事也至此结束,这支王牌部队在其短短的作战生涯中总计击落了56架敌机。

4月27日,JG 7、Ⅲ./KG (J) 6和KG (J) 54的36架Me 262对苏军在科特布斯的后勤车队进行了攻击,德军宣称击毁了65辆卡车。

当这些Me 262返航时意外遭遇到了苏军一个强大的IL-2攻击机群,此刻只有不到10架Me 262及残存的弹药,最终德军以2架Me 262的代价击落了6架IL-2。此后JG 7的作战对象就换成了苏军,根据一些残存的记录,JG 7到战争结束时总计击落了20架苏军各型战机。

在4月底,KG (J) 54的Me 262也执行了一些对地攻击任务,目标同样是正在向柏林开进的苏军,而Ⅲ大队在这几天里先后损失了4架飞机。在战争的最后时光,Ⅰ大队还宣称

决死天空 | 二战末期德国昼间空战

击落了一些苏军的IL-2，最终这支改编于轰炸机部队的Me 262联队也以总计44个由Me 262取得的空战胜利结束了其战争生涯。Me 262部队在执行这些对地攻击任务时也遭到了相当大的损失，从4月28日－5月1日，至少损失了10架Me 262，其中JG 7确认参与对地攻击时的损失只有1个：凯尔伯少尉，他的Me 262在30日这天在科特布斯空域被轻型高炮击落，凯尔伯阵亡。凯尔伯少尉是德军中唯一一名驾驶Me 163和Me 262这两种战机都取得过击落重型轰炸机战果的飞行员，他曾经在JG 400驾驶Me 163击落1架B-17，转入JG 7后再次驾驶Me 262击落1架B-17。JG 7的格尔德马赫少尉在28日从鲁辛基地起飞时被击落，后伤重不治。4月30日，希特勒自杀，德国距离最后的投降只剩下1周时间了。

第十六章　尾声——最后一个星期

5月，战争最后一个星期。德军喷气式战斗机部队的后勤补给已经基本断绝，最后残余的基地也已经被盟军的空中力量牢牢压制。"所有第6航空队下属的喷气机单位全部划归第9航空军指挥。""所有残留飞机的油箱必须全部抽空。任何私自处理燃料或者将剩余燃料遗留给敌军的行为都将被视为破坏者，并且将受到严厉审判！"显然，德军在最后关头依然试图维持部队的纪律和秩序。

5月2-3日，JG 7的部分单位被盟军俘虏，其中包括杜贝尔格少校的Ⅱ./JG 7，他们于4月22日就开始了飞行员的疏散。杜贝尔格少校回忆道："我们被俘后，美军要求我们联络布拉格，结束无意义的抵抗，并且将剩余还能起飞的Me 262飞到美军占领区。"2天后，他们仍在试图和布拉格的德军取得联系，然而没有得到任何回复。

5月5日，布拉格被攻破，此刻驻扎在布拉格附近几个机场的德军喷气机部队还有不少Me 262能飞，当天下午，这些Me 262在加油补弹后依然升空执行了一些作战任务，例如2./KG 51轰炸了苏军阵地。第二天，2./KG 51再次把炸弹投到了苏军的车队头上，不过这次他们有1架Me 262被地面高炮击落，飞行员施密尔阵亡。

5月6日，鲁辛机场残留的Me 262遭到了地面火力的直接打击，至少12架以上的Me 262被直接命中。苏军已经推进到距离机场非常近的地方，当时身处该战区的德军飞行员回忆说他们中的一些人得到了步枪、铁拳反坦克火箭筒等步兵武器，并且被派到地面工事中，会同那些残余的国防军和武装党卫军单位等待末日的最后到来。

5月7日，布拉格的德军部队进行了最后一次作战，他们得到了2./KG 51剩余的6架Me 262的支援，其中有2架Me 262被击落，2名飞行员全部阵亡。随着德军正式投降日子的到来，Me 262的飞行员们利用投降之前的一点空余时间来自行选择各自的前途——回家或者飞往美军控制区域。

KG 51的飞行员们就充分利用了这短短的时间来为各自的命运作打算，其中一名叫巴特尔的少尉选择驾机回家！他于14时30分驾驶他的"9K+FB"起飞，以3000米高度飞行，在这次飞行中他不需要再担心什么空战或是地面高炮的威胁，虽然他的Me 262装满

决死天空　二战末期德国昼间空战

了弹药,但是根本用不上了。15时,巴特尔少尉飞抵了吕内堡,他的父母就住在附近30公里的地方,于是这位年轻人首先开始寻找自己的家,然后查看是否有空地可以降落。15时28分,他终于平安降落在一块空地上,这架Me 262在距离森林只有8米的地方安稳地停了下来。

KG 51还有2名飞行员飞回了慕尼黑,并且向当地的美军投降,第四名飞行员则运气不佳,他的Me 262在降落到法斯贝格机场时毁损,他本人身负重伤。就这样,KG 51"雪绒花"联队结束了自己的战争生涯,他们在换装Me 262后的作战历程中付出了惨重代价,172名飞行员阵亡,其中包括53名军官!他们总计装备了342架各型Me 262,损失了234架,其中只有88架属于战损,另146架则毁于各种事故和盟军空袭等原因,而他们的空战战绩相比其他Me 262联队要差得多,只有5个战果,原因主要就是他们基本执行的都是对地攻击任务。事实证明,这是一条死路。

JG 7的飞行员们有的也和KG 51一样,驾机回家或者飞往美军占领区。还有一些Me 262则在5月8日下午执行了战争中的最后一次任务:施德勒中尉和他的僚机于15时20分起飞,他们在福莱贝尔格空域的出现让苏军的雅克战斗机们大吃一惊,Me 262进行了第二次世界大战中德国空军的最后一次空战,MK 108型机炮最后一次吐出致命的火力。可以确信的是,施德勒中尉获得了德国空军二战中的最后一个空战胜利,JG 7就这样为二战德国空军的终场拉下了帷幕。

战争结束了。

参考书目

Eric Mombeek, Sturmstaffell Reich Defence 1943-1944, The War Diary, Classic Publications, 1999.

J.Richard Smith/Eddie J.Creek, Me 262 Erprobung und Einsatz, Heel Verlag GmbH, 2001.

Werner Girbig, Start im Morgengrauen, Motorbuch Verlag, 2.Auflage 1992.

Waither Dahl, Rammjäger-Das letzte Aufgebot, Orion-Heimreiter-Verlag GmbH, 1978.

Arno Rose, Radikaler Luftkampf-Die Geschichte deutscher Rammjäger, Motorbuch Verlag, 2.Auflage 1979.

John Weal, Luftwaffe Sturmgruppen, Osprey Publishing, 2005.

Jean-Yves Lorant, Jagdgeschwader Wilde 300 Sau, Eagle Edition Ltd, 2005.

Willi Reschke, Jagdgeschwader 301/302 Wilde Sau, Motorbuch Verlag, 1999.

Holger.Nauroth, Jagdgeschwader 2 Richthofen, Motorbuch Verlag, 1999.

John Weal, Jagdgeschwader 2 Richthofen, Osprey Publishing, 2000.

Manfred Boehme, Jagdgeschwader 7, Motorbuch Verlag, 2.Auflage 1984.

Donald L.Caldwell, The JG 26 War Diary Vol-2 1943-1945, Grub Street, London, 1998.

Hans Ring/Werner Girbig, Jagdgeschwader 27, Motorbuch Verlag, 7.Auflage 1991.

John Weal, Jagdgeschwader 54 Grünherz, Osprey Publishing, 2001.

Wolfgang Dierich, Kampfgeschwader 51 Edelweiss, Motorbuch Verlag, 2.Auflage 1973.

Trevor J.Constable/Raymond F.Toliver, Das waren die deutschen Jagdflieger-Asse 1939-1945, Motorbuch Verlag, 1.Auflage 1972.

Alfred Price, Luftschlacht ueber Deutschland, Motorbuch Verlag, 1991.

Janusz Piekalkiewicz, Luftkrieg 1939-1945, Suedwest Verlag, 1986.

Johannes.Steinhoff, In letzter Stunde, Paul List Verlag KG, 1974.

Adolf.Galland, Die Ersten und die Letzten, Franz Schneekluth Verlag, 1980.

SIMS, Jagdflieger, Motorbuch Verlag, 1968.

Mano Ziegler, Raketenjaeger Me 163, Motorbuch Verlag, 4.Auflage 1969.

William N.Hess, German Jets Versus The USAAF - Battle For The Skies Over Europe, Specialty Press Publishers and Wholesalers, 1996.

John Weal, Osprey Aces 029 – Bf 109 Aces of the Western Front, Osprey Publishing

Marke J.Murawski, JG 1 "Oesau", KAGERO, 1944-1945.

Wolfgang Dierich, Kampfgeschwader 55, Motorbuch Verlag, 1.Auflage 1975.

Christopher Shores, Luftwaffe Fighter Units Europe 1942-45, Osprey Publishing, 1979.

Marek J.Murawski, Me 262 im combat, Kagero, 2003.

Marek J.Murawski, Me 262 Units, Kagero, 2005.

John Weal & Hugh Morgan, German Jet Aces of World War 2, Osprey Publishing, 1998.

Ulf Balke, Der Luftkrieg in Europa, Die operativen Einsaetze des Kampfgeschwader 2 in zweiten Weltkrieg, Teil 2, Bernard Craefe Verlag, 1990.

Heinz J. Nowarra, Die Deutsche Luft-Ruestung 1933-1945, Band 1-4, Bernard Craefe Verlag, 1993.

A.Galland&K.Ries&R.Ahnert, Die Deutsche Luftwaffe, Karl Mueller Verlag, 1939-1945.

Monogram系列：

Bf 109G Part1/2, Close-Up 06/07, Monogram

Bf 109F, Close-Up 09, Monogram

Fw 190D, Close-Up 10, Monogram

He 162 Volskjager, Close-Up 11, Monogram

Bf 109K, Close-Up 16, Monogram

Ta 152, Close-Up 24, Monogram

网站：

COMBAT CHRONOLOGY OF THE US ARMY AIR FORCES, http://paul.rutgers.edu/~mcgrew/wwii/usaf/html/, FTP SITES

1. ftp.rutgers.edu in directory pub/wwii/usaf

2. byrd.mu.wvnet.edu (129.71.32.152) in pub/history/military/airforce/wwii_chronology

http://www.lexikon-der-wehrmacht.de/inhaltsverzeichnis1.html

http://www.raf.mod.uk/bombercommand/